Werner Raith

Die Republik der Schein-Heiligen oder wieviel Korruption braucht die Demokratie?

Eine Streitschrift

KNESEBECK

CIP-Titelaufnahme der Deutschen Bibliothek
Raith, Werner:
Die Republik der Schein-Heiligen oder wieviel
Korruption braucht die Demokratie? / Werner Raith -
München : Knesebeck, 1996
ISBN 3-926901-89-6

©1996 von dem Knesebeck GmbH & Co
Verlags KG, München
Umschlag: Zembsch' Werkstatt, München
Umschlagabbildung: Grandville,
Jeder ist sich dem Vaterland schuldig
Herstellung: Heidi Kitz, München
Satz: Fotosatz Amann, Aichstetten
Druck und Bindung: Pustet, Regensburg
Printed in Germany

Inhalt

Einleitung
Ohne Schmieren läuft nichts:
Korruption – Zeitlose Erscheinung oder
neue Qualität?

Kaum ein Tag vergeht, daß die Medien nicht genüßlich die entsprechenden Meldungen verbreiten: Schmiergeldskandale hebeln die gesamte Nomenklatura der italienischen Politik aus, Korruption bricht Felipe Gonzalez, dem charismatischsten aller spanischen Regierungschefs seit Ende der Franco-Diktatur, das Kreuz, Bestechung führt zur Demission von fünf Ministerpräsidenten Japans innerhalb von weniger als einem halben Jahrzehnt. Von Korruptionsskandalen erwischt wird sogar der höchste Beamte der NATO, ihr Generalsekretär Willy Claes.

In Deutschland stolpern Baden-Württembergs Regierungschef Lothar Späth ebenso wie Bayerns Landesfürst Max Streibl über »Amigo«-Affären, nachdem schon im Jahrzehnt zuvor eine ansehnliche Anzahl hoher Manager wegen Bestechung und hohe Parteiführer und Minister, darunter die Schatzmeister von FDP, CDU und SPD, wegen Vorteilsannahme und Ärgerem vor Gericht mußten (»Die gekaufte Republik« titelte damals der *Spiegel* zum Flick-Skandal); der bekannteste von ihnen ist Otto Graf Lambsdorff – der aber ungeachtet dessen gar noch Vorsitzender der FDP werden konnte.

Hat sich da in Deutschland unterschwellig ein Geflecht aus Korruption erwickelt, das dem Bürger und natürlich auch den Behörden allzulange verborgen blieb, da es besonders gut geflochten war? Oder haben die Staatsanwälte erst jetzt die Pfiffigkeit und Schlauheit der Akteure durchschaut oder Mittel gefunden, derlei zu ahnden, ehe einschlägige Spuren erfolgreich beseitigt oder zumindest bis zur Prozeßuntauglichkeit verwischt wurden?

Ganz so korruptionsfrei hätte sich die Nation eigentlich nie fühlen dürfen. Skandale dieser Art gab es seit Bestehen der Bundesrepublik: In Bayern wurden 1954 zwei amtierende Regierungs-mitglieder der »Viererkoalition« (aus Sozialdemokraten, Bund der Heimatvertriebenen, Freien Demokraten und Bayernpartei) wegen Annahme von Schmiergeldern verurteilt, Landwirtschafts-minister Baumgartner und Staatssekretär Geiselhöringer, beide von der damals überaus erfolgreichen lokalpatriotischen CSU-Konkurrenz Bayernpartei. Die »Spielbankaffäre« besaß allerlei Lokalkolorit und wurde daher offenbar nicht sonderlich ernst ge-nommen, sondern eher als bajuwarische Fingerhakelei aufgefaßt: Auf dem Klosetthäuschen des Münchner Karlsplatzes wurde einem Bayernpartei-Funktionär ein entsprechender Geldum-schlag mit ein paar zehntausend DM zugesteckt, damit dieser einem nicht sonderlich ehrenwerten Spielbankaspiranten die Konzession besorge. Da – so jedenfalls die Ermittlungsergebnisse – die mit der Bayernpartei verfeindete CSU, insbesondere deren damals unumschränkt herrschende graue Eminenz Aloys Hund-hammer und der spätere Minister Friedrich Zimmermann, von der Sache wußten, wurde die Verurteilung der BP-Politiker weit-hin als eine Art Vergeltung an der Bayernpartei empfunden; als ein Stück Intrige also, die vielleicht nicht einmal die Korrumpier-barkeit der Gegner, sondern deren Naivität benutzt hatte. Tat-sächlich gelang es der CSU nach der Spielbankaffäre, die Vierer-koalition zu sprengen; die Bayernpartei verlor ihre Wähler wieder an die CSU, und diese herrscht seither ohne Unterbrechung im Freistaat.

Alarmglocken über ein möglicherweise weiteres Geflecht von Korruption klingelten damals also noch nicht; eher schon dachten die Vordenker der Nation daran, den Bayern Demokratie im Zwei-felsfalle »mit dem Dreschflegel beizubringen« (so etwa *Spiegel*-Herausgeber Augstein). Offenbar fehle es den Südstaatlern an dem, was Preußen stolz als die eingeborenen Tugenden seiner Staatsdiener ansah: Korrektheit, Unbestechlichkeit, Bescheiden-heit und Mäßigung.

Ein halbes Jahrzehnt danach deckten Staatsanwälte – allerdings fern von München – in Bonn die »Leihwagenaffäre« auf: Beamte des Bundeswehrbeschaffungsamtes und sogar der Chauffeur des damaligen Bundeskanzlers Konrad Adenauer waren großzügig mit Nobelkarossen und anderen »geldwerten Vorteilen« versorgt worden, und es bestand der Verdacht, daß die zuliefernden Automobilhersteller sich daraus zu Recht Vorteile erhofft hatten. Der damals ermittelnde Untersuchungsrichter Helmut Quirini geriet als »Spesen-Richter« auf das Titelbild des *Spiegel* und wurde vom politischen Establishment als gnadenloser, im Grunde neidischer, jedenfalls aber übereifriger Inquisitor denunziert. Der seinerzeitige Innenminister Gerhard Schröder (CDU) bezifferte nach dem Skandal die Anfälligkeit von deutschen Beamten auf 0,1 Prozent, ein Promille also. Jedenfalls aber setzten die Politiker in Bonn eiligst neue Definitionen von Korruption durch, die allesamt auf eine Aufweichung früherer Normen hinausliefen und vor allem die Volksvertreter selbst in jedem Falle vor Verfolgung schützten.

Ein geradezu unermüdlicher Sammler von Korruptionsverdächten wurde seit Anfang der sechziger Jahre Franz Josef Strauß – ein gutes Dutzend Untersuchungsausschüsse befaßte sich indirekt oder direkt so lange mit ihm, bis der Mann am Ende völlig immun war gegen derartige Anschuldigungen: Die Mehrheit der Deutschen traute ihm alles zu, aber missen mochte man ihn auch nicht, er hangelte sich trotz böser Lügen vor dem Parlament und einander folgender Skandale immer wieder an die Macht zurück.

Eine der ersten Affären der Strauß-Ära in der CSU (er folgte dem 1961 verstorbenen, eher biederen und treuherzigen Hanns Seidel nach, der allerdings auch seine Hände in der »Spielbank«-Affäre hatte) betraf die Beschaffung des Schützenpanzers HS 30, bei der es im Hause des damaligen Verteidigungsministers nicht ganz mit rechten Dingen zugegangen sein soll. Später geriet dann auch die Bestellung des vom amerikanischen Lockheed-Konzern hergestellten Kampfflugzeugs »Starfighter« ins Zwielicht – nach den von amerikanischen Behörden konfiszierten Unterlagen waren da in alle Länder, die das Flugzeug beschafften, riesige Bestechungsgelder geflossen, auch nach Deutschland. Doch da die Empfängernamen verschlüsselt waren, konnten die Bestochenen niemals festgestellt werden; wie übrigens auch in Italien, wo zunächst der vielmalige Ministerpräsident Aldo Moro in Verdacht geraten war (was allerdings unwahrscheinlich ist), sich die Ermittlungen dann aber auf Staatspräsident Giovanni Leone konzentrierten. Der wurde zwar nicht verurteilt, mußte aber dennoch seinen Hut nehmen. Strauß fingerte weiter, selbst posthum kommen noch allerhand ungute Affären ans Licht, etwa die des Bäderkönigs Zwick mit seinen Millionen-Steuerhinterziehungen, das Absahnen von Stiftungsgeldern und auch allerlei dubiose Praktiken in Kumpanei mit DDR-Devisenbeschaffer Schalck-Golodkowski.

Für Deutschland hätte die Lockheed-Affäre erneut ein Signal sein können, daß seine Politiker und Beamten so unbestechlich nicht sind. Auch wenn man die Korrupten nicht dingfest machen konnte, so stand doch fest, daß jemand allerhand Geld eingesackt haben mußte, denn insgesamt waren mindestens fünf Millionen Dollar nach Deutschland geflossen.

Doch die Alarmglocken schrillten eben nicht: Wenn es Skandale gab, schimpfte man auf die »schwarzen Schafe« und wunderte sich allenfalls darüber, wie dilettantisch die Leute dabei vorgegangen waren. An der Reputation änderte es wenig: Franz Josef Strauß zum Beispiel blieb auch beim *Spiegel*, dem er bei anderer Gelegenheit unter Mißbrauch seines Amtes übel mitgespielt hatte, ein gern gesehener Interviewpartner und entwickelte eine Art schulterklopfendes Lieblingsfeind-Verhältnis zu dessen Herausgeber Rudolf Augstein – wie sollte da die Nation auch glauben, daß der Mann wirklich untragbar war.

So ganz aus heiterem Himmel kommt die heute immer deutlicher sichtbare Korruptionsverfilzung also nicht. In dieser Lage verweisen historisch Bewanderte dann gerne darauf, daß derlei nichts spezifisch Deutsches sei (was auch keiner behauptet): »Schon die Bibel hat sich mit der Korruptionsthematik befaßt«, beginnen Edwin Kube und Werner Vahlenkamp vom Bundeskriminalamt ihren Grundsatzartikel »Korruption – hinnehmen oder handeln« (in *Verwaltungsarchiv* 1994), »wie im 5. Buch Mose (Kap. 16, Vers 19) nachzuschlagen ist; ›Bestechung macht die Augen der Weisen blind und verdreht die Sache dessen, der im Recht ist.‹ Und in Rom hieß es, daß alles käuflich sei (›Romae omnia venalia esse‹).«

Uns interessiert aber vor allem Deutschland. Und auch da gibt es genügend historische Beispiele, wie leicht sich Vorteile kaufen lassen, selbst vor den als so unabhängig betrachteten Gerichten. »So war es gut und schön die langen Jahre«, witzelte Ludwig Thoma im *Simplicissimus* zur Jahrhundertwende in seinem Gedicht »Im sächsischen Landtag«: »Das Recht, es war wie jede andre Ware / Wer es bezahlte, hatte es – das Recht – / Und war ein Herr. – Der Arme blieb ein Knecht«.

Dennoch: Was sich da »seinerzeit« gezeigt hat, in Israel und in Rom oder in Dresden und München, muß qualitativ nicht mit dem übereinstimmen, was heute ans Tageslicht kommt. Die Frage muß differenzierter gestellt werden: Könnte es sein, daß Korruption zwar eine zeit-lose Erscheinung ist – daß sie aber keineswegs zu allen Zeiten beunruhigend oder gar gefährlich wird? Oder noch provokativer: Könnte es sein, daß Korruption zu bestimmten Zeiten gar ein gesellschaftlich eher »positiv« gesehener Faktor ist, der nicht nur hingenommen wird, sondern sogar sozialregulativ wirkt? Oder ist Korruption zu allen Zeiten nichts anderes als ein Zeichen des Verfalls? »Korruption ist nur ein Schimpfwort für die Herbstzeiten eines Volkes«, meinte etwa Friedrich Nietzsche schon im vorigen Jahrhundert.

Fest steht wohl: Ohne Schmieren lief noch nie allzuviel. Und gleichzeitig murrten alle über diesen Tatbestand. Die Griechen schimpften ebenso darüber wie die Römer – und schmierten fleißig weiter: Cicero zum Beispiel klagte Varo an, mit seinen Schmiergeldforderungen halb Sizilien privat ausgeplündert zu haben – und tat, selbst zum Statthalter ernannt, gleiches. Doch all das hat der römischen Republik ebensowenig geschadet wie fast zwei Jahrhunderte lang dem danach folgenden Kaiserreich. Dann aber wurde Korruption plötzlich kontraproduktiv – das Römische Reich ging auch daran zugrunde, daß Schmieren und Geschmiertwerden an die Stelle von Produzieren und Verkaufen trat. Als die Vorräte aufgezehrt waren, brach es zusammen. Ganz ähnliche Erfahrungen berichten uns chinesische Historiker über ihre Reiche, japanische Geschichtsschreiber über die ihrigen, und auch im Mittelalter und der Neuzeit, bis hin zur k.u.k. Monarchie der

Österreicher, zeigen Spätzeiten der Großreiche immer wieder das gleiche Bild allseits dominierender Korruption. In vielen Interpretationen gelten daher die grassierende Bestechung und Bestechlichkeit nicht als Kennzeichen, sondern zunächst als ein wesentlicher Antrieb für den Zerfall der Imperien.

Doch auch hier muß man zunächst die Frage nach dem Ei und der Henne stellen. Fördern Zerfallserscheinungen im Staat Korruption – oder zersetzt Korruption den Staat? Gibt es da eine Dialektik, in der sich Zerfall und Korruption gegenseitig hochschaukeln? Oder stehen beide gar in einem dialektischen Verhältnis, unabhängig davon, ob das Gemeinwesen prosperiert oder zerfällt?

Stehen wir heute vor einer dieser Situationen? Oder hat es lediglich gewisse Veränderungen in unserer Einstellung zur Korruption gegeben – lassen wir die Schmiergeldgeber und -nehmer nicht mehr einfach gewähren, wie wir das früher getan haben? Dann folgt jedoch die Frage, warum wir nun auf einmal nicht mehr akzeptieren, was wir doch jahrzehntelang hingenommen haben.

Vorwort
Über den notwendigen Bindestrich

»Aufklärung über Korruption in Deutschland und Europa«, schreibt Jürgen Roth in seinem 1995 erschienenen Buch *Der Sumpf*, »ist notwendig.«

Richtig. Nur, ob man das so machen kann wie derzeit die deutsche Presse und Publizistik, ist höchst zweifelhaft: Statt handfester Fakten fliegen meist nur Verdachtsfetzen durch die Gegend und lesen sich ganze Kapitel eher wie Stilübungen in Konjunktiv- und Konditionalsätzen (man könnte sich ja sonst eine Anzeige einhandeln und müßte beweisen, was man da in die Welt setzt oder weitergibt). Die Beiträge strotzen von Mutmaßungen, Unterstellungen und mitunter auch Latrinenparolen, Gerüchten vom Hörensagen oder von – selbstverständlich nicht näher genannten – Personen, die sich da »fragen«, »vermuten«, »wundern«, »überrascht sind«, und das alles ergibt dann einen Brei, aus dem sich alles und das Gegenteil entnehmen läßt.

Natürlich bin ich mir bewußt, wieviele polemische Kommentare ich mir mit diesem Buch einhandeln werde: Ausgerechnet einer, der sein Journalistenleben lang gegen Amtsmißbrauch und Aushöhlung der Demokratie angeschrieben hat, gegen das Eindringen nichtlegitimierter Kräfte in die legalen Institutionen, gegen das Vordringen organisierter krimineller Gruppen auf dem Wege des Schmiergeldzahlens mit nachfolgender Erpressung und fester Umklammerung der Institutionen – ausgerechnet der kommt nun daher und schreibt gegen den seit kurzer Zeit ausgebrochenen Trend zur »totalen Trockenlegung« des Sumpfes von Korruption und Filz an. Er findet Schmiergeldzahlung zwar unschön und wäre glücklich, wenn sich ein System ohne Bestechung denken ließe, kommt aber am Ende zu dem Ergebnis, daß gerade Demokratie automatisch dieses System der Korruption fördert und teilweise geradezu provoziert, vor dem nun, nach vielen anderen Ländern, auch Deutschland geschockt dasteht.

Daß ich die Korruption hier nicht aus dem Blickwinkel des Entsetzens heraus untersuche, hat zunächst einmal seine Ursache in der sichtbar gewordenen Scheinheiligkeit, mit der das Thema heute behandelt wird – als fiele man aus allen Wolken, einerseits, und als könne man derlei auch so einfach abschaffen, andererseits. Ein weiteres Motiv für die »alternative« Behandlung der Materie liegt darin, daß nahezu alle Veröffentlichungen – gleich ob in Zeitungen, Zeitschriften, Büchern oder Rundfunk- und Fernsehsendungen – nur von einer einzigen Frage ausgehen: »Wie konnte das nur geschehen?« Während ich vermute, daß wir eine wirksame, nicht nur analytische, sondern auch handlungsrelevante und vorbeugende Behandlung der Korruption erst aufgrund einer einigermaßen erschöpfenden Diskussion anderer Fragen erreichen können: Wie entsteht Korruption? Ist sie wirklich eine »Abirrung«, eine »Deviation« des demokratischen Systems – oder gehört sie vielmehr zu diesem? Sind nicht zumindest bestimmte Formen »außerdienstlicher« Verbindungen zwischen Entscheidungsträgern, Antragstellern, Ausstattern und Dienstleistern unabdingbar für eine sinnvolle Administration der »causa publica« und die effiziente Führung der Geschäfte durch Manager? Und zöge nicht umgekehrt eine rigide Durchsetzung entpersonalisierter Entscheidungsstrukturen Situationen nach sich, die am Ende undurchschaubarer und oft auch inadäquater sind als eine freundschaftliche Vertrauensbeziehung zwischen einem Bürgermeister und einem Architekten?

Um nicht mißverstanden zu werden: Ich rede hier und im folgenden nicht von einer »guten« und einer »bösen« Korruption, schon deswegen nicht, weil ich die – heute leider allzu gängige – moralinsaure Behandlung des Themas für besonders abwegig halte. Auch jene Art der Korruption, die möglicherweise unvermeidlich ist, kann man ethisch verwerfen. Doch wie bei anderen moralischen Geboten gibt es auch hier das bekannte Dilemma zwischen Anspruch und Wirklichkeit, wie etwa beim Lügen: Alle sind wir dagegen, und doch sind wir uns auch bewußt, daß kaum jemand von uns ohne Lügen auskommt. Schlau hat die Bibel ihre zehn Gebote nicht in der Form »Du darfst nicht . . .« gehalten, sondern »Du sollst nicht ...«. Was wohl zeigt, daß schon die ersten Gesetzgeber sich klar darüber waren, wie wenig Gebote zu halten sind, und sich darum mit der »normalen« Ausnahme von der Vorschrift abfanden.

Es geht in diesem Buch nicht um einen »Persilschein« für Korruption, aber es geht darum, all jenen den Spiegel vorzuhalten, die Bestechung und Bestechlichkeit isoliert vom gesellschaftlichen, politischen, wirtschaftlichen und auch technisch-administrativen Kontext betrachten und daraus ihr Entsetzen beziehen; und auch jenen, die so tun, als fielen sie aus allen Wolken, weil sich alle gesellschaftlichen Bereiche als korruptionsdurchsetzt erweisen, von der Politik bis zur Presse, vom Management bis zur Ärzteschaft, vom Sport bis hin zum Lotto und zur Einzugszentrale für Rundfunkgebühren.

Der Bindestrich zwischen »Schein« und »Heiligen« im Titel dieses Buches versucht dem bereits Rechnung zu tragen. Es geht hier um und gegen jene, die gerne Scheine nehmen und dabei den Mantel der Seriosität über alles breiten; das Buch ist aber auch gegen jene gerichtet, die sich scheinheilig zu Rettern aus der Korruptionsnot ausrufen und dabei Rezepte vorlegen, die nie und nimmer zum Besseren führen. Oder die – weitere Form der Scheinheiligkeit – eigene Schwächen mit um so lauteren Rufen nach Säuberung überdecken. Und schließlich auch jene, die noch immer behaupten, Korruption sei vor allem eine Drittweltangelegenheit oder ein Kennzeichen von Diktaturen.

Es mag bei der Flut mittlerweile bereits erschienener Artikel und Veröffentlichungen zum Thema Korruption erstaunlich scheinen, aber tatsächlich gibt es bisher kaum fundierte Arbeiten, die systematisch den Zusammenhang zwischen Korruption und dem konkreten gesellschaftlichen System in all seinen Dimensionen behandeln. Vor zehn Jahren hat der Münchner Ordinarius Paul Noack ein Buch mit dem Titel *Korruption – die Kehrseite der Demokratie* veröffentlicht, das jedoch keinerlei Diskussion zu diesem Thema auszulösen vermochte. Seitens des Bundeskriminalamts haben Erwin Kube und Werner Vahlenkamp vom Kriminologischen Institut 1993 den schon erwähnten Aufsatz zum Thema

Korruption veröffentlicht, in dem sie zusammentragen, was bisher vorliegt – im wesentlichen journalistische Arbeiten, Zeitungs- oder Zeitschriftenartikel oder lediglich Detailüberlegungen in polizeilichen oder juristischen Fachblättern. Insofern konnte ich mich also nicht auf ausdiskutierte sozialwissenschaftliche Ansätze stützen. Ich hoffe aber, wie schon seinerzeit bei meinen ersten Arbeiten zur Organisierten Kriminalität, durch eine scharf akzentuierte bis polemische Behandlung des Themas einen Beitrag zur Aufnahme der nötigen Debatte zu leisten. Um ein gewisses empirisches Fundament zugrunde zu legen, habe ich streng anonymisierte Umfragen bei Unternehmern, Rechts- und Steueranwälten, Strafverfolgern, Beamten und Politikern durchgeführt; sie sind nicht repräsentativ, weil dafür die Zahl der Rückläufe zu gering war (102 Unternehmer und Manager, davon 12 nicht ausgefüllt, 32 Steuer- und Rechtsanwälte, 44 Polizisten, 33 Gemeinde- oder Stadträte und Bürgermeister, 25 Berufsbeamte, sechs Staatsanwälte), geben aber doch einen gewissen Einblick in das heimliche »Innenleben« unserer Wirtschaft und Bürokratie, ihr Funktionieren und ihre zahlreichen Dunkelstellen. Da selbst anonymisierte Umfragen nicht immer zu ganz ehrlichen Antworten führen, gebe ich sie stets mit dem notwendigen Vorbehalt wieder.

Inzwischen haben sich gewisse »Inseln« des Bewußtseins in diesem bis vor kurzem kaum wahrgenommenen oder nicht als problematisch erachteten Gebiet der Korruption gebildet, und eine Reihe der mit diesem Thema Beschäftigten hat mir bei dieser Arbeit sehr geholfen – manch einer übrigens dadurch, daß er mich abzublocken versuchte und dadurch mehr preisgab, als hätte er Klartext gesprochen. Viel habe ich Diskussionen mit den Staatsanwälten aus Hessen und Berlin zu verdanken, insbesondere mit Oberstaatsanwalt Wolfgang J. Schaupensteiner, den Staatsanwälten Günter Wittig und Jürgen Fätkinheuer, mit Polizeibeamten, allen voran Johannes Geißdörfer und Wolfgang Sielaff, dazu einer Reihe von Kommissaren und Inspektoren sowie Beamten einiger Länderrechnungshöfe, die mir Hinweise für weitere Recherchen gegeben haben, darunter auch jener ehemalige Polizist, der mir seinen im Kapitel 1 wiedergegebenen Erfahrungsbericht diktiert hat. Daneben großen Dank auch an Lutz Overbeck: Er hat sich aus seiner Erfahrung als Unternehmer heraus mit der Materie zu beschäftigen begonnen und so etwas wie eine erste stringente Systematik der Korruption vor dem Hintergrund der immer stärker werdenden Macht durch Informationsbesitz geliefert und mir diese oft schon vor ihrer Veröffentlichung zugänglich gemacht.

Und vielen lieben Dank wieder einmal meiner geduldigen Frau Xenia, der ich doch so versprochen hatte, nicht wieder im Sumpf zu wühlen ... Aber so geht es. Manches kommt einem auch dann eklig vor, wenn man gar nicht wühlt, und oft sind das nicht nur die Schweinereien übler Korrupter und Korrumpierer, sondern auch jene Pharisäer, die selbst natürlich nie eine Schweinerei begehen ... Und irgendwann entstand daraus dann doch wieder ein Buch.

Borgo Hermada, im Januar 1996

I
Vom »Anerkennungsgeschenk« zur Korruption: Fließende Übergänge

Vorgänge wie die Spielbankaffäre, der Lockheed- und der Flick-Skandal wurden auch wegen der Beträge, die da geflossen waren, zum großen Ärgernis, und die Justiz behandelte sie daher zu Recht als eindeutig kriminelle Aktionen (wenngleich sich speziell in den Parteispendenaffären immer wieder die Mitleidstour der »armen« Parteien durchsetzte sowie die Kohl-Version: »Wir haben alle Fehler gemacht«). Viel schwieriger zu bewerten sind die Vorgänge jedoch weiter »unten«, also bei kleineren Beträgen oder Vorteilen, und auf administrativ niedrigerem Niveau. Und ganz kompliziert wird eine saubere Unterscheidung auf jenem Gebiet, das gesetzgeberisch überhaupt nicht so recht erfaßt ist – etwa bei Geld- oder Geschenkannahme durch Angestellte oder Manager von Privatfirmen.

Wo beginnt die Korruption denn nun genau? In der Publizistik wird in der Regel unter Korruption faktisch die gesamte Palette unkorrekten Verhaltens von Personen verstanden, denen Macht und Entscheidungsgewalt oder Gelder und Werte anderer Personen oder der Öffentlichkeit anvertraut sind. Jürgen Roth geht, ohne daß er darüber auch nur ein Wort verliert, in seinem 1995 erschienenen Buch *Der Sumpf* und in seinen Fernsehbeiträgen zum Thema ganz von dieser ungenauen Darstellung aus. Reiner Scholz verspricht in *Korruption in Deutschland*, er werde sich akribisch an die im deutschen Strafgesetzbuch aufgelisteten Straftatbestände Vorteilsannahme bzw. -gewährung und Bestechlichkeit bzw. Bestechung halten, wobei er dann allerdings insofern inkonsequent ist, als er auch die im deutschen Strafgesetzbuch längst gestrichene Abgeordnetenbestechung durchaus (und korrekt) unter Korruption einordnet. Tatsächlich hat die Übernahme der sehr milden deutschen Straftatbestände den Nachteil, daß man dann kaum mehr die Situation im Ausland mit der unseren vergleichen kann – in den meisten Ländern werden wesentlich mehr Aktivitäten als Korruption verfolgt als bei uns.

Ich möchte vor allem die undifferenzierte Behandlung vieler Vorgänge im Rahmen der öffentlichen oder privaten Verwaltung und des Unternehmertums aufgreifen und versuchen, eine genaue Abgrenzung dessen vorzunehmen, was im Rahmen dienstlicher und geschäftlicher Verbindung, vor allem aber über diese hinaus erlaubt sein sollte (wenn auch stets unter präzisen Bedingungen wie etwa der Transparenz und Offenlegungspflicht). Ich stelle also nicht die Frage »Was ist Korruption?« mit dem Anspruch, dazu die letzte Weisheit zu verbreiten, sondern versuche, ausgehend von der aktuellen verwaschenen Begriffsbildung, festzustellen, was an dieser »Korruption« sozial und wirtschaftlich schädlich ist und was nicht – und was nicht unbedingt der gerne unterstellten Raffgier entspringt, sondern eine Art Abwehr bestimmter Konsequenzen unabdingbarer demokratischer Prinzipien darstellt. Etwa jenes Prinzips, das den Austausch der Führungseliten durch periodische Wahlen garantiert und damit die »Herrschaft des Volkes« sicherstellt, das aber auch zu allzu häufigen Wechseln in den Entscheidungsstellen der Administration führen und damit erhebliche Unsicherheit und mitunter gar eine Existenzgefährdung ganzer Betriebe oder gar Branchen nach sich ziehen kann.

Ich möchte mich den »Grenzlinien« zwischen gefährlicher Korruption und eher harmlosen, gleichwohl dem Gesetz oder den ethischen Prinzipien vieler Berufe zuwiderlaufenden Handlungen durch die Darstellung einer Reihe von Vorfällen nähern, die für mich den großen Vorteil haben, daß ich sie nicht von dritter Seite erzählt bekommen, sondern selbst erlebt habe. Sie haben den weiteren großen Vorteil, daß sie allesamt eher banal sind, alltäglich erscheinen und sich an ihnen dennoch ein Gutteil der gesamten Problematik festmachen läßt.

An meine erste Begegnung mit Korruption erinnere ich mich schon aus der Kindheit; sie erschien mir gleichzeitig normal und furchterregend. Mein Vater war Inhaber einer kleinen Anhängerfabrik in Oberbayern, mit sechzehn Arbeitern der einzige »Betrieb« in der 800-Seelen-Gemeinde Etterschlag. Damals war alles kontingentiert – für die »Gummiwagen« (Anhänger mit luftgefüllten Reifen für den landwirtschaftlichen Betrieb) mußte man Eisenstreben und Holz, Felgen und Schläuche organisieren. Allwöchentlich fuhr meine Mutter nach München, ausgestattet mit zwei Koffern, die vor allem das begehrteste »Geld« jener Zeit enthielten, nämlich Nahrungsmittel: Eier, Mehl, geräuchertes Fleisch (»Geselchtes«). Wenn sie zurückkam, waren die Koffer leer, und sie berichtete, wem sie was zugesteckt hatte, damit wir die Bezugsscheine bekamen. Dann ging der Trott weiter: Am besten konnte man die Anhänger an die mißtrauischen Bauern verkaufen, wenn man eine Empfehlung aus dem Ministerium besaß. Einer der Beamten aus München besuchte uns einmal, und ich hörte hinter der Tür mit, wie er zu meinem Vater sagte: »Weißt, Raith, du baust gute Anhänger, des stimmt scho. Aber zu meine Leut im Ministerium kommen ein Dutzend andere, die auch gute Anhänger bauen...« Am Ende ging er mit zwei riesigen Schachteln weg, deren Inhalt er unter den Beamten verteilen sollte – und unsere Speisekammer war leer. Meine Mutter fragte danach weinend, ob wir denn an den Anhängern am Ende überhaupt noch etwas verdienten. Mein Vater nahm ihre Hände und sagte: »Nein, wir setzen zu. Aber der Betrieb kann halt weiterarbeiten, wir müssen nicht zumachen...«

Ein Motiv, das ich auch bei meinen Umfragen immer wieder gefunden habe: In Krisenzeiten, so gaben mehr als 40 Prozent der befragten Unternehmer an, nehme man Bestechungsausgaben auch über den eigenen Profit hinaus in Kauf, in der Hoffnung, beim nachfolgenden Konjunkturhoch wieder kompensieren zu können. Es kann für einen Unternehmer tatsächlich zur Grundentscheidung werden, ob er nicht lieber sein Geschäft aufgibt, weil er ohne Bestechung nicht produzieren kann. Lutz Overbeck, heute einer der gescheitesten Korruptionsanalytiker, war ursprünglich Unternehmer – bis er herausfand, daß er von allen wichtigen Aufträgen abgeschnitten wurde, weil er auf Korrektheit bestand.

Mir gelang es lange Zeit nicht, die Bücher meines 1969 gegründeten Verlages so recht ins Sortiment oder gar ins Schaufenster und neben die Ladenkasse zu bringen. Erst als uns ein Branchenkenner den Tip gab, einmal die entsprechenden Abteilungsleiter großer Verlagsauslieferungen göttlich freizuhalten und unseren Vertretern üppige »Werbegeschenke« für die Einkäufer(innen) mitzugeben, lief die Sache an. Das ist im Geschäftsleben so üblich, von Korruption ist hier nicht die Rede. Doch irgendwann meldeten sich die Einkäufer von Großorganisationen wie etwa Gewerkschaften und Berufsbildungsanstalten und machten verlockende Angebote – jedoch fast durchweg mit »zarten« Hinweisen auf Förderung der Beziehung, wenn ein »Kickback« erfolge (was ich zunächst gar nicht verstand, dann aber als Provision erkannte) –, und die meisten ließen dann ohne viel Federlesens durchblicken, wie ich diesen Betrag aufbringen könne: durch eine gewisse Anhebung des Einzelstückpreises, den sie in ihrer Organisation dann absegnen würden. Lediglich ein einziger Geschäftspartner, ein Einkäufer der IG Metall, erwies sich als sauber und wollte nicht einmal unsere als Werbegeschenk verteilten kleinen Taschenmesser annehmen.

Das war Mitte der siebziger Jahre, also noch lange vor der geradezu explodierenden Reihe von Skandalen auf allen Ebenen. Natürlich kann man streiten, ob es sich bei diesen Episoden wirklich um Bestechung handelt – aber genau um diesen Streit geht es. Die Übergänge sind fließend. Handelt es sich schon um Bestechung, wenn ich einem Beamten, der mir bürokratischen Trottel weit über seine Obliegenheiten hinaus beim Ausfüllen eines schwierigen Fragebogens hilft, als »Dankeschön« eines meiner Bücher mit Widmung sende und der mir dieses nicht sofort indigniert zurückschickt? Die Immigrantin aus Asien oder Afrika, die nach Jahren meist eher scheeler Behandlung eine Sachbearbeiterin findet, die sie auf Möglichkeiten hinweist, die sie sonst nie und nimmer hätte nutzen können, fühlt sich automatisch verpflichtet, nun ihrerseits etwas Gutes für die Frau zu tun.

Das »Anerkennungsgeschenk« gehört nach Meinung von Unternehmern durchweg zur »grundnotwendigen Pflege sowohl der bürokratischen und politischen Landschaft wie der Verhältnisse zu anderen Firmen, mit denen man Geschäftskontakte hat oder haben möchte«, so ein Manager aus dem Hochtaunuskreis vor dem Staatsanwalt. Für letzteren aber sind derlei Geschenke bereits »der Einstieg in die Korruption«: Auch wenn der oder die Beschenkte im konkreten Fall keine Vorteile gewährt hat (etwa weil man sich erst im Verlaufe des aktuellen Vorganges kennengelernt hat und das Geschenk erst nach dessen Abschluß und ohne vorherige Versprechen übergeben wurde), könnte sich der Unternehmer oder Antragsteller »den Begünstigten mit dem ›nachbürokratischen‹ Geschenk für mögliche künftige Dienstleistungen gewogen gemacht haben«, so eine Urteilsbegründung in Nürnberg.

Derlei ist keineswegs auszuschließen, und wie fließend die Übergänge sind, will ich mit einem weiteren Beispiel aus meinem Erfahrungsbereich darlegen.

Im Frühjahr 1987 rief bei mir das Presseamt eines norddeutschen Polizeipräsidiums an: Eine Gruppe von Polizisten »und anderen Interessierten« wolle nach Rom kommen, um sich über das Organisierte Verbrechen kundig zu machen. Mein Einwand, derlei könne man besser in Neapel oder Palermo studieren, zog nicht: Man wolle nach Rom. Auch mein Vorschlag, dann zumindest den Präsidenten der Antimafia-Kommission des Parlaments sowie einige der wichtigsten Mafia-Forscher zuzuladen, kam nicht an: Ein zweistündiger Vortrag von mir, so der Polizeisprecher, genüge, man wisse doch, wieviel ich da hineinpacke ... Vergebens auch meine Rechnung, daß es dann doch billiger sei, wenn ich nach Hamburg reiste, als wenn ein Dutzend Personen nach Rom fliege, wo sie vor Ort ohnehin nichts von der Organisierten Kriminalität sähen. Der Polizeikommissar fragte mich nach meinem Honorar, das ich mit 250 DM angab, was er sofort auf 500 DM erhöhte (ich glaubte meinen Ohren nicht zu trauen), und kündigte mir ein Bestätigungsschreiben mit der Teilnehmerliste an. Das kam dann auch – zu meinem großen Erstaunen aber nicht auf dem Papier des Polizeipräsidiums, sondern einer großen Sparkasse. Die Teilnehmerliste wies einige Polizisten aus, aber auch den Bankdirektor und seinen Referenten für Öffentlichkeitsarbeit sowie – die Crème de la crème der dortigen Gerichtsreporter, vom ZDF bis

Bild, vom NDR bis zu den kleinen lokalen Zeitungen. Und – das Honorar war nun auf 1000 DM gestiegen – man wolle auch, daß meine Frau die illustre Gesellschaft ein wenig beim Shopping begleite. War ich zunächst noch unentschlossen, weil mir alles einfach absurd erschien, so beschloß ich dann doch, mir die seltsame Gruppe anzusehen.

Die kam dann auch, zwölf Personen hoch, lebte vier Tage im Hotel »Forum« mit Übernachtungspreisen von umgerechnet 400 DM pro Person und Nacht auf Kosten der Bank und wurde auch noch köstlich in hervorragenden Lokalen versorgt. Nach einer überschlägigen Rechnung hat die ganze Veranstaltung an die 30 000 DM gekostet.

Für mich war besonders erstaunlich, daß sich die Teilnehmer offenbar überhaupt nicht darüber im klaren waren – oder es jedenfalls heftig leugneten –, welchen Filz sie da ansteuerten. Kopfschüttelnd wurde mein Hinweis abgelehnt, daß genau dann die Korruption beginnt und sich das Eingangstor zur Organisierten Kriminalität öffnet, wenn Instanzen, die einander kontrollieren sollten, miteinander kungeln, statt einander kritisch und mit gehöriger Distanz zu beobachten. Dem begegneten die Ausflügler mit dem Spruch, sie fühlten sich »absolut frei in unserem Handeln«, schließlich habe die Bank ausdrücklich versichert, sie erwarte keinerlei Gegenleistungen … Blauäugiger geht's natürlich nicht. Keiner der Journalisten glaubte, er würde »Samthandschuhe« anziehen, wenn beispielsweise die Bank oder deren Direktor irgendwelche unsauberen Sachen anstellten oder wenn die Polizei sich ins Unrecht setzen würde. Und die Polizisten waren sich sicher, daß sie der Bank »nie und nimmer und unter keinen Umständen gefällig sein« würden. Etwas unsicher wurden sie allerdings, als sie bemerkten, daß da einer der Bankleute ständig Fotos schoß, vor allem dann, wenn die Gruppe wieder einmal weitgehend betrunken am Tresen der Hotelbar hing.

Ich habe den Vorgang dann in meinem Buch *Italien* dargestellt, allerdings ohne die Stadt selbst oder irgendwelche Namen zu nennen. Zwei Jahre später habe ich dann in der TAZ im Zusammenhang mit der Diskussion um das geplante Gesetz gegen die

Organisierte Kriminalität noch einen Artikel darüber geschrieben, wieder ohne Namensnennung. Nun überkam meine TAZ-Kollegen der Ehrgeiz, herauszubringen, wer da alles beteiligt gewesen war; sie recherchierten und wurden in Hamburg fündig. Die Pressesprecherin der Hamburgischen Sparkasse, die meinen Artikel natürlich kannte, ereiferte sich, als der Kollege sie anrief und für seinen Artikel um eine Stellungnahme bat, über die »Frechheit, so was zu schreiben«, und erklärte unbefangen, »so etwas« würde man doch »immer wieder machen«, das sei »doch ganz selbstverständlich im Rahmen der Kontaktpflege mit den Behörden«.

Und dann zeigte sich, daß das, was ich zunächst nur hypothetisch angenommen hatte, längst Wirklichkeit war: Der Oberpolizist jenes Besuches lag offenbar bereits an der kurzen Leine der Bank. Keine Viertelstunde nach dem ersten Kontakt meines Kollegen mit der Banksprecherin läutete der Polizeipressesprecher bei mir an, er wolle mit mir »über die am nächsten Tag geplante Veröffentlichung reden« – so kurz waren die Verständigungswege also bereits.

Der Mann wurde danach doch versetzt, die »Kontaktpflege«-Ausflüge wurden vom Polizeipräsidium ein für allemal untersagt.

Wir brauchen hier gar keine illegale Handlung zu unterstellen, weder der Bank noch den Polizisten, und auch keine Verletzung beruflicher Standesnormen durch die Presseleute (von denen einige immerhin im öffentlich-rechtlichen Rundfunk und Fernsehen arbeiten): Der entstandene Filz und seine potentielle Gefährlichkeit werden immerhin deutlich. Und ebenso deutlich wird, wie leichthändig Institute wie diese Sparkasse mit den Geldern ihrer Kunden umgehen.

Ein letztes Beispiel: Anfang der neunziger Jahre geriet einer der weltweit größten Tabakhersteller und -verkäufer in schwere Turbulenzen: Italiens Behörden verbannten Zigaretten aus diesem Unternehmen zweimal für mehrere Wochen vom Markt. Der Hintergrund: Wie aus Ermittlungen der Zoll- und Strafverfolgungsbehörden zu erkennen war, hatte der Konzern in den achtziger Jahren den in Italien höchst einträglichen Zigaretten- und Tabakschmuggel in die eigene Hand genommen – und, so jedenfalls die Berichte von Aussteigern aus den bisher dominierenden Camorra- und Mafia-Gangs, die angestammte Konkurrenz sogar durch gedungene Killer einschüchtern und aus dem Geschäft drängen lassen. Wenig später kündigte sich weitere Unbill an: Amerikas Behörden kamen in den Besitz von Unterlagen, wonach der Konzern bereits in den sechziger Jahren durch umfängliche Forschung zu dem eindeutigen Nachweis gelangt war, daß Nikotin schädlich ist und süchtig macht. Doch die Manager hatten diesen Bericht weggeschlossen und weiter munter behauptet, es gebe keinerlei Beweise für den von Tabakkritikern schon lange vermuteten Zusammenhang.

Der Konzern mußte nach diesen Skandalen einen mächtigen Imageverlust feststellen und versuchte mit einer ungeheuer aufwendigen Kampagne Boden wieder gutzumachen. Zigarettenanzeigen des Konzerns wurden nun plötzlich ganz zurückgefahren, dafür erschienen in Hunderten großer Zeitungen Ankündigungen von kulturellen Großveranstaltungen, Tagungen, Ausstellungen, die der Konzern ausrichtete oder sponserte: ein Versuch, den lädierten Namen auf lange Sicht von der Assoziation mit Tabak zu befreien.

In diesem Zusammenhang bot der Tabakkonzern auch Journalisten »Goodwill«-Reisen an: Ohne die geringste Schreibverpflichtung konnten Reporter und Kommentatoren auf Kosten des Konzerns etwa in die USA reisen, eine oder zwei Wochen dort herumfahren und, unter liebevoller Leitung vom Konzern gestellter Führer, Gottes eigenes Land erkunden. Die Kampagne hatte weitgehend Erfolg: Trotz der skandalösen Erkenntnisse breitete sich in Europas Presse gnädiges Schweigen über die Vorgänge aus. Selbst dem *Spiegel* war zunächst allenfalls die Nikotingeschichte 1994 eine Anderthalbseiten-Story wert; erst als der Skandal in den USA Ende 1995 die gesamte Tabakindustrie erfaßte, wurde mehr daraus.

Ich bekam die Geschichte höchstpersönlich sehr unangenehm mit. Eine von mir ansonsten sehr geschätzte Kollegin war trotz meiner Hinweise auf die bösen Erkenntnisse der Reiseeinladung gefolgt, obwohl das auch in der Redaktion sehr umstritten war.

Nach ihrer Rückkehr hatte sie einen recht harmlosen Bericht geschrieben, der allenfalls die Geschäftswuselei der Fremdenführer auf die Schippe nahm, die Skandalgeschichten allesamt jedoch lediglich in einem einzigen Halbsatz versteckte. Offenbar war die PR-Abteilung des Konzerns mit diesem Ergebnis zufrieden. Ich mußte das erkennen, als ich einen Anruf bekam, während ich gerade wieder einmal zu einem Vortrag über die Mafia nach Deutschland reiste, wo ich meist die von mir übersetzten Bekenntnisse des Ex-Bosses Calderone zitiere, der als erster die Tabakgeschichte enthüllt hatte. Die mit leichtem US-Akzent redende weibliche Stimme forderte mich unverblümt auf, diese Behauptungen nicht mehr zu wiederholen – ich solle mir ein Beispiel an der Kollegin aus der TAZ nehmen, mit der ich doch befreundet sei. Ansonsten könne man auch mal an die große Glocke hängen, welche Journalisten auf der »Pay-list« (so sagte sie wörtlich) stünden. Ich habe die Vorträge dennoch gehalten, es erfolgte nichts – wahrscheinlich auch, weil die Kollegin inzwischen nicht mehr bei der TAZ arbeitet, sondern in einem Hamburger Nachrichtenmagazin.

Alles Beispiele, die in einem Grenzbereich spielen, wo Vorteile, die man erhält, zu »Gegenleistungen« führen können, aber noch nicht unbedingt müssen – alles aber auch Beispiele, wo die Folgen doch wieder gezeigt haben, daß die »Geber-Seite« sich durchaus an das »Gewährte« erinnert und entsprechenden Druck macht, wenn irgendwann die Dinge nicht so laufen, wie die Geldgeber das wünschen. Notfalls über die Drohung mit Enthüllungen über die Kollegen oder Kolleginnen, die da hineingetappt sind.

Exkurs
Die gesetzlichen Regelungen und Definitionen

Das deutsche Strafrecht unterscheidet derzeit zwei Kategorien, die im allgemeinen Sprachgebrauch unter »Korruption« fallen: Vorteilsannahme und Bestechlichkeit; die beiden Paragraphen beziehen sich aber ausdrücklich nur auf »Amtsträger und für den öffentlichen Dienst besonders Verpflichtete« sowie Richter (bei Bestechlichkeit kommen noch Soldaten hinzu). Der Begriff »Korruption« selbst kommt nicht vor.

§ 331 StGB definiert »Vorteilsannahme« so:

»(1) Ein Amtsträger oder ein für den öffentlichen Dienst besonders Verpflichteter, der einen Vorteil als Gegenleistung dafür fordert, sich versprechen läßt oder annimmt, daß er eine Diensthandlung vorgenommen hat oder künftig vornehme, wird mit Freiheitsstrafe bis zu zwei Jahren oder mit Geldstrafe bestraft.

(2) Ein Richter oder Schiedsrichter, der einen Vorteil als Gegenleistung dafür fordert, sich versprechen läßt oder annimmt, daß er eine richterliche Handlung vorgenommen hat oder künftig vornehme, wird mit Freiheitsstrafe bis zu drei Jahren oder mit Geldstrafe bestraft. Der Versuch ist strafbar.

(3) Die Tat ist nicht nach Absatz 1 strafbar, wenn der Täter einen nicht von ihm geforderten Vorteil sich versprechen läßt oder annimmt und die zuständige Behörde im Rahmen ihrer Befugnisse entweder die Annahme vorher genehmigt hat oder der Täter unverzüglich bei ihr Anzeige erstattet und sie die Annahme genehmigt.«

Der letzte Absatz hat mehrere Funktionen: Zum einen nimmt er zum Beispiel Minister und Regierungschefs, die sonst unter das Verbot der Geschenkannahme fallen würden, im Falle großer Staatsgeschenke ausländischer Gäste oder Gastgeber, aus; zum zweiten läßt er auch Raum für »Lockvögel« im Ermittlungsbereich, wo man – bislang freilich fast immer nur theoretisch – Bestechende durch scheinbare Annahme des Vorteils auffliegen läßt.

Der Paragraph 332, »Bestechlichkeit«, definiert diese im Unterschied zur Vorteilsannahme so:

»(1) Ein Amtsträger oder ein für den öffentlichen Dienst besonders Verpflichteter, der einen Vorteil als Gegenleistung dafür fordert, sich versprechen läßt oder annimmt, daß er eine Diensthandlung vorgenommen hat oder künftig vornehme, und dadurch seine Dienstpflichten verletzt hat oder verletzen würde, wird mit Freiheitsstrafe von sechs Monaten bis zu fünf Jahren, in minder schweren Fällen mit Freiheitsstrafe bis zu drei Jahren oder mit Geldstrafe bestraft. Der Versuch ist strafbar...«

Es folgt die analoge Maßnahme für Richter oder Schiedsrichter, daran angehängt ist dann:

»(3) Falls der Täter den Vorteil als Gegenleistung für eine künftige Handlung fordert, sich versprechen läßt oder annimmt, so sind die Absätze 1 und 2 schon dann anzuwenden, wenn er sich dem anderen gegenüber bereit gezeigt hat,

1. bei der Handlung seine Pflichten zu verletzen oder,

2. soweit die Handlung in seinem Ermessen steht, sich bei Ausübung des Ermessens durch den Vorteil beeinflussen zu lassen.«

Die Paragraphen 333 und 334 behandeln dann die »bestechende« Seite, also denjenigen, der schmiert, unter den Stichworten »Vorteilsgewährung« und »Bestechung« und drohen bis zu fünf Jahren Gefängnis an. »Bestechung« bzw. »Bestechlichkeit« unterscheiden sich also von Vorteilsannahme bzw. Vorteilsgewährung dadurch, daß hier das Geld für eine Dienstpflichtverletzung bezahlt bzw. genommen wird, während »Vorteilsgewährung« im Rahmen der Dienstpflichten bleibt – etwa wenn ein Beamter den entzogenen Führerschein gegen Zahlung schneller wieder zurückgibt, als dies auf dem normalen Dienstweg geschehen würde.

Natürlich kommt es auf die Definition dessen an, was denn ein »Vorteil« ist. In der Regel suchen Gerichte hier in Mark und Pfennig zu denken – der Vorteil wird in »Geldwert« umgerechnet und zum »geldwerten Vorteil«, sofern nicht ein konkreter Betrag geflossen ist oder versprochen wurde: Darunter fallen damit auch zum Beispiel Ferienreisen im Jet oder Auto des Gebers, Gemälde,

Bordellbesuche oder üppige Weihnachtsgeschenke. Es gibt aber auch immaterielle Vorteile, so etwa Karrierehilfen oder das Zuschanzen von Macht (etwa in Form von Wählerstimmen über Verbände).

Natürlich könnte man unter die »geldwerten« Vorteile auch den bei einer langen Sitzung gereichten Kaffee oder die Salzstangen sowie die höflicherweise angebotenen Zigarren rechnen. Weshalb die deutschen Gerichte in der Regel das als »annehmbar« gestatten, was man nicht zurückweisen kann, ohne den Geber »zu beleidigen«. Das freilich ist wieder eine dehnbare Größe, denn Lieschen Müller als Geberin wird vielleicht schon beim ausgeschlagenen Tee beleidigt sein, der Herr Generalmanager einer Flugzeugfirma aber auch noch, wenn man den angebotenen Saunabesuch oder den Leihwagen ablehnt. Mir bereitet es immer eine große Freude anzusehen, wie der von mir hochgeschätzte Frankfurter Oberstaatsanwalt Wolfgang Schaupensteiner, wenn er zu Talkshows geladen oder bei Kongressen als Vertreter der Rechtsprechung zugegen ist, ganz genau erklärt, daß er »diesen Kaffee eigentlich gar nicht annehmen dürfte«, aber weil er weiß, daß er »damit den Gastgeber beleidigen könnte«, nun doch trinkt – vorsorglich also bereits mit dem Hinweis auf das von den Gerichten gelassene Schlupfloch.

Noch schwieriger wird es, wenn der Beamte oder öffentlich Bedienstete Geld zugesteckt bekommt für eine Handlung, die über seine Dienstpflichten hinausgeht – um eine Art Übersoll zu erledigen. An der Münchner Universität zum Beispiel war es zur Zeit meiner Promotion üblich, bei der Ablieferung der Doktorarbeit einen Zwanzigmarkschein für die beiden Sekretärinnen des Dekanats in die Dissertation einzulegen – »für Ihre Mühe«. Die Investition lohnte sich: Die Damen blieben dann an der »Arbeit« dran – sie telefonierten säumigen Gutachtern hinterher oder holten die Arbeit gar bei diesen ab, um sie fristgerecht der Fakultät vorlegen zu können. Ein Kollege aus meinem Seminar, der den Zwanzigmarkschein aus Prinzip nicht beilegte, verlor ein ganzes Semester, weil die Gutachten nicht rechtzeitig vorlagen. Als er sich über die Verzögerung beschwerte, bekam er vom Dekan die lapidare Antwort: »Wahrscheinlich hat's so lange gedauert, weil die Sekretä-rinnen Ihre Arbeit erst Blatt für Blatt durchgeschaut haben, ob nicht doch irgendwo der Zwanziger klebt ...« Tatsächlich hatten die Damen nur den »normalen« bürokratischen Weg eingehalten – der Zwanzigmarkschein hatte diesen Weg lediglich beschleu-nigt. Natürlich kann man hier auf den Grundsatz der Gleichbe-handlung verweisen, aber dann müßte man erst nachweisen, daß die Frauen die Promotion des Kollegen absichtlich und wegen des fehlenden Geldes verzögert hatten.

Andere Länder geben »Limits« vor, Wert- oder Geldgrenzen, bis zu denen man sich noch nicht strafbar macht. In Österreich zum Beispiel darf man bis zu 1000 Schilling (etwa 70 DM) pro An-sprechpartner annehmen, ohne daß der Staatsanwalt tätig wird – was in manchen Fällen in der Summierung auch zu nicht uner-heblichen Summen führen dürfte. In den USA, wo jede Art von Vorteilsannahme schwer strafbar ist, herrscht zumindest in Un-ternehmen das Prinzip absoluter Transparenz: Man kann sich ohne weiteres zum Essen oder zur Jagd einladen lassen, muß dies aber dem Vorgesetzten oder einer eigenen Abteilung unverzüg-lich schriftlich mitteilen, wenn Geschäftspartner oder Beamte dabei sind, mit denen man zu tun hat.

Völlig aus dem Strafbereich herausgefallen war in Deutschland lange Zeit die Korruption von Volksvertretern. 1953 wurde der Tatbestand der Abgeordnetenbestechung aus dem Strafgesetz-buch gestrichen – die Volksvertreter der Nachkriegsrepublik fühl-ten sich offenbar gänzlich immun gegen derlei Anfechtungen. Erst 1994 wurde die Abgeordnetenbestechung als Straftatbestand im Paragraphen 108 unter Absatz e wieder eingeführt, allerdings in einer derart windelweichen Form, daß praktisch nichts darun-terfällt – es sei denn, es läßt sich nachweisen, der oder die Abge-ordnete habe für ihr Abstimmungsverhalten im Plenum Geld genommen. Für Gesetzesvorhaben viel wichtiger ist aber das Ver-halten in den Ausschüssen, wo Bestechlichkeit nicht strafbar ist.

1974 wurde die bis dahin indizierte »schwere passive Beste-chung«, die zuvor mit bis zu fünf Jahren Gefängnis bestraft wer-den konnte und damit ein Verbrechen darstellte, zu einem einfachen Vergehen mit geringer Strafandrohung heruntergestuft – warum, wissen wohl nur diejenigen, die es beschlossen haben. Aktuelle Begründungen oder Notwendigkeiten dafür gab es jedenfalls keine. Auch ein weiterer Paragraph wurde fallengelassen, die »Verletzung des Dienstgeheimnisses in einem besonders schweren Fall«, was etwa bei der Preisgabe von Geboten bei Ausschreibungen oder Hinweisen auf bevorstehende Razzien oder Haussuchungen mit bis zu zehn Jahren bestraft werden konnte.

Andere Länder sind da pingeliger: Italien zum Beispiel listet im Artikel 357 seines *Codice penale* unter den Personen, die im strafrechtlichen Sinne wegen »Corruzione« belangt werden können, nicht nur die »Staatsbeamten oder Angestellten einer Einrichtung der öffentlichen Hand, die, auf Dauer oder zeitlich begrenzt, ein öffentliches Amt legislativer, administrativer oder judikativer Art ausüben«, auf, sondern auch »jede andere Person, die, auf Dauer oder zeitlich begrenzt, unentgeltlich oder gegen Entgelt, freiwillig oder aufgrund einer Verpflichtung, eine öffentliche Aufgabe legislativer, administrativer oder judikativer Art ausübt«. Mithin auch die Mitglieder der gesetzgebenden Versammlung – des Parlaments – und sogar der Stadt- und Gemeinderäte. Verschärfend wirkt dabei auch noch der Artikel 360, der bestimmt, daß selbst dann noch Korruption vorliegt, wenn der Betreffende das Amt bereits vor dem Begehen der Tat abgegeben hat: Konsequenz der Erkenntnis, daß viele ehemalige hohe Beamte und Politiker ihre behördeninternen Beziehungen weiterhin aufrechterhalten und Dritten damit erhebliche Vorteile verschaffen können.

Politiker, die in Deutschland Geld annehmen, auch wenn damit ganz offen die Erwartung des Geldgebers auf ein bestimmtes Verhalten im Gesetzgebungsprozeß verbunden ist, machen sich nicht wegen Bestechlichkeit oder Vorteilsannahme strafbar – lediglich wenn sie »vergessen«, die »Spende« der Steuer zu melden (bei persönlicher Zuwendung ist Schenkungsteuer zu bezahlen) oder sie nach dem Parteienfinanzierungsgesetz öffentlich bekanntzumachen, bekommen sie es mit der Justiz zu tun.

Auf der Geberseite wird die Sache noch skurriler: Tatsächlich kann ein Bestechender, sofern er die entsprechenden Dokumente vorlegt, den Betrag als »Betriebsausgaben« oder »nützliche Aufwendungen« absetzen, wenn er glaubhaft macht, daß diese dem betrieblichen Fortkommen dienen und er den Auftrag ansonsten nicht bekommen hätte. Natürlich wird das im Inlandsverkehr kaum jemand tun, müßte er doch sonst seinen behördeninternen Ansprechpartner nennen, und der wird sich das natürlich herzlich verbitten. Aber im Auslandsverkehr geht das ohne Schwierigkeiten: Der dortige Beamte ist schließlich nicht dem deutschen Strafgesetz unterworfen, und einen Hinweis seitens der Finanzbeamten an die Behörden des betreffenden Landes verbietet das Steuergeheimnis, das in Deutschland so rigoros wie sonst kaum irgendwo hochgehalten wird. Die SPD hat bereits vor Jahren gefordert, die steuerliche Absetzbarkeit im Ausland gezahlter Schmiergelder abzuschaffen, ist aber bei der CDU / CSU / FDP-Koalition abgeblitzt, weil man dadurch angeblich Arbeitsplätze gefährde, da nichtschmierende Anbieter im Ausland unterlegen seien.

Weitgehend unberücksichtigt bleibt bei Vorteilsannahme und Bestechlichkeit auch die »geldwerte« Pflichtverletzung im nichtöffentlichen Bereich, etwa in Unternehmen oder Vereinen. Zwar gibt es die »Bestechung von Angestellten« im »Gesetz gegen Unlauteren Wettbewerb« (§ 12), doch hier ist die Strafandrohung geradezu lächerlich – ein Jahr maximal oder Geldstrafe, beides »Bewährungsdelikte«, die faktisch nur auf ein Drohen mit dem Zeigefinger hinauslaufen. Massiver kann der Staatsanwalt nur aktiv werden, wenn eine konkrete Anzeige wegen Untreue oder Betrugs vorliegt. Paragraph 266, Untreue, lautet: »Wer die ihm durch Gesetz, behördlichen Auftrag oder Rechtsgeschäft eingeräumte Befugnis, über fremdes Vermögen zu verfügen oder einen anderen zu verpflichten, mißbraucht oder die ihm kraft Gesetzes, behördlichen Auftrags, Rechtsgeschäfts oder eines Treueverhältnisses obliegende Pflicht, fremde Vermögensinteressen wahrzunehmen, verletzt und dadurch dem, dessen Vermögensinteressen er zu betreuen hat, Nachteil zufügt, wird mit Freiheitsstrafe bis zu fünf Jahren oder mit Geldstrafe bestraft. (2) In besonders schweren Fällen ist die Strafe Freiheitsstrafe von einem Jahr bis zu zehn

Jahren.« Dann schließt sich der folgenreiche Absatz (3) an: »§ 243 Abs. 2 sowie die §§ 247 und 248 a gelten entsprechend« – und dieser § 248 a (»Diebstahl und Unterschlagung geringwertiger Sachen«) besagt: »Der Diebstahl und die Unterschlagung geringwertiger Sachen werden in den Fällen der §§ 242 (Diebstahl, W.R.) und 246 (Unterschlagung, W.R.) nur auf Antrag verfolgt, es sei denn, daß die Strafverfolgungsbehörde wegen des besonderen öffentlichen Interesses an der Strafverfolgung ein Einschreiten von Amts wegen für geboten hält.«

Hier muß der Staatsanwalt also ein öffentliches Interesse erkennen, ansonsten kann er nur aufgrund einer Anzeige vorgehen (die im übrigen auch wieder zurückgezogen werden kann), und er muß beweisen, daß der Betreffende die Interessen des Arbeitgebers oder des Vertragspartners durch die Annahme von Geschenken oder Geldern verletzt hat. Macht der Geschädigte da nicht mit – etwa weil er auf eine gütliche Einigung hofft –, hat das Verfahren keinerlei Erfolgsaussichten.

Strafverfolger mit gesträubten Haaren
Bericht eines pensionierten Polizeibeamten

Es ist ganz sicher falsch, wenn wir Deutschen so tun, als sei die wuchernde Korruption im Lande eine neue Entwicklung. Wir haben sie nur nicht wahrhaben wollen.

Ich bin seit zehn Jahren in Pension, habe vorher in verschiedenen Polizeipräsidien im Zentrum Westdeutschlands gearbeitet. Genau habe ich nicht gezählt, aber es waren sicher nicht weniger als tausend Fälle von Bestechung, die mir persönlich auf den Tisch gekommen sind, als Anzeigen oder auch als Hinweise von Personen, die dadurch geschädigt wurden. Ich habe die Fälle bearbeitet und an die Staatsanwaltschaften weitergegeben, doch von dort kam nur selten etwas zurück, das zeigte, daß der Fall aufgenommen worden wäre. Eher schon hatte ich den Eindruck, daß es den dortigen Beamten lästig war, wenn ich immer alle Fälle zu ihnen hinübergab. Ein Staatsanwalt hat mir einmal am Rande einer Feier gesagt: »Reden Sie doch ein bißchen mit den Leuten, viele nehmen doch das Zeug dann wieder mit, und wir müssen uns nicht damit abplagen, heraus kommt dabei ja eh' nie etwas.«

Ein anderer Staatsanwalt, bei dem ich mich beschwert hatte, daß von gut fünfzig Anzeigen nur eine einzige verfolgt wurde, sagte mir offen, ihm sträubten sich schon immer die Haare, wenn ich solches »Denunziantengeschwätz« weitergäbe. Das hat mich in diesem Falle besonders betroffen gemacht, weil darunter auch vier meines Erachtens sehr schwere Fälle von Pflichtverletzung im Amt waren. Doch der Staatsanwalt blieb immer hart: »Das alles kann durchaus wahr sein, aber es gibt keinerlei verwertbare Beweise dafür«, sagte er.

Dasselbe geschah mit vielen anonymen Anzeigen. Ich erinnere mich an drei Fälle, die das städtische Bauamt betrafen. Hier waren nicht nur vermutlich, sondern ganz offenbar Preisabsprachen getroffen worden, und ein Außenseiter, der eindeutig das beste Angebot abgegeben hatte, war nicht zum Zug gekommen. Die

Anzeige erfolgte möglicherweise durch ihn, war aber jedenfalls anonym. Mein Vorschlag, den Mann doch einfach zu vernehmen, wurde abgelehnt mit dem Hinweis, deutsche Strafverfolger würden grundsätzlich keine anonymen Anzeigen bearbeiten.

Im übrigen waren auch die meisten meiner Kollegen ganz und gar nicht mit meinem Eifer gegen Bestechung einverstanden. Ging es nur um geringe Beträge oder Geschenke, lachten die meisten nur und sagten, so etwas anzunehmen sei doch selbstverständlich und verpflichte zu nichts. Ging es um große Summen, meinten sie, an diese Großkopferten komme man doch nicht ran und riskiere überflüssigerweise die eigene Karriere, weil diese Leute untereinander alle verfilzt seien und auch unsere höchsten Vorgesetzten mit denen Golf spielen oder Segeln gehen würden. Später, als ich schon an der Pensionsgrenze war, habe ich gemerkt, daß derlei Befürchtungen durchaus richtig waren, man hat es am Schicksal der Ermittler gesehen, die den Flick-Skandal aufgebracht haben: Kein einziger davon hat noch Karriere gemacht, allesamt wurden sie in die letzten Ecken abgeschoben oder anderweitig gedemütigt.

Meine bisher geschilderten Erfahrungen erfolgten in den sechziger Jahren. Später wurde ich zur Rauschgiftbekämpfung abgestellt. Auch da kamen mir zahlreiche Fälle unter, in denen Korruption im Spiel sein mußte. Doch die meisten Staatsanwälte hatten kaum Lust, über das reine Anfangsvergehen, also den Verkauf des Stoffes an die Endabnehmer, hinauszugehen, höchstens noch wenn der Geheimdienst oder das Bundeskriminalamt einen Ring aushoben, ging es auch den Großhändlern an den Kragen. Aber nur sehr selten wurde überhaupt die Frage gestellt, wieviel Behördenwohlwollen notwendig sein muß, damit solche Ringe über Jahre hinweg in einer Großstadt funktionieren. Ein von mir in dieser Hinsicht verfaßtes Exposé, in dem ich Gegenchecks und Kontrollinstanzen für unsere eigenen Ämter vorgeschlagen habe (ich weiß inzwischen, daß viele andere Kollegen derlei ebenfalls vorgelegt haben, die meisten vergebens), wurde überhaupt nicht behandelt. Erst nach meiner Pensionierung haben Hessen und später Bayern solche Stellen eingerichtet.

Erfolgreich war ich lediglich in einem halben Dutzend Fällen, die sind vor dem Richter gelandet, und es kam auch zu Verurteilungen. Aber die Folgen für mich waren sehr betrüblich: Zwei der Firmen, deren Chefs bestochen hatten, wurden geschlossen, und ich bekam Drohbriefe von damit arbeitslos gewordenen Angestellten. In zwei weiteren Fällen wurden die Beamten suspendiert, und bei einer Weihnachtsfeier kam dann der betreffende Richter auf mich zu: »Wissen Sie eigentlich, was ich mir wegen Ihrer Anzeige eingehandelt habe? Ich kann mich nirgendwo mehr sehen lassen, die ganze Unternehmerschaft unseres Städtchens hier schimpft auf mich, weil sie ihren Ansprechpartner im Bauamt verloren haben.« Irgendwie hatte ich das Gefühl, er tadelte mich, weil ich ihm, wie er wörtlich sagte, »halt einfach zu erdrückende Beweise geliefert« hatte.

Was mich am meisten bei all diesen Fällen gewundert hat, war die Tatsache, wie pingelig viele Ermittlungsrichter auf diesem Gebiet plötzlich beim »Anfangsverdacht« wurden, den sie bekanntlich gesetzlich brauchen, um tätig zu werden. Wenn ich bedenke, wieviele Male wir in den siebziger Jahren in Privatwohnungen eindringen mußten, ohne auch nur zu wissen, was wir da suchen sollten, nur weil die Eigner oder Mieter wegen ihrer Barzahlung von Gas und Strom im Rasterfahndungsnetz der Antiterrorismus-Ermittler hängengeblieben waren, und wie oft wir Zigeunercamps durchkämmt haben, ohne daß wir konkrete Anhaltspunkte über von dort begangene Straftaten hatten, dann hat es mich immer wieder gewundert, wie sich die Staatsanwälte zierten, wenn ich mit meinen konkreten Verdächten zu ihnen kam. Logische, auf der Hand liegende Schlußfolgerungen aus vorliegenden, gerichtsnotorischen Straftaten zum Beispiel wollte kaum einer hören. So muß doch etwa, wenn Rauschgift gehandelt wird, dieses irgendwie in unser Land kommen, schließlich haben wir doch keine eigenen Anbaugebiete. Also muß es eingeschmuggelt werden, und wenn es sich dabei um ansehnliche Mengen handelt, die wiederholt an derselben Stelle über die Grenze kommen, liegt logischerweise der Verdacht auf Komplizen beim Zoll nahe. Ein Staatsanwalt sagte mir: »Nennen Sie mir konkrete Namen, aber nicht Ihre nebulösen Denkschemata, die geben mir keinen Anfangsverdacht.« In einem anderen Fall, noch im Bauwesen, habe ich den Staatsanwalt auf die schlichte Tatsache hingewiesen, daß in der Stadt, in der ich arbeitete, faktisch immer derselbe Bauunternehmer die städtischen Bauten hochzieht, daß am Ende alles immer überteuert war und es ständig Reklamationen gab und daß die permanent aus dem Rennen geschlagenen Konkurrenten Vergleichbares in anderen Städten durchaus zur Zufriedenheit errichtet hätten, zu niedrigeren Preisen. Der Verdacht auf Begünstigung lag da auf der Hand. »Dokumentieren Sie mir das, mit Roß und Reiter«, herrschte mich der Staatsanwalt an. Ich habe damit begonnen, und kurz darauf gab es eine Inspektion in meinem Amt: Drohend erklärte mir mein Vorgesetzter, ich hätte meine Dienstbefugnisse überschritten, als ich meiner Dokumentation eine Vergleichskalkulation aus anderen Städten beilegte; die hatte ich aber nicht etwa angefordert, sondern einfach den Anlagen zum Haushaltsbericht der betreffenden Gemeinde entnommen, der in der Lokalzeitung veröffentlicht war. Nichts zu machen, der Fall war weg.

II
Legenden
»Preußische Tugenden« und Grauzonen
der Demokratie

Der unvermittelte Schock, der die Deutschen mit der Welle der Korruptionsskandale trifft, rührt vor allem von einer Reihe bislang liebevoll gepflegter Vorurteile über die eigene heile Welt her. Daß sich unsere Politiker und Beamten so ungeniert bedienen wie im schon halbwegs als Bananenrepublik verschrienen Italien, sollte eigentlich bereits an den effizienten demokratischen Kontrollen scheitern wie auch daran, daß der deutsche Beamtenstand doch noch allseitig mit den preußischen Kardinaltugenden der Zuverlässigkeit, Pünktlichkeit und Unbestechlichkeit versehen schien. Glaubten wir jedenfalls. Daß deutsche Unternehmer und Manager strikt auf Leistung schauen und damit schon aus Effizienzgründen alles nach Sachkriterien entschieden, wodurch ausgedehnter Unterschleif bereits aus Kalkulationsgründen ausschied, dafür schien schon das weltweit gelobte Ansehen von Produkten Made in Germany zu sprechen. Und daß sich Polizei oder Staatsanwälte wie in amerikanischen Gangsterfilmen in Skandale verwickeln lassen würden, hielten wir angesichts der immer wieder von Politikern hochgelobten Aufklärungsquoten bei Verbrechen für hinreichend ausgeschlossen.

Heute stehen wir nun im Lichte der tagtäglich erschreckenderen Berichte über Korruption vor einem Scherbenhaufen – jedoch weniger wegen der bekanntgewordenen vielen Vorteilsannahmen und Bestechungen, sondern eher aus Enttäuschung und Erschrecken über unsere eigene Gutgläubigkeit oder unser eigenes Wegsehen. Wir haben uns gerne und willig Legenden auftischen lassen und sie sogar selbst gerne weitergestrickt – über unsere Beamten, unsere Politiker, unsere Polizisten, unsere Unternehmer und Manager, über unsere Journalisten und die anderen Wächter über demokratische oder moralische Tugenden; aber auch über uns selbst, die wir uns für saubere Zeitgenossen halten, im Zweifelsfalle aber doch ebenfalls anfällig sind für die illegalen Anfechtungen unserer Zeit.

1. Die Legende vom »unbestechlichen Beamten«

Diese Fabel vom unbestechlichen Staatsdiener in deutschen Amtsstuben geistert seit dem vorigen Jahrhundert herum. Natürlich gibt es ihn, und wahrscheinlich ist der Großteil der deutschen Beamten ohne Fehl und Tadel – doch in vielen Fällen kommt da wohl weniger standhafte Ehrbarkeit zum Ausdruck als der weise Spruch des alten Wilhelm Busch: »Tugend war zu jeder Zeit / Nur Mangel an Gelegenheit.« Dutzende von Ämtern taugen einfach nicht zur Vorteilsannahme oder Bestechung. Dort aber, wo Bestechung Sinn macht, hat sich nach den Erkenntnissen unserer derzeit ermittelnden Staatsanwälte Bestechlichkeit auch entwickelt, und das nicht zu knapp.

Daß das auch früher schon nicht viel anders war, zeigt ein Blick in die Journale aus dem deutschen Kaiserreich. Dort findet man zuhauf Berichte, mitunter auch schöne Satiren über den angeblich so staatsbewußten, korrekten, unbestechlichen, von höchster Moral getragenen Beamten. Etliche dieser bissigen Bemerkungen über Konzessionsnehmer, die mit den Administratoren auf allzu gutem Fuß standen, oder Offiziere, die gesetzwidrig bevorzugt wurden, waren dann auch Gegenstand höchst peinlicher Gerichtsverfahren. Alte Nummern des *Simplizissimus* sind eine wahre Fundgrube.

Historisch entstand das Bild, das wir heute vom Beamten preußischer Statur haben, aus einer kurzzeitigen »Abweichung« aus der von den Oberen gewollten Entwicklung des wilhelminischen Obrigkeitsstaates.

Seit 1885 wurde der Beamte in die »durch Diensteid beschworene Pflicht auf Vertretung der Politik Meiner (des Königs) Regierung« genommen, so das Dekret des Kaisers in seiner Eigenschaft als König von Preußen (nach *Handbuch der deutschen Geschichte*, hgg. v. L. Just, Bd. 3, 2. Tl.). Diese zunächst allzu enge Anbindung an den Herrscher respektive dessen oberste Verwalter – die Kanzler und Ministerpräsidenten – lockerte sich unter dem liberalen Reichskanzler Caprivi. Die Ämter begannen eine gewisse Autonomie zu entfalten (was manchen Zeitgenossen als chaotisch erschien und den Begriff der »Nebenregierungen« prägte), die Verantwortlichkeit des einzelnen Amtsinhabers auch weiter unten in der Hierarchie nahm zu – Grundstein für eine nicht unerhebliche Eigenentwicklung des Beamtentums hin zu mehr Effizienz und Kreativität. Eine Entwicklung, die beim Sturz Caprivis 1894 bereits so weit gediehen war, daß auch die nachfolgenden und bis zum Ende der Weimarer Republik andauernden Schurigeleien und der Zwang zur Liebedienerei vieler Staatsdiener die Grundtendenz einer gewissen Selbständigkeit des Beamten in seinen Entscheidungen nicht mehr ganz rückgängig machen konnten. Selbst nach der Gleichschaltung unter den Nationalsozialisten war noch so viel vom früheren Geist übriggeblieben, daß die deutsche Beamtenschaft 1945 ohne viel Mühe an die Tradition der beschränkten, aber doch spürbaren Entscheidungsmächtigkeit und Verantwortlichkeit wieder anknüpfen konnte.

Eine Haltung, die sich gerade in der Zeit des Wiederaufbaus, wo Eigeninitiative, Improvisationskunst und unbürokratisches Vorgehen besonders wichtig waren, als durchaus vonnöten erwies. Die Gründerväter der Bundesrepublik haben, im Gegensatz zum sofort wieder unter obrigkeitsstaatliche Herrschaft geratenen Ost-Deutschland, den autonomeren Typ des Beamten zweifellos erfolgreich zum Rückgrat des demokratischen Staates zu machen versucht.

Doch die Selbstständigkeit und auch die traditionell relativ differenzierte, hohe Ausbildung des BRD-Beamten ist nicht schon identisch mit einer Immunität gegenüber Bestechung. Daß korrupte Amtspersonen zunächst nicht weiter auffielen, hat mit einer Besonderheit der deutschen Nachkriegsgeschichte zu tun: Gefördert durch große, technologisch weit fortgeschrittene Investitionen aus dem Ausland, speziell den USA, rekonstruierte sich die deutsche Wirtschaft auf einem relativ hohen Niveau und war auch nach dem Ende der Wiederaufbauphase in den sechziger Jahren noch flexibel genug für neue Tendenzen auch im internationalen Wettbewerb. Das bedeutete, daß ein Beamter, der mit Unternehmern zu tun hatte, in der Regel durchwegs höchst qualifizierten Anbietern gegenüberstand und lediglich die sprichwörtliche »Qual der Wahl« beim Zuschlag hatte. Anders als etwa in Italien, wo sich gerade im Bereich der öffentlichen Aufträge eine Kaste ausgesprochen parasitärer Scheinunternehmer herausgebildet hatte, welche die Aufträge per Bestechung oder Erpressung an Land zogen und dann durch dubiose Subunternehmen zu miserablen Bedingungen und daher auch meist fehlerhaft ausführen ließen, fielen die Leistungen der Lizenznehmer und Ausschreibungsgewinner in Westdeutschland nur höchst selten durch größere Mängel auf. So gab es kaum Skandale wie etwa in Neapel, Palermo oder Trapani, wo ganze Palazzi einstürzten oder Straßendecken beim ersten Befahren zerbröselten, weil die Subunternehmer kaum Zement oder Teer verwendet hatten. Lediglich in München, beim Bau der Maxburg nahe dem Stachus, kam es einmal zu einem ordentlichen Bauskandal ausschließlich wegen der fehlerhaften Ausführung durch eine windige Firma – und der Skandal war entsprechend groß; das Gebäude trägt bis heute den Namen »Murksburg«.

Ansonsten prangerte lediglich der Rechnungshof oder der eine oder andere oppositionelle Stadtrat einer kleinen Partei in der BRD ab und an überhöhte Kosten an, was aber bei den jahrzehntelang gefüllten Geldsäckeln der Gemeinden und Länder niemanden sonderlich erregte. Daß in der Kalkulation der meisten Betriebe – mitunter in Absprache mit den mitbietenden Kollegen – bereits Zuwendungen an die Entscheidungsträger enthalten waren, fiel so richtig erst auf, als wirklich allenthalben gespart werden mußte und sich mehr oder minder unabhängige Gutachter oder Rationalisierungsfirmen an die Überprüfung von Kalkulationen machten.

Für den deutschen Beamten stand also in der Regel – Ausnahmen hat es natürlich immer gegeben – lediglich die Frage zur Debatte, wem von fünf gleichwertigen Anbietern er den Zuschlag gab – und wenn er »Nehmer«-Qualitäten hatte, konnte er daher den bevorzugen, der ihm selbst am meisten bot.

Natürlich müssen wir deshalb nicht annehmen, daß jeder Beamte bei der Ausschreibung öffentlicher Aufträge oder beim Erteilen von Lizenzen, Genehmigungen oder beim Ausstellen von Dokumenten nur noch darauf geschielt hat, ob da einer war, der ihm etwas zusteckte. Viele Beamte, mit denen ich bei meinen Recherchen zu diesem Buch gesprochen habe, erklärten mir offen, sie könnten ehrlicherweise nicht sagen, wie sie sich im Falle eines Falles verhalten hätten – aber sie seien gar nie in Versuchung geführt worden. Und das gilt offenbar auch für Beamte in sensiblen Bereichen. Einer jener Staatsanwälte, die in Berlin schon in den achtziger Jahren Filz und Korruption aufgedeckt haben, wundert sich noch heute, wieso nie jemand an ihn herangetreten ist: Wahrscheinlich, so vermutet er, habe er mit seinem notorischen Lottermaul einfach nicht den Eindruck erweckt, man könnte mit ihm einen Pakt schließen, der natürlich auch geheim hätte bleiben müssen.

Problematisch wurde es für den bestechlichen Beamten erst, als immer häufiger auch qualitativ mindere Anbieter auftraten. Das war die Folge der immer stärkeren Konkurrenz, der Verknappung der öffentlichen Mittel und des damit entstehenden Preisdrucks. Hinzu kam, daß nun in vielen Bereichen ausländische Wettbewerber mitboten, die ihrerseits teils die Kursschwankungen ihrer Währung, teils die Unkenntnis über die Seriosität ihrer Unternehmen seitens der deutschen Beamten gut auszunutzen verstanden.

Überdies konnte sich dann in den beginnenden neunziger Jahren auch mancher angesichts der Wiedervereinigungswirren gute Chancen ausrechnen, ungeschoren davonzukommen, wenn er einmal jemandem ein Geldkuvert zusteckte – die Polizei mußte viele Beamte in den Osten abordnen und hatte anderes zu tun, als nachzuprüfen, ob in den Amtsstuben des Westens auch alles korrekt lief. So mancher windige Anbieter versuchte seine qualitativen Mängel vor allem durch entsprechend hohe »Gebote« für die Entscheidungsträger wettzumachen und führte damit die Beamten in bis dahin ungekannte Versuchungen. Hatte es, so eine Überschlagsrechnung bayerischer Strafermittler, bis in die Mitte der siebziger Jahre beim Beamten schon »allerhand Herzklopfen erzeugt, wenn da einer zweitausend Mark anbot, so kamen in den achtziger Jahren auf manche Beamte schon Verlockungen in Höhe von mehreren zehntausend DM zu oder in Form von Sportwagen oder Finanzierungen von Bungalows über Kredite zum Null-Zins-Tarif«.

Zu beachten ist in diesem Zusammenhang, daß in der Regel die Bestechung zumindest bei höheren Auftragswerten sich nicht auf einen einzelnen Beamten beschränken kann; zwar steht ihm »beispielsweise die Entscheidung über die Validität einer Expertise oder über die statische Berechnung zu, doch normalerweise geht eine Auftragsvergabe über mehrere Ämter, und ein an sich unseriöses Angebot oder eine willkürliche Entscheidung können so bei mehreren Gelegenheiten auffallen« – weshalb, so die interne Studie der bayerischen Korruptionsermittler, »viele Auftragnehmer sozusagen eine senkrechte Lösung anstreben, indem sie den in der Hierarchie Höchststehenden bestechen oder diesen über Stellen, denen er verpflichtet ist, zu beeinflussen suchen und erwarten, daß er selbst seinen Einfluß im gesamten bürokratischen Ablauf in ihrem Sinne geltend macht«. Beliebte Ansprechpartner sind in diesem Fall Entscheidungsträger der politischen Parteien – im zuständigen Rathaus, in den Administrationen der Regierungsbezirke oder der Landesregierung, oder, wie bei der berühmten Flick-Affäre, die Chefs oder Schatzmeister der Regierungsparteien in Bonn. Die bestimmen in der Regel, wer höhere Stellen in Ämtern besetzt, und man erwartet, daß diese Leute dann auch »spuren«.

Um Mißverständnisse auszuschließen: Daß hier Parteizentralen auf ihre Leute in den staatlichen Top-Stellen schon einmal einwirken, schließt nicht aus, daß diese Personen durchaus hochqualifiziert sind, also keineswegs bloße Jasager oder tumbe Toren. Im Gegenteil, normalerweise verfügen die Parteien über genügend hochqualifizierte Mitglieder oder ihnen nahestehende Personen. Aber das schließt eben auch nicht aus, daß dieser Proporz-Entscheidungsträger vielleicht doch korrupt ist.

Der steigende Konkurrenzdruck und die Verknappung der öffentlichen Mittel auf allen Ebenen zwingen die Anbieter zu knapper Kalkulation. Spätestens wenn die Gewinnmarge erschöpft ist, muß der Anbieter zusehen, mit welchen Mitteln er »konkurrenzfähig« bleiben will: mehr schmieren oder die Leistung heimlich verschlechtern. Meist läuft beides auf das gleiche hinaus. Da eine verschlechterte Leistung bald auffällt – einem guten Sachbearbeiter in der Regel schon bei der Prüfung des Angebotes –, bleibt auch hier vor allem die Bestechung, will man noch durchkommen. Und die Versuchungen für die Entscheidungsträger machen erneut einen qualitativen Sprung.

All das stellt keine Entschuldigung für Bestecher und Bestochene dar, es begründet aber eine gewisse Zwangsläufigkeit in der Zunahme von Bestechungsfällen unter veränderten Umständen.

Natürlich ist einem guten Beamten klar, daß die Bevorzugung eines untauglichen Anbieters schnell ruchbar werden kann, denn da sind schließlich auch noch die Konkurrenten, die möglicherweise ein scharfes Auge auf den Ausschreibungsgewinner haben werden. Daher wurden diverse Absicherungsstrategien entwickelt, die dem Beamten wie dem Anbieter bei eventuellen Gerichtsverfahren Entlastung geben sollen: einerseits die heimliche Bildung eines Kartells der Anbieter, die ihre Preise so absprechen, daß der Zuschlag reihum an einen aus dieser Runde geht, andererseits die Bestellung externer Gutachten, die dem minderwertigen Angebot ausreichende Qualität bestätigen.

Beides hat wiederum zu einer weiteren Eigenentwicklung geführt: Die Kartellbildung funktioniert nur, wenn kein Außenseiter mitbieten kann – oder wenn dessen Gebot dem Kartell so rechtzeitig mitgeteilt wird, daß dieses darauf reagieren kann, also auch nur über Korrumpierung eines oder mehrerer Amtsträger.

In verschiedenen Fällen hilft dieser Beamte schon im Vorfeld mit, indem er die Ausschreibung »maßgeschneidert« auf den vom Kartell ausgewählten Anbieter zuspitzt, so daß Außenseiter keine Chance haben. Auch beim Gutachterwesen hat sich in den letzten zwanzig Jahren eine enorme Aufblähung ergeben. Immer häufiger werden, so der Tadel gleich mehrerer Landesrechnungshöfe, Gutachten selbst bei Entscheidungen eingefordert, bei denen gar keine andere Wahl möglich ist, oder gleich mehrere Gutachten für Anliegen angefordert, für die der normale Sachverstand des zuständigen Referenten entschieden ausreichen müßte. »Die werden bald noch Gutachten über die Frage, wieviel zwei mal zwei ist, anfordern«, spottete ein Mitarbeiter des Hessischen Rechnungshofes bei der Präsentation eines Jahresberichts. Andere Beamte der Kontrollinstitution stöhnen nach Angaben eines Prüfers, daß sie »mehr durch den Wust der eingeholten Gutachten als durch die Kontrolle der tatsächlichen Sachverhalte aufgehalten« werden. Versuche, das Gutachterunwesen einzudämmen, scheiterten bisher: Beamte beantragen die Bestellung einer Expertise bei der vorgesetzten Behörde; lehnt diese ab, liegt der Schwarze Peter für eine mögliche Fehlentscheidung beim Vorgesetzten, was der natürlich auch nicht will. Also gibt er dem Ansuchen selbst in lächerlichen Fällen statt.

2. Die Legende von den »schwarzen Schafen«

Es ist schon zur Faustregel geworden: Kaum kommt in der öffentlichen Verwaltung, beim Unternehmertum, der Polizei, den Gerichten oder im Pressewesen ein handfester Skandal auf, schon heißt es: »Niedriger hängen«. Natürlich sei das eine Schweinerei, die da passiert ist, doch »schwarze Schafe gibt es überall«: Politiker entdecken plötzlich, daß eben »auch wir Menschen wie alle anderen sind, mit Stärken und Schwächen«, und wer da nicht aufpaßt, »kann schon mal hineintappen...« Bundeskanzler Kohl reklamierte derlei während der Parteispendenskandale gleich *in toto* für die gesamte Kaste: »Wir haben alle Fehler gemacht« – wodurch die einheitliche Schwarzschafherde offenbar wieder weißgewaschen werden sollte. Manager verweisen darauf, daß sie alle oder »doch fast alle« höchst ehrenwert seien, nur eben der da, den man gerade mit den Fingern in der fremden Tasche erwischt hat, der sei eben die Ausnahme. Polizisten und kommunale Referenten erkennen auf einmal, »wie viele Gefahren und Versuchungen auf jeden einzelnen von uns lauern«, und verweisen darauf, wie standfest doch die unzähligen anderen seien, die nicht auf den süßen Leim der Korruption gegangen sind. Presseleute sehen sich als durch und durch unabhängige Berichterstatter, als gnadenlose Enthüller. Weist man ihnen – wie im Bereich des Wirtschaftsjournalismus, wo schon mal beträchtliche Summen für unternehmensfreundliche Kommentare über den Tisch gehen – Käuflichkeit nach, so leugnen sie entweder so lange, bis es einfach nicht mehr geht, oder sie verschanzen sich hinter »einem Augenblick der Schwäche«, wo's eben passiert ist, daß man einem Pfuiteufelchen doch zu Diensten war. Das *Spiegel-Special* »Journalisten« aus dem Jahr 1994 hat eine Reihe solcher Fälle aufgedeckt.

In seinem Bestseller *Nieten in Nadelstreifen* hat Günter Ogger nachgewiesen, auf welch tönernen Füßen die so gerne behauptete Hochwertigkeit deutscher Wirtschaftsführer und Manager steht, bis hinunter in die kleinen Betriebe. Ergebnis: Erbarmungsloser Karriere- und Konkurrenzdruck untereinander, kleinkarierte Eifersüchteleien, Unfähigkeit zur Zusammenarbeit und ängstliches Sichabschotten, Verschanzen hinter großen Worten und mit Fachtermini gespickten Reden ohne wirklichen Inhalt – und Speichellecken gegenüber jenen, die als mächtig und entscheidungsträchtig gelten. »Die Sieger im Karriererennen der Führungskräfte haben früh gelernt, Risiken zu vermeiden, sich anzupassen, sich abzusichern, Verbündete zu suchen und Vorgesetzte auf sich aufmerksam zu machen. Aber nur selten mußten sie eigene Firmen aus dem Boden stampfen, improvisieren, neue Produkte auf den Markt drücken oder eine aus dem Ruder gelaufene Tochtergesellschaft sanieren« (S. 130).

Mangel an Selbstbewußtsein kommt dabei, so zeigt Ogger, häufig auch vom Mangel an wirklicher Kompetenz; er belegt dies an den unterschiedlichen Erfolgen von Managern, die »vom Bau« kommen (wie dies etwa bei BMW traditionell erwünscht ist), und solchen, die lediglich zu administrieren gelernt haben, aber von den Produkten, die bei ihnen hergestellt werden, keine Ahnung haben (Musterfall: der Daimler-Konzern). »Wenn die deutsche Wirtschaft ... bisher noch einigermaßen gut über die Runden

kam, dann gewiß nicht wegen unserer überragenden Managerta-
lente. Zu verdanken haben wir dies, wie die McKinsey-Analysen
(McKinsey: Rationalisierungs- und Beraterfirma, W.R.) belegen,
in erster Linie den exzellent ausgebildeten Facharbeitern, Techni-
kern, Ingenieuren und Kaufleuten auf den unteren Ebenen der
betrieblichen Hierarchie« (S. 145).

Daß in einem Klima, wo Scheinen viel mehr ist als Schein, auch
Unterschleif und Korruption gedeihen, versteht sich von selbst.
Wer ständig seine Inkompetenz verstecken muß, ist sicherlich ge-
neigter, seine Erfolge auch unter Zuschieben von entsprechend
vielen Geldscheinen oder anderen Gunsterweisen zu »erzielen«
und nicht durch die Macht der Argumente und der Qualität der
Produkte. Noch einmal Ogger: »Die Wachstumsdynamik der
achtziger Jahre ließ in vielen Firmen ein Klima entstehen, das die
skrupellosen Macher ebenso begünstigte wie die trickreichen Ab-
sahner. Die Gier nach Geld, Macht, Anerkennung erzeugte in den
Gremien der Leistungsträger eine Gruppendynamik, die bedenkliche Naturen rigoros aussortierte. Hinter dem klangvollen Namen des großen Unternehmens glaubte sich die Gruppe der
Machthaber geschützt vor jeder strafrechtlichen Verfolgung. Und
es waren häufig die Fähigsten und Ehrgeizigsten, die dann die
Überzeugung verinnerlichten, alles und jedes sei erlaubt, wenn es
nur dem Unternehmen und der eigenen Karriere nützt. Die Heu-
chelei gedieh zum Geschäftsprinzip: Was Erfolg hat, ist erlaubt,
und kriminell ist nur, wer sich erwischen läßt« (ebd.).

Eine Entwicklung, die keineswegs nur in der Geschäftswelt verbreitet war und ist: Auch in den Ämtern und Dienststellen verfahren viele nach dem gleichen Schema. Und auch hier galt lange, daß
Macht eine Tabuisierung bewirkt. Der Polizist, der Schmiergeld
nimmt und einen Straffälligen nicht anzeigt, droht unverhohlen
mit seiner weitreichenden Macht, sollte der Begünstigte die
Frechheit haben und irgend jemandem etwas erzählen. Der Fach-
mann im Beschaffungsamt macht dem zahlungsunwilligen Ausstatter klar, daß er ihn auf Dauer ruinieren kann, wenn er nur will.
Der Bürgermeister oder Fraktionsvorsitzende im Gemeinderat
läßt erkennen, wie schnell er seinen Filz-Kumpel über bürokrati-

sche Prozeduren in Schwierigkeiten bringen kann, wenn der falsch spielt – und zwar auch dann noch, wenn alles aufgeflogen ist.

Die entscheidende Frage lautet allerdings, und leider stellt Ogger sie nicht: Ist dies alles eine reine Entartung des Systems, oder provoziert das System selbst diese Veränderung? Sind also die »schwarzen Schafe« im Grunde keine außergewöhnlichen, auf wenige Exemplare beschränkte Mutationen, sondern eine normale »genetische« Entwicklung unseres Systems?

Genau um diese Problematik aber rankt sich eine sinnvolle und realistische Behandlung der Korruption in einem demokratischen, marktorientierten System. Und erst wenn man dieser Frage nachgegangen ist, kann man sich überlegen, ob und wie man den Kampf dagegen aufnimmt.

3. Die Legende von den »Sachzwängen« in der Geschäftswelt

Neben der Legende von den »schwarzen Schafen« taucht bei der Enthüllung von Skandalen fast ebenso schnell noch eine zweite auf. Es heißt dann, der Betreffende habe nicht aus bösem Antrieb oder gar Gewinnsucht gehandelt, sondern ausschließlich aus einem »Sachzwang« heraus. Dieses Argument schützt in vielen Fällen zwar nicht vor der Strafverfolgung, hat aber häufig den Vorteil, daß das Image des Bestechenden oder des Bestochenen nicht allzu stark beschädigt wird.

Dabei hat es einen besonders zwiespältigen Charakter: Es sagt nämlich etwas über eine zweifellos vorhandene Realität aus – erteilt aber in vielen Fällen eine allzu leichte Selbstrechtfertigung.

Besonders berühmt wurde es im Umfeld des Flick-Skandals: Der freidemokratische Minister Otto Graf Lambsdorff verteidigte die Annahme nichtdeklarierter, also illegal eingenommener, an der Steuer vorbeigeschobener Mittel mit dem »Sachzwang«, als Schatzmeister die Bilanz seiner Partei in den schwarzen Zahlen halten zu müssen; Bundeskanzler Helmut Kohl berief sich auf die Schwächen eines – doch von seiner eigenen Partei mitbeschlosse-

51

nen – Parteienfinanzierungsgesetzes. Flick-Manager Eberhard von Brauchitsch nannte Schmiergelder »Pflege der politischen Landschaft«, ohne die ein Unternehmen einfach keine anständige Kalkulation betreiben könne. Der schon kurz vor dem Greisenalter stehende schwäbische Unternehmer Hans L. Merkle von der Bosch-Gruppe bestand sogar trotz des Angebots, die leidige Angelegenheit durch Zahlung eines moderaten Strafbefehls aus der Welt zu schaffen, auf einem formellen Gerichtsverfahren, weil er seine Zuwendungen an Politiker »aus Sachgründen« für einen ganz normalen Geschäftsvorgang hielt (was das Gericht denn doch nicht so sah). Seine klammheimlich mit den Strafbefehlen einverstandenen Kollegen, die sich so ein öffentliches Verfahren ersparten, hielt er schlichtweg für krumme Hunde und feige Anpaßler.

Analog argumentieren auch die mittleren und unteren Ebenen. »Sie glauben gar nicht«, sagte der hessische Oberstaatsanwalt Schaupensteiner, »was die da alles von sich geben, wenn sie vor mir zur Aussage sitzen«: Da wimmelt es geradezu von »Sachzwängen«, mit dem oder jenen nicht nur einen trinken zu gehen, sondern auch üppige Ferienreisen anzubieten oder anzunehmen, sich allerlei Um- und Anbauten am Eigenheim gefallen zu lassen (oder anzubieten) – »oft rechnen die das dann mit den vielen Überstunden auf, die sie im Interesse des Geschäftes oder des Amtes unbezahlt ableisten«.

Ambivalent ist das »Sachzwang«-Argument in folgender Hinsicht: Tatsächlich gibt es für Unternehmer nicht selten Zwangslagen, in denen ein Verzicht auf Vorteilsgewährung oder gar regelrechte Bestechung glatten unternehmerischen Selbstmord bedeuten könnte. Der italienische Konzernchef Carlo De Benedetti hat, noch bevor Staatsanwälte im Rahmen der Aktion »Saubere Hände« seine Betriebe unter die Lupe nahmen, ein dickes Dossier an die Ermittlungsbehörden übergeben, in dem er zahlreiche Bestechungen von Beamten, Abgeordneten und Parteigrößen durch Manager seines Hauses belegte (und persönlich die Verantwortung dafür übernahm – ein in Italien einmaliger Fall) und gleichzeitig nachwies, daß ein Nicht-Mitheulen in diesem

Konzert des Schmierens seine Firma in den Ruin getrieben hätte. Modellhaft geradezu waren die Vorgänge um seinen Versuch, auf dem staatlichen Telekommunikationssektor als Konkurrent Fuß zu fassen: De Benedetti hatte seinen Managern ein absolutes Verbot für Bestechungen erteilt – und wurde prompt von allen staatlichen Aufträgen ausgeschlossen; mehr als 5 000 seiner 35 000 Angestellten mußte er daraufhin entlassen. Als er dann seine Haltung lockerte und »Mazzette«, Schmiergeldbündel, überreichen ließ, lief die Sache unverzüglich wieder an. Dieser Sachverhalt hat die italienischen Staatsanwälte derart beeindruckt, daß sie in dieser Angelegenheit keine Anklage mehr gegen De Benedetti erhoben (wohl aber gegen die erpresserischen Politiker).

In kleinerem Rahmen, etwa auf kommunaler Ebene und insbesondere in Kleinstädten, ergibt sich nach den Beobachtungen von Staatsanwalt Schaupensteiner »bereits aufgrund der dortigen Infrastruktur eine spezifisch für Bestechungsansätze besonders geeignete Situation«: Viele der Entscheidungsträger kennen anbietende Unternehmer oder Lizenzantragsteller persönlich, sind mit ihnen befreundet, waren oft gar Schulkameraden. Da »wäscht leicht eine Hand die andere, und es ist in der Tat sehr schwer, sich diesem Gemenge zu entziehen«.

Der in solchen Zusammenhängen dann zur Verteidigung reklamierte »Sachzwang« ist realiter ein gesellschaftlicher Zwang, der sich allerdings auch ökonomisch auswirkt. Wer Aufträge etwa an Ortsfremde vergibt, kann sich »nicht mehr sehen lassen«, und oft läutet derlei auch schon das Ende seiner Karriere oder Entscheidungsmacht ein. Das Lokalblatt, abhängig von großen Inseraten, beginnt gegen den Beamten zu schießen, das Gespenst steigender Arbeitslosigkeit wird beschworen, ansässige Firmen drohen mit einer Verlagerung des Geschäftssitzes, womit der Gemeinde ansehnliche Einkünfte aus der Gewerbesteuer entgehen würden, und notfalls werden auch schon mal Bettgeschichten oder schummerige Vorlieben des Beamten kolportiert. Der Bürgermeister, der seinen Dezernenten bisher gedeckt hat, fällt spätestens vor der nächsten Wahl um und rät zur »Mäßigung«. Bleibt der Beamte dennoch bei seiner sturen Einhaltung der Vorschriften, kann er sich beim nächsten Revirement auf eine Ablösung gefaßt machen. Er geht dann zwar moralisch mit hoch erhobenem Haupt aus der Angelegenheit hervor – doch diese selbst liegt nun in anderen Händen und wird genauso behandelt, wie es die lokale Filzgemeinschaft wünscht. Die hohe Moral des Beamten hat nichts bewirkt, und er kann von Glück reden, wenn er sich nicht auch noch als tumber Tor hingestellt sieht.

Der eben geschilderte Fall ist in einer höchst appetitlichen, sauberen, durch schöne Veranstaltungen bekannten Kleinstadt in Baden-Württemberg passiert, und erzählt hat ihn mir der Bürgermeister selbst – allerdings nicht mit dem Ton des Entsetzens über solche »Zwänge«, sondern um mir vorzuführen, mit welch dämlichen Beamten er sich herumplagen muß.

Wir sollten uns freilich hüten, diesen *Sozial*zwang so einfach abzutun – subjektiv wird er nämlich häufig vom Beamten tatsächlich als *Sach*zwang empfunden, dem er sich beugen muß. Genauso wie viele Unternehmer Schmieren schon so zum alltäglichen Geschäft rechnen, daß sie in einer schmiergeldfreien Gesellschaft völlig desorientiert dastehen, ja sie regelrecht fürchten würden. Von gut 60 von mir befragten Kleinunternehmern im Hessischen, die sich (auf anonymisierten Fragebögen) zum Schmieren bekannten, konnten sich 45 ein Überleben ohne »kleine oder größere Zuwendungen in Ämtern oder anderen Betrieben« überhaupt nicht denken – aber nicht, weil sie die Administration und die Wirtschaft für so korrupt hielten: 30 der 45 machten ihr Kreuzchen bei der Antwort »Kann mir nicht vorstellen, wie das funktionieren soll« (sechs bei »Wäre illusorisch«, vier bei »Weil das eine sinnvolle Art der Auftragsverteilung ist«, vier bei »Ginge nur in einer Diktatur«, einer bei »Weil ich selbst davon am besten profitiere«).

Auch hier ist, wie schon bei der Legende vom unbestechlichen Beamten oder den schwarzen Schafen, die Erkenntnis des »Così fan tutti« keine Entschuldigung für Korruption. »Sachzwänge« gibt es zweifellos, und nicht zu wenige, und mancher Sozialzwang wirkt wie der härteste Sachzwang. Aber mindestens ebenso häufig sind sie nur eine bequeme Entschuldigung, wenn man aufgeflogen ist. Nicht selten erzählten mir Unternehmer noch immer ganz erstaunt, daß sie doch tatsächlich schon mal »an einen geraten« seien, der absolut nichts nehmen wollte (so daß manche schon »das Schlimmste« fürchteten: daß er nämlich bereits von einem Konkurrenten bestochen wurde) – und trotzdem am Ende einen positiven Bescheid erteilte. Wie auch umgekehrt die Erzählung eines Bauamtleiters aus Niederbayern symptomatisch ist: »Wenn ich Unternehmer, die mir allerlei Andeutungen über mögliche Gegenleistungen machen, freundlich, aber bestimmt darauf aufmerksam mache, daß ich nichts nehme, sind die regelrecht verwirrt, und viele meinen offenbar, daß sie nicht genug geboten haben. Manch einen habe ich schon hochkantig hinausgeworfen – und ihm am Ende doch den Zuschlag erteilt, einfach weil er das beste Gebot hatte. In einigen Fällen ist es mir dann sogar passiert, daß welche gekommen sind und ein ganz schlechtes Gewissen hatten, weil sie ein paar Prozent Provision einkalkuliert hatten und nun nicht an mich losbrachten. Einer war so deprimiert, daß er erst, nachdem er die vorgesehene Provision anonym an die Caritas überwiesen hatte, wieder gut schlafen konnte. Aber so einer bleibt natürlich die Ausnahme.«

Viele der »Sachzwang«-Verfechter probieren es offenbar schon gar nicht mit der ehrlichen Tour – und wahrscheinlich ist vor allem dies das Signal, das die Alarmglocken schrillen lassen sollte. Bei meinen Umfragen habe ich bei einigen Unternehmern Unterlagen für Ausschreibungsgebote einsehen dürfen und sie von einem Wirtschaftsprüfer durchschauen lassen. Danach habe ich – in sieben von elf Fällen – die Unternehmer auf einige mir vom Wirtschaftsprüfer bezeichnete überteuerte Posten aufmerksam gemacht: Da nickten die Männer allesamt und fragten erstaunt nach, was daran denn merkwürdig sei, das »sind doch die Margen, die man für ›unvorhergesehene Ausgaben‹ im Zusammenhang mit der Auftragsakquisition einrechnen« müsse, wie das einer besonders schön ausdrückte.

4. Die Legende von der »Armut« der politischen Parteien

Verlagert sich die Diskussion um die Korruption auf das Gebiet der Politik, erfährt sie in der Regel sofort eine grundlegende Transformation: Was dem beamteten Amtsträger und dem schlitzohrigen Unternehmer als kriminelle Tat ausgelegt wird, schlägt auf politischem Boden – es ist oben schon angeklungen – sofort in eine empfindsame Debatte über meist höchst ehrenwerte, aber durch ständige Finanznöte an ihrer Arbeit im Dienst an der Gesellschaft gehinderte Führungseliten um: Politiker, die ihre selbstlose Tätigkeit nicht ohne sehr viel Geld ausüben können; und Manager, die so gerne die Parteien bei ihrer wertvollen Arbeit unterstützen, aber dies aufgrund einer abstrusen öffentlichen Moral, die gleich Hinterhältiges vermutet, nicht offen tun wollen und so zum illegalen, weil nicht deklarierten Spenden gezwungen sind.

Das ist weder eine Persiflage noch eine ironische Konterkarierung, es ist schlicht eine Tatbestandsbeschreibung, und dieser Tatbestand kommt nicht von ungefähr. Das Grundgesetz der Bundesrepublik Deutschland und ähnlich die Verfassungen der meisten demokratischen Staaten teilen den politischen Parteien und damit indirekt deren Leitern eine konstitutionelle Funktion als Mittler zwischen dem Volk und der Regierung und dem Gesetzgeber zu – ohne aber genauer zu regeln, was diese quasi-institutionellen Vereinigungen denn genau tun dürfen, sollen oder auch nicht dürfen und mit welchen Mitteln dies geschehen kann. Die politischen Parteien »wirken an der politischen Willensbildung des Volkes mit«, sagt das Grundgesetz im Artikel 21 und verfügt außerdem, daß sie frei gründbar sind, ihre innere Ordnung demokratischen Grundsätzen entsprechen muß und sie »über die Herkunft ihrer Mittel öffentlich Rechenschaft geben« müssen.

Was das allerdings genau heißt, darum streiten sich Gelehrte wie Betroffene. Und weil es den Schatzmeistern immer wieder gelingt, die jeweils geltende Doktrin über den »Herkunftsnachweis« zu unterlaufen, kehrt niemals Frieden ein. Die Verdächtigungen bleiben ebenso bestehen wie die immer wiederkehrenden Verteidigungsstrategien.

Natürlich kann kein Mensch verlangen, daß die Parteien jede Mark, die ihnen oder einem ihrer Kandidaten oder Funktionäre zugewendet wird, öffentlich bekanntmachen – oder doch? Das Gegenargument lautet, daß man dann Hunderttausende von Geldgebern auflisten müßte, wobei enorme Papierberge anfielen und niemand mehr den Durchblick habe. Doch im Zeitalter der Computertechnik wäre ein solches Verlangen so ganz abwegig nicht. In Italien beispielsweise flog Mitte 1995 ein enormer Mietenskandal auf – Politiker, Gewerkschafter, hohe Beamte, Militärs, Bankdirektoren und viele andere Funktionsträger hatten hochnoble Wohnungen in staatseigenen Palazzi gefunden oder waren, trotz hoher Einkünfte, in Sozialwohnungen eingewiesen worden. Und wie kamen die Journalisten auf den Skandal? Indem sie durch Anprangerungen einiger ihnen bekannt gewordener Fälle die zuständigen Ministerien zwangen, eine Gesamtliste aller Mieter von Sozialwohnungen und staatseigenen Villen und Appartements auszudrucken bzw. per Diskette zur Verfügung zu stellen, mit Angaben über die reale Höhe der Miete und den theoretischen Marktwert. Das waren am Ende 120 000 Adressen – doch innerhalb von zwei Tagen wußte ganz Italien, wer in diesem »Affittopoli« (von »affittare«, vermieten) die Schlitzohren waren, denn mit Computern ist die Herausfilterung bestimmter Namen ein Kinderspiel.

Die Menge der Zahlungsvorgänge an Parteien und Politiker ist also kein Argument mehr gegen eine wortwörtliche Befolgung des Offenlegungsgebots, wie es im Grundgesetz steht.

Bislang gilt eine Norm, die das Bundesverfassungsgericht in einigen seiner Urteile festgelegt hat: Zuwendungen müssen erst ab einer bestimmten Höhe der Einzelspende mit Namen und Adresse des Spenders veröffentlicht werden, was darunter bleibt, geht in den Gesamttopf »Spenden« ein. Diese Grenze liegt derzeit bei 20 000 DM, erst darüber also wird bekannt, wer so spendabel war. Das bedeutet aber erstens, daß Spenden dieser Größenordnung bereits von vornherein einen gewissen Hautgout haben – wer so viel gibt, erwartet sicher etwas, so jedenfalls die (sicher nicht ganz unrichtige) Volksmeinung. Und zweitens stempeln sie durch den Zwang zur Veröffentlichung jene, die viel geben – und das sind in der Regel größere Unternehmen und nur selten Privatleute –, zu Anhängern ebenjener Partei, der sie ihre Spende zukommen lassen. Das aber wollen viele dieser Großspender gerade nicht bekannt werden lassen – aus der (sicher ebenfalls nicht ganz unberechtigten) Angst heraus, im Falle eines Machtgewinns der nichtbedachten Partei Nachteile zu erleiden. Allen Parteien unterschiedslos zu spenden wäre da ein Ausweg – doch das fördert erneut das Negativimage eines Mächtigen-Schmierers, und in diesem Falle käme dazu auch noch der Geruch eines rückgrat- und prinzipienlosen Gesellen.

Das bedeutet, daß die Schatzmeister aller Parteien im Verbund mit Großspendern seit jeher eifrig nach Wegen suchen, wie man Spenden verstecken oder die Spender unkenntlich machen kann. Die großen Parteispendenskandale der achtziger Jahre haben zur Genüge gezeigt, mit wieviel Phantasie das Geld gewaschen (und dabei oft auch noch an der Steuer vorbeigeschleust) wurde, teilweise auf abenteuerlichen Umwegen über mehrere Banken und Briefkastenfirmen im Ausland. Was im übrigen nicht nur eine deutsche Spezialität war – Italiens ehemaliger Ministerpräsident Bettino Craxi, ein Sozialist, soll nach Feststellungen von Mitgliedern der Antimafia-Kommission umgerechnet nahezu eine halbe Milliarde DM an Parteispenden in Fernost gebunkert haben, neben bereits ansehnlichen 60–80 Millionen DM in der Schweiz und anderen europäischen Verstecken.

So manches von den »Parteispenden« ist auch in Deutschland direkt in die Taschen der Politiker geflossen, ohne auch nur indirekt der »politischen Willensbildung des Volkes« gemäß dem Auftrag des Grundgesetzes zu dienen. Trotzdem machen die Parteien, wo immer sie bzw. ihre geldgierigen Politiker mit schwarz gespendetem Geld erwischt werden, das immergleiche Klagelied zum Schlager der Saison: Das Parteienfinanzierungsgesetz lasse keine vernünftige Finanzierung der Einrichtungen der politischen Willensbildung zu. Wer sich an den Buchstaben des Gesetzes halte, sei schnell aus dem politischen Geschäft hinausgedrängt, könne er doch nicht einmal ansatzweise ein flächendeckendes Netz von lokalen und regionalen Parteibüros aufrechterhalten. Franz Josef Strauß mokierte sich zum Beispiel 1982, während der großen Welle der Schmiergeldskandale, darüber, daß Parteien Steuern zahlen müssen: »Es ist ein untragbarer Zustand, daß zum Beispiel ein Verein zur Förderung der Züchtung von Rassehunden gemeinnützig ist, während das bei politischen Parteien nicht der Fall ist« (*Spiegel* 1/1982). Das Verfassungsgericht war da begründet einer ganz anderen Meinung: Gemeinnützigkeit bedeutet, daß der Spender sein Scherflein von der Steuer abziehen kann, und das begünstige bestimmte Gruppen von Bürgern gegenüber anderen, bei denen sich Spenden steuerlich nicht auswirken würden. Und: Das Gejammere über die Notlage politischer Parteien »verfange nicht«, stellte das oberste Gericht fest, »das Grundgesetz hat den Parteien das Risiko des Fehlschlagens eigener Bemühungen um ihre Finanzierung nicht abgenommen« (*Entscheidung des Bundesverfassungsgerichts von 1979*).

Seither brüten Hunderte schlauer Köpfe in den Parteien über neuen Wegen zur Geldbeschaffung. Doch auch jene sind schlauer geworden, die ihnen auf die Finger schauen und ab und an auch – man denke an den Skandal um die Diätenregelung der Abgeordneten Ende 1995 – kräftig klopfen; allen voran der Anwalt des Steuerzahlerbundes und Verfassungsrechtler Hans Herbert von Arnim (*Staat ohne Diener, Der Staat sind wir*).

Doch nicht nur bei den Selbstentschuldigungen der Parteien möchte man ihnen raten, sich zurückzuhalten – das gilt auch für ihre Kritiker. So viel nämlich über die Einnahmen der Parteien, legale wie illegale, geschrieben wird, so sehr man allseits »Gefräßigkeit« und »Parasitentum« bei ihnen feststellt, so wenig wird darüber gesprochen oder gar überprüft, wieviel eine Partei heute tatsächlich für ihre Tätigkeit benötigt. Das hängt natürlich auch mit der Geheimnistuerei der Parteien selbst zusammen; doch entlastet das die Kritiker nicht, zunächst einmal reale Bilanzen aufzustellen.

Die Parteien selbst legen vor allem nicht gerne konkret und bis ins letzte Detail dar, wieviel Geld sie wirklich benötigen, weil sie

Angst haben, dabei auch solche Posten offenlegen zu müssen, bei denen die Öffentlichkeit sofort protestieren würde. Wer zum Beispiel würde den Politikern teure »Kamingespräche« (mit Presseleuten oder Managern, Bischöfen oder den Spitzen örtlicher Vereine) zugestehen, die viele Parteizentralen für unabdingbar halten, wenn ein Kandidat »gemacht« werden soll. Oder wer, außer den Betroffenen, hat Verständnis, daß bei Reisen wichtiger Politiker immer auch ein Troß hochrangiger Journalisten mitreisen muß, größtenteils auf Kosten der Parteien?

Tatsächlich unterscheiden sich Parteien darin übrigens in keiner Weise von anderen »Mittlern der Demokratie« wie Gewerkschaften, Verbänden, den Kirchen und auch den Medien. Zeitungen zum Beispiel werden sich hüten, in ihrer Bilanz den Posten »Schmiergeld an Geheimnisträger« aufzuführen, mit dem sie ihre Enthüllungen häufig bestreiten – und doch handelt es sich bei manchen jährlich um Millionenbeträge. Wird ihnen Schmieren nachgewiesen, kommen auch sie gerne mit ihrem »demokratischen Auftrag« daher: Die Öffentlichkeit habe ein Recht auf Information, und da müsse man notfalls auch schmieren, um die Wahrheit ans Licht zu bringen. Daß viele dieser Enthüllungen nur der Auflagensteigerung dienen und oft mit der Wahrheit wenig zu tun haben, fällt dabei natürlich unter den Tisch.

Man sollte also die Argumente von den teuren Parteienapparaten nicht so ohne weiteres vom Tisch wischen. Die von Hans Herbert von Arnim aufgespießte Absahnermentalität vieler Politiker steht außer Frage, und den meisten von ihnen ist die Partei lediglich das Vehikel zum persönlichen Machtgewinn und zum Geldscheffeln. Dennoch wäre die finanzielle Situation der demokratischen Mittler höchstens graduell, nicht aber prinzipiell anders, wenn sich Politiker wirklich als Diener des Volkes fühlen und auf karge Ausstattung und bescheidenes Auftreten setzen würden; allein schon der Apparat der politischen Parteien verschlingt jährlich Dutzende bis Hunderte von Millionen. Erst wenn wir ein klares Konzept für die Finanzierung der Mittler in der Demokratie vorzulegen imstande sind, können wir auch mit Steinen werfen. Doch die meisten der bis heute vorgelegten Konzepte – einschließlich jenes von v. Arnim – sind vorwiegend naiv, undurchdacht und manchmal sogar kindisch. Zumindest aber findet man nirgends eine auch nur annähernd realistische Aufrechnung dessen, was da nötig ist. Genau das aber wäre die Voraussetzung, um die mit der Parteienfinanzierung verbundene Korruption ernsthaft zu bekämpfen.

Dennoch ist die »Armut der Parteien« natürlich weithin ebenso eine Legende wie die anderen Verteidigungsstrategien in Sachen Korruption. Kein Zweifel, daß in den Parteizentralen viel Geld verschleudert und vergeudet wird, weil Wahlkampfmanager zu faul oder unfähig sind, eine treffsichere Kampagne durchzuführen, und daher aufwendige Flächenbombardements mit Propagandamaterialien und Veranstaltungen vorziehen. Und selbstverständlich sind da auch viele, die ihre Partei oder über diese erlangte Ämter ausschließlich als Pfründe oder Melkkühe ansehen. Und schließlich tummeln sich gelegentlich darunter auch Kriminelle.

Jammern hilft den Parteien nicht, aber bloßes Herumschimpfen macht auch von Kritikerseite wenig Sinn. Wer den Finger gegen die Parteieinnahmen erhebt, sollte erst einmal klarmachen, welche Aufgaben er den Parteien und den politischen Mittlern konkret zugestehen will, und dann ausrechnen, wieviel derlei in unserer Massengesellschaft und bei der immer wichtiger werdenden teuren Massenkommunikation kostet. Und dann sollte er sich fragen, ob er selbst bereit ist, die in aller Regel teuren Apparate vor einer skeptischen bis aufgebrachten Öffentlichkeit immer noch zu verteidigen.

Die derzeitige Diskussion zum Thema leidet in aller Regel unter einer kräftigen Schizophrenie: Wollen die Parteien eine massive Finanzierung durch den Staat durchsetzen (1954 versuchte der damalige CSU-Finanzminister Fritz Schäffer gar eine staatliche Vollfinanzierung der Parteien bei gleichzeitigem Verbot der Annahme privater Spenden gesetzlich zu fixieren), so jammern wir, daß wir diese politischen Vereinigungen mit unserem guten Steuergeld bezahlen sollen. Werden die Parteien aber ausschließlich oder vornehmlich durch Privatgelder finanziert, rümpfen wir auch die Nase, weil wir dann Einflußnahme großer Geldgeber unterstellen.

Eine Alternative zu alledem wurde schon in den siebziger Jahren gelegentlich angedacht: die nämlich, das Parteienprivileg in der Verfassung abzuschaffen. Sie würden dann allerdings zu mehr oder weniger auf bestimmte Politiker zugeschnittenen und meist nur in Wahlkampfzeiten aktiven Vereinigungen. Eine Mittlerfunktion wäre damit kaum mehr aufrechtzuerhalten. Und so müßten die Verfechter einer solchen Forderung erklären, welche Transmissionsriemen man sonst zwischen die Regierung und das Volk schalten möchte. Direkte Demokratie durch ständige Volksbefragungen wie in der Schweiz scheint jedenfalls für bevölkerungsreiche Länder kaum machbar, überdies ist auch in der Schweiz erkennbar, daß allzuviele Referenden die politische Mitwirkung eher abnehmen denn wachsen lassen. Und im übrigen hat es dort, wo Parteien vorwiegend Wahlhelfervereine sind, wie etwa in den USA, durchaus ebenfalls eine ansehnliche Anzahl von Parteiskandalen gegeben.

Wie man auch argumentiert: Ohne eine genaue Klärung der Funktion der Parteien und dessen, was diese tun dürfen und sollen und mit welchen Mitteln, ist die Kritik auch an noch so unschöner Verschleuderung und Bereicherungsmentalität sinnlos. Es ist dies auch der Haupteinwand gegen die Arbeiten Hans Herbert von Arnims: So scharfsichtig seine Kritik gegenüber Ungereimtheiten, Hinterhältigkeiten in Gesetzgebungsverfahren und auch krimineller oder zumindest verfassungswidriger Aktivitäten und Selbstbedienungsmentalität vieler unserer Politiker ist, so wenig läßt er Auswege aus der Malaise der finanziellen Zuwendungen für die Arbeit der Parteien erkennen – er stellt sich die Frage nicht einmal. Seine Vorschläge zur Demokratisierung (»Die Weichen sind falsch gestellt«, S.289ff., »Reform ist überfällig«, S. 342ff. und »Wiederbelebung der Demokratie«, S. 355ff., alles in *Staat ohne Diener*) leuchten allesamt ein – doch nirgendwo kommt er auf den zentralen Punkt, wie nämlich ein alternatives, von der »Zusammenkoppelung von Entscheidungsmacht und persönlicher Verantwortung« getragenes System, wie er es fordert, denn finanziert und mit entsprechend qualifiziertem Personal ausgestattet werden soll (auch letzteres ist eine wichtige Frage).

Somit wird wohl bei den Parteien auf längere Sicht das meiste beim alten bleiben – und die Doppelmoral des offiziell schlitzohrig herunterdeklarierten und inoffiziell hintenherum einkassierten Geldes wird fröhliche Urständ·feiern.

5. Die Legende von der Säuberungswilligkeit der Verantwortlichen

Läßt sich, aufgrund täglich neuer Enttarnung bestechlicher Beamter oder Manager und großzügig spendender Unternehmer sowie der steigenden Zahl geschmierter Entscheidungsträger, Parteien, Polizisten und Strafermittler weder die These von den »schwarzen Schafen« noch die der »Sachzwänge« halten, erleben wir in aller Regel eine andere Inszenierung: Plötzlich sind alle höchst einig, daß man ganz entschieden, schnell und effektiv etwas unternehmen müsse. Differenzen gibt es dann freilich bei der Frage, was getan werden soll. Da verlangen Linke und Grüne in der Regel eine »gesellschaftspolitisch orientierte« Lösung, etwa höhere Gehälter und bessere moralische Unterstützung, um die Gefährdeten gegen derartige Anfechtungen zu schützen, vor allem aber größere Transparenz bei den Entscheidungen wie etwa Öffentlichkeit aller zu entscheidenden Vorlagen und Sitzungen, Bürgerbeteiligung an Projekten von einer bestimmten Größenordnung an und so weiter. Konservative setzen dagegen meist auf eine höhere Strafandrohung. Die Vorstellungen darüber reichen dann von langen Gefängnisstrafen bis zum zeitweiligen oder dauerhaften Verbot zur Übernahme öffentlicher Ämter. Kommt es allerdings zu Gesetzesvorschlägen, setzt sofort allseits die Verwässerungsmaschinerie wieder ein. Plötzlich ist auf tausenderlei Interessen Rücksicht zu nehmen, von den Arbeitsplätzen bis zu den Parteikassen.

Die Hektik, mit der nach dem Auffliegen großer Skandale an der »Bereinigung« gearbeitet wird, provoziert in der Regel bereits einen allgemeinen Fehlstart. Im Unterschied etwa zur Diskussion über die Organisierte Kriminalität, bei der lange Zeit vor allem deren Existenz umstritten und daher eine Einigkeit im Vorgehen ausgeschlossen war, gehen bei der Korruption fast alle einfach davon aus, daß es sie nun einmal gibt, und damit beginnt die Diskussion faktisch nie bei einer Ursachen- und Verbreitungsanalyse, sondern sofort bei den Heilmitteln. Es ist wie bei einem Arzt, der erst einmal Fieberzäpfchen verabreicht, ohne den Patienten abzutasten, ob denn da nicht vielleicht ein organisches Problem vorliegt.

Talkshows und Tagungen ehrenwerter Akademien, weise Kommentare hoher Richter oder moralisch hochgeschätzter Schriftsteller, Leserbriefspalten und Rundfunksendungen mit Hörerbeteiligung spucken mitunter stündlich neue Bekundungen eines gewaltigen Säuberungswillens aus, mit Rezepten und gelegentlich gar ausgefeilten Gesetzesvorschlägen, die alle eines gemein haben: Sie sind meist auf einen einzigen konkreten Fall zugeschnitten, aber schon beim nächsten nicht mehr tauglich, weil der aus einem ganz anderen Umfeld stammt, mit anderen Voraussetzungen und anderem Beiwerk, durch seine Dimension nicht mit dem ersten Fall vergleichbar ist und auch ansonsten ein ganz anderes Strickmuster aufweist. Steckt ein Großunternehmer einem kleinen Bauamtsangestellten für die Nennung von Mitbietern bei einer Ausschreibung 2000 DM zu, mag das für diesen bei seinem Monatsgehalt eine Riesenbestechungssumme sein; der gleiche Betrag würde bei einem noch so käuflichen Staatssekretär oder auch schon einem Ministerialdirektor allenfalls ein müdes Lächeln und ein »Belieben zu scherzen« auslösen. Umgekehrt jedoch könnte ein vom Unternehmer organisierter Bordellbesuch, der vielleicht gerade einmal 500 DM wert wäre, den Staatssekretär wesentlich mehr in Abhängigkeit vom Unternehmer bringen als fünfzig Tausenderscheine, weil der Politiker politisch erledigt wäre, würden etwa Fotos von seinem Besuch an die Öffentlichkeit gelangen. Der kleine Bauamtsangestellte dagegen wiederum bekäme allenfalls Schwierigkeiten mit seiner Frau und eine Abmahnung im Amt.

So verzettelt und verheddert sich die Debatte immer mehr in filigrane Einzelfallstreitigkeiten, ohne die Erscheinung der Korruption zunächst einmal genetisch und organisch im demokratischen Gesamtzusammenhang zu analysieren.

Das bewirkt dann ganz nebenbei, daß sich alsbald kontraproduktive Fälle einstellen, die den gesamten Kampf gegen Korruption diskreditieren und damit auf lange Sicht unmöglich machen können. Jürgen Roth hat in seinem Buch *Der Sumpf* dankenswerterweise einen solchen Fall anhand des Polizei- und dann Landeskriminalamtspräsidenten Kordus dargestellt, der wegen einiger dämlicher Eskapaden mit Prostituierten als Oberkorruptling hingestellt und psychisch vernichtet wurde, ohne daß auch nur ein Jota an den Vorwürfen stimmte – obwohl sich der *Spiegel* auch danach noch erregte: »Siegfried Kordus, 53, früherer Rostocker Polizeichef, bleibt ungeschoren«, hieß es in Heft 38/1995, S. 246.

Doch leider geht Roth in seinem Buch selbst gar nicht unähnlich dieser Kampagne vor – da wimmelt es, in den anderen von ihm »aufgedeckten« Fällen angeblicher Korruption, immer wieder von »soll dieser Mann ... getan haben«, »behauptet die Polizei«, »so steht es in einem internen Vermerk« – ohne daß es abschließende Gerichtsurteile dazu gäbe, ja oft nicht einmal eine Anklageerhebung. Da die meisten Personen entweder namentlich genannt sind oder trotz Anonymisierung in nahezu allen Fällen leicht zugeordnet werden können, ist durchaus mit einer nachhaltigen Rufschädigung vor jeder Verurteilung zu rechnen – Roths Bücher erreichen schließlich ansehnliche Auflagen, und im Unterschied zur Tageszeitungsberichterstattung, die schon tags danach dementiert werden kann, bestehen Vorwürfe in Büchern jahrelang weiter fort, ohne daß der Geschädigte, auch wenn er dann vor Gericht siegt, sich in diesem Medium wehren kann.

Nur mit dem Säuberungswillen aller ist es also nicht getan. Das gilt speziell, wenn sich jene dabei mächtig hervortun, deren eigene Kaste oder Schicht besonders vom Bestechungsvirus befallen ist. Denn oft geschieht nach den Besserungsbeteuerungen am Ende gar nichts – oder die Filzgemeinschaft wurstelt zumindest genauso weiter, als sei nichts geschehen. Nach dem Skandal um die

Berliner Wohnungsbaugesellschaft DeGeWo Ende der siebziger Jahre, in die hohe Repräsentanten der damals regierenden SPD verwickelt waren, gelobten die dortigen Rathausparteien allseits Besserung, Transparenz und hartnäckige Kontrolle der Entscheidungen – was nicht verhinderte, daß schon zwei Jahre später der »Garski-Skandal« platzte, bei dem sich ebenfalls SPD-Politiker für einen faktisch längst pleitegegangenen Unternehmer verbürgt hatten. Mitte der achtziger Jahre, als die Regierung schon länger an die CDU und die FDP übergegangen war, gab es in kurzer Folge gleich vier große Skandale, eingeleitet von der Antes-Affäre bis zum Fall Bernd Bertram. Jedesmal waren auch Zahlungen an Parteien, Politiker und Beamte mit im Spiel – und jedesmal hatten die Regierenden heilige Eide geschworen, daß sie derlei künftig verhindern würden. In Hamburg setzte es in den siebziger Jahren heftige Schelte, ebenfalls wegen Bauskandalen, doch trotz aller eilfertigen Versicherungen, derartige Vorgänge in Zukunft zu unterbinden, kam es wenig später erneut zu ähnlichen Fällen; desgleichen bei Dienstleistungsaufträgen in der Universitätsklinik. In Frankfurt a. M. stolperten mehrere Dezernenten über Machenschaften im Zusammenhang mit den Bordellbesitzerbrüdern Beker – die aber noch jahrelang ihr Unwesen weiter treiben konnten, trotz dreimal gewechselter Führung der Stadtverwaltung und der Einsetzung eigener Transparenzbeauftragter. In München kam die halbe Stadtverwaltung in bösen Verdacht, weil die von ihr kontrollierten Beamten Siemens unberechtigt riesige Aufträge zugeschanzt und, zumindest in einigen gerichtlich belegten Fällen, dafür Geld oder andere Wertleistungen angenommen hatten.

Große Sprüche, doch in den neunziger Jahren erleben wir erneut ganz ähnliche Vorgänge. Noch immer schwelt zum Beispiel der Skandal um die noch in der Ära Strauß mit Wissen der Behörden durchgeführte, aber auch von der Nachfolgeadministration Streibl keineswegs bereinigte Millionen-Steuerhinterziehung des Bad Füssinger Warmbadkönigs Zwick, der die bayerischen Potentaten regelmäßig mit allerlei Zuwendungen verwöhnt hatte.

Aber nicht nur Politiker sollten ab und an ihren freizügig verteilten Läuterungsbekundungen besser das Schweigen vorziehen.

Auch die Kirche täte mitunter gut daran, eher die eigenen Sünden zu bekennen, denn vollmundige Deklarationen zu verbreiten. Mitte der achtziger Jahre war in dem gigantischen Pleitenskandal um das Mailänder Geldinstitut »Banco ambrosiano« auch die Vatikanbank IOR mit fast einer Milliarde Dollar veruntreuter Gelder mit von der Partie und erwies sich auch sonst als höchst dubioses Geldinstitut mit allerlei Verbindungen zu Korruptionszirkeln. Da versprach der Papst, daß künftig alles transparent und korrekt ablaufen werde, und berief sogar international renommierte Banker wie den pensionierten Chef der Deutschen Bank, Hermann Josef Abs, in ein Aufsichtsgremium. Und im neuen Katechismus wurde Korruption erstmals gar zur Todsünde erklärt.

Doch das alles hinderte nicht, daß das fromme Institut von Sankt Peter weiter fröhlich Schmiergeldzahlungen großer Konzerne an italienische Politiker gewaschen hat, zuletzt 1994, als bereits längst die großen Korruptionsprozesse liefen. Das ist inzwischen gerichtsnotorisch festgestellt und von der derzeitigen Bankleitung, nachdem es nicht mehr zu leugnen war, auch eingeräumt worden.

6. »Man muß nur die richtigen Leute kennen.« Bestechung als Bravourstück

Im oberbayerischen Landhaus des badischen Chemieunternehmers Curd E. war ein Fest angesagt: »Es gibt was zu feiern«, stand auf der Einladung, sonst nichts, und geladen waren auch nur Personen aus dem »engeren Freundeskreis«. Ich war über eine Freundin da hineingeraten, deren Eltern von E. als Kunstmaler gesponsert wurden.

Das Fest war höchst ausgelassen, doch E. äußerte sich partout nicht über den Grund zur Freude – allerdings munkelten es alle längst: Das Finanzamt soll nach einem mehrjährigen Verfahren eine Steuerminderung anerkannt haben, eineinhalb Millionen konnte der Unternehmer da von einer Minute zur anderen einstreichen. Er selbst grinste auf Nachfragen nur hintergründig, je vorgerückter die Stunde allerdings war, um so mehr sah man, wie es ihn doch irgendwie drängte, seinen Coup preiszugeben. Seine Frau, die ängstlich nichts trank, hielt ihn aber stets mit freundlichem Lächeln davon ab.

Gegen Mitternacht kam noch ein Festteilnehmer, der mit einem riesigen Hoch empfangen, aber nicht vorgestellt wurde; der einzige Satz, den Herr E. über den Mann sagte, lautete: »Man muß eben die richtigen Leute kennen, nicht wahr.« Der Gast war, wie ich viel später erfuhr, der zuständige Finanzbeamte am Steuerstandort des Unternehmens, ein wohl an die 50 Jahre alter, eher asketisch aussehender, fast kahlköpfiger Mann. Etwa zwei Jahre danach gab er seine Stelle beim Finanzamt auf – und wechselte in das Unternehmen des Curd E. über, wo er zunächst eine »nichtoffizielle« Beraterstelle bekleidete und später dann in den Aufsichtsrat kam.

Die Sache geschah in den sechziger Jahren und ist heute natürlich längst verjährt. Ich kann auch nicht sagen, ob es bei dem Verfahren damals nicht mit rechten Dingen zugegangen ist, ob – und wenn, wieviel – Schmiergeld geflossen ist. Doch der Vorfall zeigt mehrere Aspekte: Daß Finanzbeamte durch »pflegliche« Behandlung bestimmter Steuerzahler durchaus hochrangige persönliche Vorteile erhalten können, die den Staat auch dann schädigen, wenn kein Schmiergeld geflossen ist und kein Delikt begangen wurde. (Auch wenn die Steuerrückzahlung rechtens war: Der Beamte, der später ins Unternehmen wechselte, nahm dabei die ihm vom Staat jahrelang unter der Voraussetzung des lebenslänglichen Dienstes ermöglichte Erfahrung mit – kostenlos.) Zweitens zeigt es, daß die Familie E. das Ganze eben doch nicht als ganz korrekt ansah, sonst hätte man aus der Sache kein Geheimnis machen müssen; und drittens zeigt die Tatsache, daß Herr E. vor Stolz fast platzte, wie schlitzohrig er sich doch vorkam. »Man muß nur die richtigen Leute kennen« – der Schlüsselsatz für viele Unternehmer, aber auch für kleinere Leute, die sich dem Staat und seinen Beamten, und oft sogar auch in Privatunternehmen, als einer ihnen undurchschaubaren Bürokratie ausgeliefert sehen und glauben, durch einen ihnen bekannten Ansprechpartner das zu erreichen, was ihnen sonst nur schwer möglich wäre.

Ich habe diesen Satz »Man muß nur die richtigen Leute kennen« daher bei meinen Umfragen unter Unternehmern zitiert und auf seine Anerkennung geprüft: Mit Ausnahme von zwei Befragten haben alle ihr Kreuzchen bei der Antwort »Das sehe ich auch so« gemacht.

Da die Umfrage anonym war, konnte ich die beiden, die das nicht so sahen, nicht unmittelbar ausmachen. Durch einen Zufall kam ich aber danach mit einem jungen Unternehmer zusammen, der den Satz ebenfalls bestritt: Er habe seinen Betrieb hochgebracht, ohne irgend jemanden in Behörden oder Ämtern zu kennen, geschweige denn geschmiert zu haben. Eine genauere Nachprüfung ergab allerdings, daß er offenbar die Frage etwas mißverstanden hatte: Sein Betrieb stellte Software für Computer her, er selbst war aus einer einschlägigen Firma ausgestiegen – und da er vormals das »Gehirn« dieser Firma gewesen war, kamen die Kunden von dort fast automatisch zu ihm; die andere Firma ging kurz danach in Liquidation.

Die richtigen Leute zu kennen gilt vielen als Grundnotwendigkeit, in »höheren Kreisen« meist aber auch als Kennzeichen besonderer Abgebrühtheit und Potenz. In anderen Ländern, etwa in Italien, rühmt man sich solcher Beziehungen offen, es gehört regelrecht zum Image einer Person, wen und wie gut man wichtige Leute kennt: »Ci parlo con uno che conosco io«, ich rede da mit einem Bekannten, lautet die Ankündigung, und sie besagt, daß man ab sofort mit der Protektion des Gesprächspartners rechnen kann. In Deutschland mit seiner zumindest offiziell klientellosen Gesellschaft gilt so etwas »offiziell« nicht gerade als ehrenwertes Persönlichkeitsmerkmal und wird daher eher unter der Hand weitergeflüstert – festigt aber natürlich genauso, oder noch mehr, das Image des Mächtigen und Einflußreichen.

Daß es vom Kennen der »richtigen Leute« bis zum Schmieren derselben kein großer Schritt ist, liegt auf der Hand. Doch auch hier sollten wir mit unserer Einschätzung nicht allzu vorschnell sein. Nicht jeder Beamte, der einem Steuerzahler Tips für das Steuersparen gibt, ist darob schon auf der schiefen Bahn – gesetzlich muß er auf Anfrage sogar alle möglichen Minderungsgründe kundtun. Und daß ein Stadtrat oder Gemeindedezernent, der einem Bauantrag zustimmt, nicht schon alleine deshalb korrupt ist, weil er den Antragsteller gut kennt oder gar mit ihm befreundet ist, sollte sich eigentlich von selbst verstehen – tut es heute aber offensichtlich nicht mehr. Mit dem Umkippen der Stimmung in Sachen Korruption hin zu einer rigiden Verfolgung wächst sich jede Bekanntschaft zwischen Beamten und Antragsteller bereits zum Anlaß für kräftige Verdächtigungen aus. Wird derlei dann auch noch Positionsneidern oder oppositionellen Politikern gesteckt, ist schnell ein Skandal ausgeheckt, auch wenn es kaum substantielle Gründe dafür gibt.

Das alles mindert nicht die Gefahren, die aus einer nachlässigen öffentlichen Moral in Sachen Schmieren entstehen können. Solange uns der Steuerhinterzieher allenfalls unter dem Aspekt »Warum ist das nur mir nicht eingefallen!« ärgert und nicht als jemand, der die Gemeinschaft schädigt, ist Steuerhinterziehung eben wirklich nur das bekannte »Kavaliersdelikt«. Und solange wir den hinterlistigen Konkurrenten nur mit noch mehr Hinterlist bekämpfen, ist es schwer, korrekte Verhältnisse einzuführen. Das »Leutekennen« in Ämtern und Büros ist für eine einigermaßen zuverlässige Planung der eigenen Produktion unerläßlich, aber es ist natürlich immer die Frage, bis wie weit dieses »Kennen« geht.

Jedenfalls scheint es nur wenige Manager und Unternehmer zu geben, die nicht sofort die Lauscher spitzen, wenn es um die »richtigen« Leute geht. Bestechung als Bravourstück hat immer seine begeisterten Zuschauer und oft genug Aspiranten.

Ein Lied davon singen können Steuerberater und Rechtsanwälte. Von 22 Personen aus dieser Berufsgruppe, die mir auf meine Fragen geantwortet haben, war nicht einer, dem nicht schon Mandanten die Frage gestellt hatten, ob sie nicht »einen im Finanzamt kennen, der für unsere Argumente etwas zugänglicher« ist. »Lumpen lassen werde man sich da auf keinen Fall«, hieß es dann auch sofort noch, und auch für den Rechts- oder Steueranwalt als Vermittler werde »noch etwas herausspringen«. Immerhin mehr als zwei Drittel der Rechtsgelehrten versicherten, daß sie derlei Ansinnen nicht nachgekommen seien, beim restlichen

Drittel war angeblich nach einer »informellen Sondierung« bei den zuständigen Stellen Schluß.

Erstaunlich allerdings dann das Ergebnis bei der Kontrollfrage: Ob sie aus eigener Erfahrung sagen könnten, daß zumindest ein Teil der Amtsträger, mit denen sie zu tun haben, bestechlich sei. Da machte mehr als ein Drittel ihr Kreuzchen bei »Ja« – wie aber wissen sie es aus eigener Erfahrung, wenn sie selbst nicht bestechen? Und weiter: In zehn Fällen – also einem weiteren Drittel – war zwar »Nein« angekreuzt, vorher jedoch »Ja« an- und danach wieder ausgestrichen worden. Nach allen Erkenntnissen der Demoskopie deutet dies darauf hin, daß ein Teil derer, die »Ja« angekreuzt hatten, plötzlich den Fangcharakter dieser Frage oder zumindest ihre eigene Widersprüchlichkeit erkannt hatten und noch schnell korrigieren wollten.

III
Deutschland entdeckt sich als korrupt

Daß die Dritte Welt durch und durch korrupt sei, war allgemeine Grundannahme seit jeher, und wollte man europäischen Partnern Schlimmes am Zeug flicken, rückte man sie in die Nähe solcher Länder, so etwa Italien (das derlei freilich auch in der Eigenschau ab und an tut). Und daß Diktaturen sich von der Demokratie vor allem durch eine flächendeckende Korruption unterscheiden, schien ausgemacht – wobei sich freilich kaum jemand Gedanken machte, ob derlei wirklich stimmt, in beiderlei Hinsicht: Ob Korruption wirklich ein Kennzeichen von Diktaturen ist, und ob Demokratie tatsächlich zumindest weitgehende Korruptionsfreiheit garantieren könnte? Heute jedenfalls sind sowohl die Sprüche über die niedrigstehenden Drittwelt-Korrupten wie auch die über die bestechungsintensiven Diktatoren verschwunden; die Arroganz diesen Ländern gegenüber erweist sich wie so vieles auf immer mehr Sektoren als Scheinheiligkeit. Denn inzwischen mußten nahezu alle demokratischen Länder das Phänomen auch bei sich eingestehen, und das keineswegs zu knapp.

Wann genau die Deutschen sich als korrupt entdeckten, ist nicht so ganz auszumachen – daß sie ab und an Korruption im eigenen Land bemerkten, heißt noch nicht, daß sie irgendetwas an sich, am deutschen System korrupt fanden. Heute gehen nach Umfragen mehr als 80 Prozent der Deutschen davon aus, daß Korruption allenthalben herrscht – insbesondere in der Politik. Doch leider fehlen verläßliche Vergleichsumfragen, die etwa Klarheit darüber schaffen, wie groß der Prozentsatz der davon Überzeugten vor zehn, zwanzig, dreißig Jahren war.

Polizeichefs und Staatsanwälte malen ein düsteres Bild. Das Bundeskriminalamt vermutet mittlerweile bereits eine Art flächendeckend auftretendes »Virus« (so BKA-Chef Zachert in einem Vortrag Anfang 1994), das Bayerische und das Hessische Landeskriminalamt schätzen in Sektoren wie dem öffentlichen

Bauwesen bereits mehr als zwei Drittel der Vergaben als korruptionsverdächtig ein. »Korruption findet sich von ›A‹ wie Ausländeramt bis ›Z‹ wie Zulassungsstelle«, beschrieb der Frankfurter Oberstaatsanwalt Wolfgang J. Schaupensteiner bei der schon erwähnten Fachtagung »Korruption in Deutschland« seine Erkenntnisse, »überall dort, wo ›Leistungsbeziehungen‹ zwischen staatlichen Einrichtungen und privaten Nachfragern bestehen. Gegen Bares werden Marktstände vergeben (Düsseldorf) und Visa für chinesische Staatsbürger erteilt (Berlin). Gegen ›Höchstgebot‹ gehen Konzessionen für Gaststätten und Spielsalons weg. Käuflich sind Führerscheine (Mainz und Frankfurt am Main), Aufenthaltserlaubnisse (Hamburg), Abschleppaufträge und Insiderinformationen. Korruption findet sich bei jeder Art der Auftragsvergabe und allgemein im Beschaffungswesen; etwa im Einkauf; etwa bei dem Einkauf von Sicherheitsausrüstung für die Polizei (Düsseldorf, Hannover) und bei der Kantinenbelieferung. Gezahlt wird für Baugenehmigungen und Fahrbahnmarkierungen (Hannover, Dresden) ebenso wie für gebührenfreie Abfallbeseitigung (Frankfurt am Main) und Asylantenunterbringung. Insbesondere im Bauwesen existiert ein Korruptionsstandard von hohem Organisationsgrad. Aufträge werden nach festen Prozentsätzen (zwischen 3 und 5 Prozent, in Einzelfällen bis zu 20 Prozent) vergeben. Es gibt eingefahrene Manipulationsmuster in der Planungs- und Vergabephase, bei der Bauausführung und der Abrechnung von Bauleistungen. Preisabsprachen gehören zum Repertoire der Auftragsakquisition. Hersteller, Lieferanten, Architekten und Baufirmen rechnen nach kaufmännischen Grundsätzen Schmiergelder mit dem ein- bis zweifachen Aufschlag in die Preise ein.«

Erstmals etwas stärker ins Bewußtsein der Deutschen gekommen ist das Problem der Korruption während der Diskussion um die Organisierte Kriminalität. Tatsächlich fanden Ermittler in nahezu allen Bereichen, wo sich organisiertes Verbrechen ansiedelt, mehr oder weniger enge Verflechtungen mit Amtsträgern – ob es sich um Subventionsschwindel handelt, bei dem man halbe Ämter schmieren muß, oder um Drogenschieberei oder heimliche Giftmülltransporte, wo man Grenzer mit Barem bedenken muß, oder um illegale Waffendeals, bei denen man Beamte und mitunter auch Politiker korrumpieren muß. Auch Rotlicht-Verbrecherringe, Falschmünzer und Hehlergruppen haben, wie Gerichtsurteile zeigen, nicht selten »ihre« Informanten in den Polizeibehörden oder bei Staatsanwaltschaften. Im Rahmen des Streits um eine sinnvolle Definition von Organisierter Kriminalität – in Abgrenzung von der »kriminellen Vereinigung« – griffen viele Experten just zur Heraushebung der Korruption als konstitutivem Bestandteil organisiert-kriminellen Handelns. Das wiederum schärfte bei den Ermittlern den Blick für Korruption, die aufgrund solcher Definitionen vorgingen oder derlei bei Gesetzesvorhaben durchbringen wollten. 1500 Strafverfahren sind zum Beispiel seit 1987, dem Jahr der Einrichtung eines eigenen (freilich bis heute nicht besonders üppig ausgestatteten) Korruptionsdezernats in der Frankfurter Staatsanwaltschaft eingeleitet worden. Und »jeder aufgedeckte Fall zieht zwei, drei und mehr Fälle nach sich« (so Chefermittler Schaupensteiner). Bundesweit sind derzeit etwa 8 – 10 000 Verfahren anhängig, die direkt oder beiläufig mit den Vergehen gegen die Paragraphen Vorteilsannahme oder -gewährung und Bestechlichkeit bzw. Bestechung zu tun haben.

Daß sich die Deutschen nun rundherum derart von korrupten Beamten und bestechungsgeilen Unternehmern eingekesselt fühlen, daß sie zu 80 Prozent an die Schmierbarkeit ihrer Beamten glauben, ist offenbar auch eine Folge dieser immer dichter werdenden Ermittlungen – und deren von Abscheu strotzender Behandlung in den Medien.

Zuvor war das in gewisser Weise anders gewesen: Solange die Einengung auf »schwarze Schafe« oder auch auf bestimmte, eng umrissene Kreise funktionierte, konnte sich der Rest außen vor fühlen und blieb in der öffentlichen Meinung »integer«. Dennoch zeigt eine Rekonstruktion der Ereignisse besonders während der ersten großen Geldschieberei-Affären in den frühen achtziger Jahren, wie sich hier die Kreise der Verdächtigen und Verdächtigten allmählich erweiterten, wie über die zunächst belasteten Top-Manager und Top-Politiker hinaus spätestens bei den Versuchen einer Bereinigung dieser »Betriebsunfälle« ein immer ausgedehnteres Geflecht Interessierter und Betroffener sichtbar wurde. Damals begann das Vertrauen der Deutschen wohl zuerst zu schwinden, der heutige Totalkollaps des Ansehens von Staatsdienern und geschäftstüchtigen Managern nahm seinen Anfang.

1. Erster Schock: Die Parteispendenskandale ...

Ende 1979 begannen in der damaligen Bundesrepublik Deutschland Finanzbeamte und Staatsanwälte in einer Reihe großer Unternehmen mit Ermittlungen wegen des Verdachts von Schmiergeldzahlungen an hohe Entscheidungsträger und Politiker. Sie wurden fündig, die Crème de la crème der deutschen Industriellen und eine Reihe höchster Parteipolitiker aller seinerzeit im Bundestag vertretenen Parteien hatte sich in einem Geben-und-Nehmen-Zirkel zusammengefunden. Gelder in meist sechsstelliger Höhe waren an die Schatzmeister aller Bundestagsparteien (damals CDU, CSU, FDP, SPD) geflossen – mitunter auch an die Parteichefs. Dafür hatten viele der gebenden Firmen nicht zu Unrecht auf freundliche Behandlung rechnen können, sei es durch liebenswürdige »Hinweise oder Ratschläge« (wie Franz Josef Strauß an ihn geflossene Gelder begründete) oder auch durch pflegliche Behandlung bei Bewilligungsanträgen in den Ministerien. Meist waren die Zuwendungen als »Spenden« deklariert, und oft wurden sie auch nicht direkt ausgehändigt (wiewohl diskret überreichte Briefumschläge auch an der Tagesordnung waren), sondern über »Waschanlagen« eingebracht: Parteinahe Stiftungen – manche davon mit Dependancen im Ausland, wohin die Überweisungen dann getätigt wurden – bekamen Beträge bis in Millionenhöhe, und diese übernahmen mit den Geldern ansehnliche Teile der Parteiausgaben, von der Bezahlung des Personals bis zur Anschaffung von Geräten und den Unkosten von Reisen der Top-Politiker oder Treffen mit Journalisten und Meinungsmachern; oft wurde auch Bares für Scheinleistungen wie (überteuerte) Inserate in Parteizeitungen etc. in die Parteikassen gelenkt. Dies alles, obwohl das Bundesverfassungsgericht kurz zuvor strikt jede Art von verdeckter Finanzierung der politischen Parteien für unzulässig erklärt hatte.

Zunächst verteidigten sich beide Seiten in gewohnter Manier: Die Politiker erklärten, daß das Parteienfinanzierungsgesetz allzu enge Grenzen setze und allzu hinderliche Offenlegungsvorschriften enthalte, so daß die Spendenbereitschaft stark zurückgegangen sei. Zudem seien die Ausgaben immer mehr angestiegen, da zum Beispiel Wahlkämpfe immer häufiger in Materialschlachten ausarteten und sich die vom Grundgesetz vorgesehene »Mittlerfunktion« in Massengesellschaften nur mit einem riesigen Apparat aufrechterhalten lasse. Die Unternehmerseite machte geltend, daß die Parteispendensammler ihnen ständig auf den Zehen stünden, Deutschlands Wirtschaft sich demokratiebewußt aber auch nicht lumpen lassen wolle, um den Parteien ihr Mittleramt zu ermöglichen.

In der zweiten Phase stritten beide Seiten dann ab, daß es überhaupt zu wirklichen »Machenschaften« gekommen sei, also die Spende im Gegenzug zu Vorteilen für die betreffenden Firmen geführt habe.

Genau hier lag denn auch der Schwachpunkt der Ankläger: Natürlich ist es in einer Administration wie der SPD-FDP-Regierung unter dem Wirtschaftsfan Helmut Schmidt oder danach der ohnehin unternehmerfreundlichen CDU/CSU/FDP-Regierung nicht leicht, konkret auf mögliche Schmiergeldzahlungen zurückführbare Handlungen zugunsten eines Industriebetriebs zu belegen, wo doch die gesamte Politik im wesentlichen aus Förderung der Industrie und der Großunternehmen bestand. So mußten in den Schmiergeldverfahren die meisten »Geldzuwendungen« auf Verstöße gegen das Parteienfinanzierungsgesetz abgeklopft werden, Vorteilsannahme oder gar Bestechlichkeit ließ sich da nur selten nachweisen.

Die Lage änderte sich schlagartig, als Anfang 1982 der Flick-Skandal seinen ersten Höhepunkt erreichte: Hier waren die Ermittler durch die pingeligen Einträge des Chefbuchhalters Diehl auf eine wahre Goldmine gestoßen: Sämtliche Geldausgänge hatte der Firmenbürokrat schriftlich festgehalten, den jeweiligen

Betrag, den Überbringer, dann ein »wg.« für »wegen« und dann ein leicht entzifferbares Kürzel für den Empfänger, meist die Namensinitialen. Und hier zeigte sich plötzlich, daß nicht nur ansehnliche Summen in die Parteikassen geflossen waren, sondern auch direkt an bestimmte Politiker. Aus einer offenbar unerschöpflichen schwarzen Kasse, die Flick am Fiskus vorbei angelegt hatte, flossen Gelder: An den ehemaligen Wirtschaftsminister Friderichs und seinen Nachfolger Lambsdorff (beide FDP), an die Finanzminister Matthöfer und Lahnstein (beide SPD), an den SPD-Schatzmeister Nau und seinen Nachfolger Halstenberg, den bayerischen Ministerpräsidenten Franz Josef Strauß, den CDU-Fraktionsvorsitzenden Dregger und auch an Altbundespräsident Scheel waren Zuwendungen vermerkt.

Hier lag also der Verdacht nahe, daß einzelne Entscheidungsträger in den Parteien und in den Ämtern konkret »bedacht« worden waren – mit Beträgen, die sich zwischen 35 000 DM (Lahnstein und der baden-württembergische Wirtschaftsminister Eberle) und 365 000 DM (Friderichs) beliefen. Allerdings behaupteten einige der so Bedachten, sie seien in das Diehlsche Verzeichnis wohl eher als Synonym für ihre Partei oder einer bestimmten Strömung in ihr gekommen: Franz Josef Strauß etwa meinte angesichts der Vorlage von vier Vermerken (aus 1975–79) von je 250 000 DM ausweislich Verhörprotokoll: »Ich darf ... bemerken, daß es sich hier nicht um die Honorierung von Ratschlägen handelt, sondern um eine bestimmte politische Linie im Inland und Ausland.« Ob er selbst Geldkuverts bekommen hatte, konnte er sich nicht mehr erinnern – wie nahezu alle anderen aus den anderen Parteien ebenfalls.

Der Hauptteil der Zuwendungen war in einer für den Flick-Konzern höchst prekären Lage erfolgt: Der Konzern hatte seine Schulden durch einen raffinierten Deal abzubauen versucht. Er ging – zum Schein, wie die Staatsanwaltschaft und die Finanzbehörden hinterher feststellten – ein Joint Venture mit der amerikanischen Firma Grace ein, weshalb der Transfer von Milliardenbeträgen nach dem Paragraphen 6b des Außenwirtschaftsgesetzes steuermindernd eingesetzt werden konnte; nach Feststellungen der Ermittler wurden so eineinhalb Milliarden DM bei ihrem Rückfluß nach Deutschland steuerfrei angelegt. Derlei kann nur klappen, wenn die Behörden nicht allzu forsch nachprüfen – daß es tatsächlich keine Zusammenarbeit der beiden Konzerne gab, mußte verborgen bleiben. Die Staatsanwälte gingen davon aus, daß die über alle anderen Zuwendungen hinausgehenden Spenden an Parteien und Politiker genau diesem Ziel gedient hatten – die Nachprüfung der wahren Natur des angeblichen »Joint venture« zu verhindern. Mehr als 24 Millionen DM waren unter dem Strich aus den schwarzen Kassen des Konzerns an Politiker geflossen.

Trotz alledem kam es nur in einer geringen Anzahl von Fällen zu Anklagen, die über den Verstoß gegen das Parteienfinanzierungsgesetz hinausgingen. Das deutsche Strafrecht beschänkt Vorteilsannahme und Bestechlichkeit, wie bereits ausführlich dargestellt, engstens auf Entscheidungsträger der Behörden; Politiker, sofern sie nicht Minister, Staatssekretär, Bürgermeister, Dezernent oder ähnliches sind, sind wegen der Annahme von noch so hohen Geschenken nicht wegen Vorteilsannahme oder Bestechlichkeit zu belangen. Daher konnten die Geldgeschenke nur dann korruptionsrelevant werden, wenn die Betreffenden zur Zeit der Zuwendung ein solches Amt innehatten – Schatzmeister der Parteien blieben verschont und kamen mit Strafen, oft nur Geldbußen wegen eines Verstoßes gegen das Parteienfinanzierungsgesetz davon. Und auch bei den Ministern war genau zu unterscheiden – nur solche, die zur Zeit der 6b-Aktion des Flick-Konzerns im Amt waren, konnte man belangen. Am Ende mußten alle Bestechungsvorwürfe fallengelassen werden, und auch wegen Vorteilsannahme wurden nur wenige verurteilt – der bekannteste darunter Otto Graf Lambsdorff, der sowohl einige Zeit Schatzmeister seiner Partei wie Wirtschaftsminister gewesen war. Verurteilt wurde auch der Flick-Generalmanager Eberhard von Brauchitsch.

Zu dieser Zeit staunten die Deutschen zwar nicht schlecht, was für eine schlimme Kungelei sich da zwischen Management und Politführern ergeben hatten, doch die Mehrheit glaubte – ausweislich mehrerer Emnid-Umfragen – noch durchaus, daß derlei Ausrutscher und Konsequenzen allenfalls spezieller Natur seien.

Das aber blieb nicht so – schon während der Flick-Skandal noch schwelte und lange bevor die Verantwortlichen vor Gericht kamen, ging den Deutschen mehr und mehr ein Licht darüber auf, von welchem Strickmuster die nach Bonn entsandten Volksvertreter insgesamt waren.

2. ... und seine Bearbeitung: Der zweite Schock

Bereits unmittelbar nach der ersten »Welle« von Enthüllungen über Parteispenden, Ende 1981, brach in allen Parteien eine fieberhafte Aktivität aus: CDU, CSU, SPD und FDP suchten nach einem möglichst schnellen, möglichst geräuschlosen Ende aus dem von der *Süddeutschen Zeitung* schon bald zum »Bonner Watergate« erklärten Skandal; die Grünen, 1980 noch nicht in den Bundestag eingerückt, suchten genau das zu verhindern – und mit ihnen zumindest ein Teil der Medien.

Die »Lösungen«, die die »Altparteien« sich einfallen ließen, grenzten zum Teil ans Abenteuerliche, damals jedenfalls noch: Um das Parteienfinanzierungsgesetz ganz nach Gusto ändern und die Herkunft der Spenden ganz verschleiern zu können, kam eine von den Parteichefs eingesetzte Arbeitsgruppe auf die Idee, schlicht das Grundgesetz zu ändern, um die Offenlegungspflicht von größeren Parteispenden zu tilgen (und damit dem Bundesverfassungsgericht die Handhabe für gegenteilige Urteile zu nehmen). Eine Arbeitsgruppe, geführt von den Parteimanagern Hans-Jürgen Wischnewski (SPD), Friedrich Vogel (CDU), Karl-Heinz Spilker (CSU) und Detlef Kleinert (FDP), wollte festlegen, daß Privatpersonen bis zu drei Prozent ihres Einkommens und Firmen zwei Promille aus der Gesamtsumme von Umsatz und Löhnen steuerfrei spenden und die Parteien dies steuerfrei einnehmen dürfen. Eine andere Lösung sah vor, daß die Parteien künftig den Gemeinnützigkeitsstatus erhalten sollten, wie von Strauß gefordert – das würde viele Steuerzahler und insbesondere Firmen zu großen Spenden anhalten.

Ganz besonders eifrig aber werkelten die Parteizentralen an

einer Änderung der Strafandrohungen für Vergehen gegen das Parteienfinanzierungsgesetz. Zunächst war frech sogar eine Generalamnestie im Gespräch, die der seit Herbst 1982 regierende Bundeskanzler Helmut Kohl ein ums andere Mal mit seiner Bemerkung »Wir haben alle Fehler gemacht« hoffähig zu machen suchte. Darauf erhob sich ein schrecklicher Proteststurm im Lande – der erste in Sachen Korruption –, und die Grünen, die schon wegen der Kungelei um neue Spendenvorschriften das Bundesverfassungsgericht anzurufen gedroht hatten, standen bereits in den Startlöchern, um auch im Falle einer Amnestie – die seitens der Parteien eine reine Entscheidung in eigener Sache gewesen wäre – das höchste Verfassungsorgan anzurufen. Sondierungen beim BVG ergaben, daß die Richter keinerlei Verständnis für solche »Bereinigungen« hatten (schon das Finanzierungsurteil war »einstimmig« ergangen), und so suchten die Parteimanager nun mit allerlei Kümmelspalterei das Verwehrte dennoch zu erreichen. So unterschieden sie nun subtil zwischen jenen, die Geld für die Partei genommen hatten, was einen edlen Zweck darstelle, und jenen, die privat eingesackt hatten – wobei sie freilich verschwiegen, daß nahezu alle Geldempfänger behaupteten, die Scheine ordnungsgemäß an die Parteikasse weitergeleitet zu haben. In einigen Fällen bestand da zwar der Verdacht, daß einschlägige Quittungen und Einträge erst nachträglich ausgestellt worden waren, aber nachzuweisen war das jedenfalls auf Bundes- und Landesebene nicht.

Das Ziel der »Bearbeiter« war jedenfalls, die Strafandrohung so weit wie möglich herunterzuschrauben, am liebsten ganz außerhalb des Bereichs einer Gefängnisstrafe. Nach altem Gerichtsbrauch werden beim Inkrafttreten eines neuen Gesetzes oder der Novellierung eines alten jeweils jene Vorschriften angewendet, die milder sind: Eine Abschaffung der Gefängnisstrafe für Vorteilsannahme oder Bestechlichkeit hätte bedeutet, daß auch frühere Verstöße gegen das Gesetz nur noch mit Geldstrafe oder gar nur Bußgeldbescheiden zu ahnden gewesen wären.

Dagegen machte aber erneut der Großteil der Medien mobil, und die Öffentlichkeit war wiederum entsetzt. Die »Wende« kam erst, als das Gericht, das den Flick-Fall abzuurteilen hatte, gegenüber dem am schwersten in der Bedrouille sitzenden Graf Lambsdorff von der Anklage der Bestechlichkeit zugunsten der milder zu beurteilenden Vorteilsannahme abrückte und so die Verschonung auch schwerst Belasteter vor dem Knast signalisierte. Danach waren die Änderungswünsche auf einmal weitgehend begraben. Graf Lambsdorff wurde dann zwar verurteilt, mußte aber nicht ins Gefängnis.

Doch nur kurze Zeit später staunten die Deutschen erneut Bauklötze: Dem Grafen wurde, obwohl er verurteilt worden war, vom Staat der Großteil seiner prozessualen Ausgaben ersetzt. In einer umstrittenen, wenngleich juristisch offenbar nicht mehr anfechtbaren Entscheidung hatte das Bundesversorgungsamt die Verteidigung des ehemaligen Wirtschaftsministers als Teil dienstpflichtlicher Handlungen anerkannt. Die Deutschen entdeckten, daß es auch so etwas gibt, und verloren ein weiteres Stückchen Vertrauen in die Gleichheit vor dem Gesetz.

Der noch größere Hammer kam bald darauf. Nachdem Hans Dietrich Genscher aufgrund der Polemiken gegen sein Überwechseln von der SPD- in die CDU/CSU-Koalition von seinem Amt als Parteivorsitzender zurückgetreten war, wählte die FDP Graf Lambsdorff zu ihrem Chef. Und vielen Deutschen ging auf, zu welchen Tiefflügen die einheimische Politik fähig geworden war – ein Vorbestrafter als Vorsitzender einer Regierungspartei, vorbestraft noch dazu aufgrund eines Vergehens, das er in Ausübung seiner politischen Tätigkeit begangen hatte.

Weniger beachtet in den Jahren danach, und erst heute im Zusammenhang mit all den neuen Korruptionsfällen wieder ins Bewußtsein gelangt, blieb das Schicksal all jener, die seinerzeit die Korruptionsfälle aufgedeckt und zur Anklage gebracht hatten. Die Sekretärinnen und Buchhalter, die mit der Justiz zusammengearbeitet hatten, verloren fast alle ihre Stellen, eine Frau hat inzwischen mehrere Herzinfarkte erlitten, weil sie den ständigen Anfeindungen als »Nestbeschmutzerin« nicht mehr gewachsen war. Die Steuerfahnder und Staatsanwälte, die damals die Fälle behandelten, erlebten fast durchweg einen harschen

Karriereknick, aus dem Pool der Flick-Ankläger kam kein einziger mehr auf eine höhere Stelle.

Italien, das gerne geschmähte, ist in dieser Hinsicht anders: Die Ermittler, die sich mit den Großkopferten aus Politik und Unternehmertum anlegten und sie wegen Korruption vor Gericht brachten, gelten seit jeher zumindest beim größten Teil des Volkes als Helden und werden so leicht nicht vergessen. Den berühmtesten von ihnen, Antonio di Pietro, möchten mehr als zwei Drittel der Italiener gar als Staatspräsidenten oder Regierungschef – ja sogar, was in Italien vielleicht noch mehr Vertrauen bedeutet, als Trainer der Fußballnationalmannschaft haben.

Bekenntnisse eines örtlichen Spendensammlers

In der Presse lesen wir alle paar Tage von üppigen Spenden, die Unternehmer und Manager in Parteikassen leiten. Sieht man die Berichte durch, glaubt man, das einzige Problem, das ein Parteikassierer hat, bestehe darin, wo und wie gut versteckt er die strömenden Gelder unterbringt.

Vielleicht gibt es sie wirklich, diese Quellen. Dann müssen sie weitab von der Kleinstadt sein, in der ich lebe und für meine Partei schufte. Wir haben im Ortsverein gerade mal ein Dutzend Aktive, dazu drei- oder viermal so viele Karteileichen. Im Stadtrat haben wir eine Koalition mit der FDP, im Kreistag sind wir in der Opposition. Wenn wir hier etwas veranstalten wollen, brauchen wir natürlich Geld, aber sowohl der Kreisverband als auch der Bezirk und das Land sind höchst knauserig. Also müssen wir sammeln. Bei der Brauerei, die nicht vom Ort ist, von der wir aber billig Bier bekommen wollen für unsere drei jährlichen Feste. Beim Bauern, der uns fürs Fest auf seine Wiese läßt, denn das Gemeindehaus steht so ungünstig, daß man nur Innenveranstaltungen machen kann. Dann brauchen wir für zwei der drei Feste kleine Zelte, weil das Wetter im Frühjahr und an Weihnachten zu unsicher ist. Wenn wir Wahlkampf machen, brauchen wir nicht nur Helfer, sondern auch Druckereien, damit wir das Lokalkolorit hervorheben können, denn alleine mit Bundes- oder Landespolitik kriegt man keinen Hund hinter dem Ofen hervor, ja meist versuchen wir die draußen vor zu halten. Denn oft sind sie kontraproduktiv.

So haue ich halt jeden um Spenden an, der mir über den Weg läuft. Man kann sich nur schlecht vorstellen, was es bedeutet, bei Menschen, mit denen man sonst kegeln geht oder einen saufen, einen Hunderter locker zu machen. Eine ständige Erniedrigung. Und oft meinen sie, mit dem Hunderter könnten sie dann später mal eine Vergünstigung kriegen. »Meinst du, du kannst mit dem Bürgermeister reden«, das höre ich schon oft, aber meist nicht von Parteigenossen, sondern gerade von Leuten, die anderen Parteien nahestehen und die mit Spenden was erreichen wollen. Witzigerweise kamen die massivsten Versuche, Vergünstigungen zu bekommen, von Leuten, die sonst unseren politischen Gegnern am meisten um den Bart gehen. Die kamen am Abend oder in der Nacht daher, nach einem kurzen, geheimnisvollen Anruf, hockten stundenlang herum, drucksten dann heraus, was sie wollten: Da ist bei dem Grundstück eine Sache zu genehmigen, die gesetzlicherseits nur dann läuft, wenn der Stadtrat dies oder das beschließt, eine neue Nutzung, eine Erschließung, eine Erweiterung oder eine Änderung der Baustilvorschriften. Ich lehne so etwas immer ab. Wenn ich ehrlich bin, gar nicht einmal aus allzu honorigen Gründen: Ich wittere eher eine Falle, daß die hernach sagen, so sieht der aus, man braucht ihm nur Geld zu geben, schon befiehlt er dem Bürgermeister was. Aber auch ein anderer Grund bestimmt mich dabei: Unser Bürgermeister ist zwar sehr angesehen, und der Baudezernent gehört auch zu unserer Partei. Aber bei der Kontrolle, die die Opposition ausübt, käme ein Schwindel sehr schnell auf, auch wenn man sich untereinander einig wäre.

Eigene Parteimitglieder gehen vielleicht von selbst davon aus, daß sie in unserer Stadtverwaltung angesehener sind und Vorteile haben, ich weiß nicht. Jedenfalls sind sie im Geben weitaus knauseriger als Nichtmitglieder. Wichtig ist allen, daß es nicht rauskommt, was sie spenden. Wenn sie eine Bestätigung brauchen, muß ich sie selbst hinbringen, viele trauen nicht einmal dem Postboten beim verschlossenen Brief. Manche erledigen größere Spenden über weit entfernt wohnende Tanten oder Freunde, die nichts mit ihrem Namen gemein haben. Wobei ich unter »größere Spenden« nicht die meine, die öffentlich deklariert werden müssen, also über 20 000 DM, sondern solche von tausend DM oder wenig darüber. An Großspenden habe ich in meiner ganzen aktiven Zeit, seit acht Jahren also, nur eine einzige bekommen, das war eine Erbschaft von einem verstorbenen Mitglied.

Wenn ich am Ende eines Jahres 50 000 DM zusammengesammelt oder an geldwerten Leistungen hereingebracht habe, bin ich schon sehr froh, meist ist es weniger. Wahrscheinlich könnte ich mehr bekommen, wenn ich unsere Partei besser herausstellen könnte. Aber dazu wäre wieder viel Geld nötig, und genau das habe ich ja nicht.

3. Korruption im bürokratischen Alltag: Beschaffungsskandale und ihre »Beseitigung«

Daß es bei bestimmten Beschaffungen in der öffentlichen Verwaltung nicht immer mit rechten Dingen zugeht, munkelten die Medien schon seit langem; meist war dies jedoch stark eingegrenzt auf Super-Aufträge, bei denen sich die Summen auf viele Millionen oder gar eine halbe oder ganze Milliarde DM beliefen. Die Affäre um den Schützenpanzer HS 30 für die Bundeswehr sowie die über die Auszahlungslisten des Lockheed-Konzerns festgestellten Schmiergelder bei der Auftragserteilung für die Starfighter und Transporter waren spektakuläre Fälle, die in der Öffentlichkeit ausschließlich unter zwei Gesichtspunkten diskutiert wurden: Bei Rechten und Liberalen wurde, wenn man schon nicht so lange wie möglich die Sachverhalte leugnete, eine unendliche Reihe »mildernder« Umstände herangezogen, die von der »verständlichen« Anwendung auch solcher Mittel zur Arbeitsplatzsicherung großer Konzerne bis zur »übermenschlichen« Versuchung bei Politikern und Beschaffungsexperten angesichts der angebotenen Millionensummen reichten. Auf der anderen Seite des Spektrums – das damals noch einheitlich in der Opposition saß – wurde die zutage tretende Korruption als ein Zeichen für die Verderbtheit der politischen Führung in Ministerien und Kanzleramt gewertet. Eine genauere Analyse, bis wie weit »herunter« – oder umgekehrt, von wo ab »hinauf« – korrupte Grundeinstellungen in den öffentlichen Ämtern und den Büros von Firmen herrschten, unterblieb so.

Fatalerweise, muß man sagen. Denn inzwischen zeigt sich, daß das Beschaffungswesen keineswegs nur im Umfeld von ohnehin skandalumwitterten und längst gegen Anschuldigungen immunen Persönlichkeiten wie Franz Josef Strauß höchst bedenkliche Verhaltensweisen zeigt. Der bekannteste Skandal betrifft die nordrhein-westfälische Polizei – ihre Beschaffer hatten sich mehrere Zehntausend DM zustecken lassen, damit sie einem bestimmten Hersteller von schußsicheren Westen und anderen Ausstattungszulieferern den Zuschlag erteilten. Doch auch in der Privatwirtschaft ist im Verhalten großer Firmen untereinander Schmieren fast schon zur Regel geworden. In der Titelgeschichte »Deutschland wie geschmiert« (Heft 50/1994) führt der *Spiegel* mehrere Dutzend Fälle solcher Beschaffungsskandale auf, etwa bei Ford, VW, Audi, Nixdorf und Kaufhof. Ein Einkäufer bei VW in Wolfsburg ließ sich, so der Bericht, innerhalb von sieben Jahren 2,6 Millionen DM zustecken. Der Kaufhof hechelte monatelang hinter seinem ehemaligen Werbechef her, der nach Ansicht der Kaufhauskette durch das Einstecken von Schmiergeldern das Unternehmen um 30 Millionen DM geschädigt hatte.

Doch die Beschaffungen und die dabei geflossenen Gelder sind nur der eine Teil des Skandals. Mindestens ebenso schwer wiegt, wie massiv und mit welchen Mitteln Behörden derlei Affären dann unter den Tisch zu kehren versuchen. So hatten, nach dem erwähnten – unbestrittenen – *Spiegel*-Bericht Referatsleiter des Bundesamtes für Wirtschaft in Eschborn bemerkt, daß ein großes Versandhaus stets mit besonderer Bevorzugung behandelt wurde, wenn es um Importgenehmigungen ging. Des Rätsels Lösung: Die Sachbearbeiter hatten ihrerseits bevorzugte Konditionen bei der

Bestellung von Artikeln des Versandhauses erhalten. Die Referatsleiter des Bundesamtes bereiteten eine Anzeige bei der Staatsanwaltschaft vor – und wurden von ihrem Behördenleiter gestoppt. Der vergatterte den Referatsleiter und seine Mitarbeiterin zur »Amtsverschwiegenheit«, und zwar mit ausdrücklicher Rückendeckung des Wirtschaftsministeriums. Die anzeigewilligen Beamten wurden als »selbsternannte Saubermänner« heruntergeputzt. Die freilich zogen nun vor Gericht und erstritten sich das Recht auf eine Anzeige. Doch bis dahin war die Sache mit der offenbaren Vorteilsannahme der Genehmigungsbeamten bereits verjährt – nach fünf Jahren ist Schluß mit der Strafverfolgung, bestimmt das Gesetz.

An eine Änderung dieser bei vielen der komplizierten Verfahren viel zu kurzen Frist aber dachte noch immer niemand.

4. Die »Überraschung«: Manager schmieren Manager

Die 26. Woche des Jahres 1995 – Manager rechnen lieber in Wochen als in Tagesdaten – war für den Opel-Aufsichtsrat und Europa-Chef von General Motors Hans Wilhelm Gäb die »wohl bitterste in meinem Leben«, obwohl der Manager und frühere Tischtennismeister schon Schlimmes erlebt hatte, unter anderem 1994 eine spektakuläre, in vielen Zeitungen berichtete, besonders riskante Lebertransplantation: »So etwas hätte ich mir nie und nimmer ausgemalt.« Nach eigener Wertung sah sich der honorige Opel-Obere »eingekesselt von einem Haufen korrupter Leute«. In der Woche zuvor waren Presseberichte erschienen, wonach die Kriminalpolizei die Wohnungen und Büros einer Reihe wichtiger Mitarbeiter des Konzerns sowie von Managern und Unternehmern anderer Firmen durchsucht hatte. Das Pikante daran: Aufgefordert hatte sie dazu – der Opel-Vorstand selbst. Dem war nämlich bekanntgeworden, daß zahlreiche Mitglieder des mittleren und oberen Managements, mitunter sogar »ganze Abteilungen« (so der *Spiegel*) von Zulieferern Geld oder geldwerte Leistungen in Höhe von jeweils vielen Zehntausend

DM angenommen hatten. Lediglich bei einem aus der Leitungs-
riege, Vorstandsmitglied Peter Enderle, hat sich bis zum Abschluß dieses Buches herausgestellt, daß der ursprünglich gegen
ihn gehegte Verdacht von großen Zuwendungen aus dem Baubereich aus der Luft gegriffen war.

Bei den meisten der Angeschuldigten stießen die Ermittler auf
immer mehr Überraschungen: Da hatten sich Abteilungsleiter
und Beschaffungsexperten im Gegenzug gegen den Zuschlag von
Millionenaufträgen ihr Häuschen renovieren oder zinsgünstige
Kredite, gelegentlich auch Grundstücke zu Sonderpreisen zu-
schanzen lassen – das meiste zahlte realiter Opel, indem dem
Konzern überhöhte Rechnungen ausgestellt und von den dann
Begünstigten als korrekt anerkannt und abgezeichnet wurden.
Andere wiederum hatten sich als stille Teilhaber in just jene Fir-
men eingekauft, denen sie dann Aufträge zukommen ließen. Am
Ende hatte die Staatsanwaltschaft Darmstadt mehr als zweihun-
dert Opel-Mitarbeiter am Wickel.

Typischerweise kam bei alledem das wichtigste Detail in der Berichterstattung viel zu kurz: daß der Opel-Konzern selbst es war,
der zum Kadi ging. Erstmals in der Geschichte des Nachkriegsun-
ternehmertums in Deutschland hatte ein weltweit operierender
Konzern es vorgezogen, vor Gericht zu gehen, statt eine schmut-
zige interne Angelegenheit unter den Teppich zu kehren, und
dabei auch eine ansehnliche Imageschädigung in Kauf genommen. Ein Verhalten, das in krassem Gegensatz etwa zu dem von
Mercedes steht, dessen Spitze die Verfehlungen der Manager stets
zu verheimlichen gesucht hat (*Stern* 32/95).

Die Imageschädigung bei Opel trat auch prompt ein – statt den
bis dahin einmaligen Versuch einer juristisch klaren Säuberung
von innen heraus zu loben, wurden die Schweinereien Opel direkt
angekreidet: »Kultur der Korruption« betitelte der *Spiegel* seine
Enthüllungen, und im nachfolgenden Heft hieß es fettgedruckt
unter dem Titel »Bares in der Aktentasche«: »Die bisherigen Ermittlungen belegen: Seit Mitte der achtziger Jahre herrschte in
dem Unternehmen ein Klima, das Korruption begünstigt.« Kein
Wort über den Mut der Manager und die damit – hoffentlich –

eingeleitete Trendwende in den großen Unternehmen, nun doch einmal vor der eigenen Türe zu kehren, und dies öffentlich.

Zum Kristallisationspunkt der Säuberungen wurde Aufsichtsrat Hans Wilhelm Gäb, General Motors-Bevollmächtigter für Europa. Der hatte in diesen Wochen allerdings freilich auch noch andere Probleme. So hatte Opel wenige Monate zuvor einen Autotyp zurückrufen müssen, weil es am Benzineinfüllstutzen gelegentlich zu Bränden gekommen war. Der für das Image viel schlimmere Fall aber war der der Tennisspielerin Steffi Graf, die von Opel seit vielen Jahren gesponsert worden war; ein Skandal, der bald nach bösem Filz und auch möglicher Korruption aussah. Die Familie Graf hatte, wie auch von den Betroffenen eingeräumt, mit ihrem verschachtelten Imperium eine stattliche Anzahl von Steuermillionen hinterzogen – doch sie entschuldigten sich mit Absprachen mit Amtsträgern »ganz oben«. So geriet zum Beispiel der baden-württembergische Finanzminister Mayer-Vorfelder gleich einmal ins Visier, aber auch Ex-Ministerpräsident Lothar Späth; beide dementierten, doch die Sonderbehandlung der Grafs ist nicht zu leugnen: Jahrelang wurde nicht einmal eine Einkommensteuererklärung angemahnt, man gab sich mit vergleichsweise lächerlichen Zahlungen zufrieden. Gäb zog sich aus dem Beratergremium von Steffi Graf zurück, als die Familie die geforderte Klarheit nicht geben wollte oder konnte.

Gäb jedenfalls war trotz seines eher sanguinischen Temperaments entschlossen, bei Opel reinen Tisch zu machen. Die verdächtigen Mitarbeiter wurden erst einmal suspendiert und Kontakte zu allen Unternehmen aufgenommen, die möglicherweise mit von der Schmierpartie waren, um auch diese von der Notwendigkeit eines industrieweiten Antikorruptionskampfes zu überzeugen.

Gespräch mit dem Opel-Aufsichtsrat Hans Wilhelm Gäb

Der Gang zur Staatsanwaltschaft und an die Öffentlichkeit ist bei Großunternehmen im Falle von Korruption nicht eben üblich. Wie kam es bei Opel dazu?

GÄB: Wir haben eine feste Regel: Wenn wir intern kriminelle Handlungen entdecken, wenden sich die hauseigenen Sicherungsgruppen direkt an die Staatsanwaltschaft; wir sehen das als einzige Möglichkeit, Kriminalität von Anfang an öffentlich zu bekämpfen und zu ächten. Wir haben zwei Bereiche, die sich mit Unregelmäßigkeiten befassen, den Sicherheitsdienst, der sich normalerweise allerdings vor allem mit Diebstählen oder Einbrüchen und dergleichen befaßt, und die Revision, die überprüft, ob bei Auftragsvergaben und Abrechnungen alles ordnungsgemäß abgelaufen ist. Beide Einrichtungen sind absolut autonom und nicht weisungsgebunden. Jene Fälle, die dann die große Aufmerksamkeit der Presse erregt haben, wurden allerdings nicht durch die hausinternen Dienste entdeckt, sondern deshalb, weil ein Lieferant zu uns kam, sich direkt an den Finanzvorstand wandte und offenbarte, daß er selbst in Bestechung von Opel-Mitarbeitern verwickelt war. Erst dadurch konnten wir das höchst raffinierte Zusammenspiel verschiedener Parteien erkennen, das nur möglich war, weil eben auch Personen von außerhalb der Firma mitgespielt haben, die unsere Dienste natürlich nicht in ihre hausinternen Ermittlungen einbeziehen können. Publizistisch explodiert ist dieser Bestechungsfall aber erst, als die Steuerfahndung hier im Werk das Büro eines Vorstandsmitglieds durchsucht hat, gegen den auch im Zusammenhang mit möglichen Bestechungsfällen ermittelt wurde.

Gab es seitens der Konzernführung Einwände oder Vorbehalte gegen den Gang zur Staatsanwaltschaft?

GÄB: Nein. Der Ablauf war so, daß die ersten Fälle, die wir erkannt haben, sich auf relativ niedriger Ebene abgespielt haben; wir haben daraufhin vier Personen sofort entlassen und dies auch der Öffentlichkeit mitgeteilt, aber das hat noch kein Aufsehen erregt. Als unsere Sicherheitsdienste dann auch Hinweisen auf mögliche Korruption in höheren und höchsten Ebenen nachgehen mußten, hatten wir uns natürlich Gedanken zu machen über die möglichen Konsequenzen für das Image von Opel. Aber es hat niemals ernsthafte Einwände gegen den Gang zur Staatsanwaltschaft und gegen die Veröffentlichung der Vorgänge gegeben.

Auch nicht bei der amerikanischen Muttergesellschaft General Motors?

GÄB: Da ist ein positives Wort über die Amerikaner fällig, denen man ja manchmal leichtfertig vorwirft, bei ihnen stünden Geschäft und Crime nahe beieinander: Ich habe die US-Gepflogenheiten bei der Ford Motor Company kennengelernt, wo ich acht Jahre gearbeitet habe, und seither fast fünfzehn Jahre bei General Motors: Das sind für mich in Sachen Moral vorbildlich geführte Unternehmen. Ich habe auch bei der Top-Führung der GM-Corporation, also der größten Industriegruppe der Welt, niemals das kleinste Anzeichen für den Mißbrauch eines Amtes oder einer Stellung erkennen können. In den USA bringt jedes Fehlverhalten den Betreffenden sofort in Existenznot, und das wirkt. Und es macht einen, wenn man selbst klare Prinzipien gern mitträgt, auch ein wenig stolz.

Deutsche Medien, etwa der Spiegel, *behaupten, bei Opel habe ein »korruptionsbegünstigendes Klima« die Affären ermöglicht, etwa der Abbau von Planstellen bei den internen Überwachungsdiensten.*

GÄB: Wir haben abgebaut, in der Revision etwa zehn Prozent, und das in Übereinstimmung mit einer generellen Reduzierung der Belegschaft. Aber diese Vorgänge, um die es dann ging, hätten auch bei einer Aufstockung der Revision nicht erkannt werden können, eben weil sie klug eingefädelt und auch externe Personen miteinbezogen waren. Doch es gibt natürlich in großen Werken durchaus Faktoren, die solche Affären begünstigen. Opel ist ein Werk mit langer Geschichte, viele Menschen arbeiten dort aus Familientradition, schon der Großvater war bei Opel, der Vater ebenfalls, und der Sohn beginnt eben seine Lehre da. Das ist anders als etwa hier in Zürich im europäischen Hauptquartier von General Motors, wo Menschen aus verschiedenen Ländern ein-

und ausgehen: Bei Opel arbeiten Menschen gleicher Kultur, gleicher Mentalität, gleichem Verständnis miteinander, die sich kennen und die leichter gute oder auch schlechte Dinge miteinander machen können. Dazu kommen auch Schwächen, die bei früheren Umorganisationen offenbar nicht ganz erkannt wurden.

Etwa?

GÄB: Beispielsweise wurden in einigen Fällen zu viele Kompetenzen in eine Ebene oder einen Bereich gelegt, so etwa die Auftragsvergabe, die Auftragsabnahme, die Prüfung der Rechnungen und die Freigabe der Zahlungen für die Rechnungen. Heute wissen wir besser, was das an Gefahren birgt. Wir trennen gezielter Verantwortlichkeiten, manchmal aus Sorge um Wiederholung solcher Fälle vielleicht sogar zu kompliziert und bürokratisch.

Lassen sich damit alle Gefahren ausräumen?

GÄB: Was Korruption anbetrifft, sicher nicht, denn gegen geplante Kriminalität gibt es kein Allheilmittel. Allerdings wird das von Abteilung zu Abteilung recht verschieden sein. Beim Kauf von Werkzeugen und Maschinen etwa ist es besser zu handhaben, weil es da Vergleichskriterien gibt und man auch sehen kann, ob der Einkauf hält, was man verlangt hat. Sehr viel schwieriger wird es im qualitativen Bereich, wo aber auch viele Millionen vergeben werden. Wenn ein Unternehmen zum Beispiel für eine Public-Relations-Aktion eine Million ausgeben will, dann kann sich ein verantwortlicher Manager an eine Agentur wenden, die er schon länger kennt und der er die entsprechenden qualitativen und kreativen Fähigkeiten zur Realisierung zutraut. Zu der kann ein Manager mit bösen Absichten dann natürlich vertraulich hingehen und sagen: Sie bekommen den Auftrag, aber zehn Prozent für mich müssen da schon drin sein.

Das kann aber doch nur laufen, wenn die Firma dann auch eine entsprechende Leistung bringt, sonst könnten ja wohl Nachfragen kommen, wieso man gerade diesen Versager genommen hat.

GÄB: Sicher. Aber was immer wieder erstaunt, ist die Tatsache, daß oftmals hochintelligente Leute in ein Korruptionssystem verwickelt sind. Da gibt es Menschen, die zwölf Stunden am Tag hervorragende Arbeit für die Firma leisten, aber daneben berei-

chern sie sich im Zuge dieser Arbeit eben auch noch unrecht-
mäßig.

*Fragen wir nun aber umgekehrt: Ist eine sinnvolle Zusammen-
arbeit mit Lieferanten oder Auftragnehmern denn möglich, wenn
man Bekanntschaften zwischen den Managern verschiedener Betriebe schon von vornherein mit Verdacht belegt? Welche Rolle
spielt das Element des Vertrauens?*

GÄB: Es spielt für mich eine große Rolle, vielleicht auch, weil für
mich Kontinuität im Geschäft und im Leben sehr wichtig ist. Aber
auch das wird von Abteilung zu Abteilung verschieden sein, aus
sachlichen Gründen. In manchen Abteilungen können Ausschreibungen ganz und gar objektiviert werden, in anderen muß die Auftragserteilung nach anderen Kriterien erfolgen. Die Rechtsabtei-
lung etwa wird, wenn sie Aufträge an Anwälte vergibt, nicht nach
dem Branchenverzeichnis oder dem preisgünstigsten Angebot
vorgehen, die muß die Personen oder Kanzleien gut kennen, denen
sie da etwas aufträgt. In anderen Fällen stellt sich heraus, daß man
ohne den Sachverstand der Auftragnehmer selbst das Projekt nicht
einmal formulieren könnte, und auch da muß man oftmals vertrauen. Natürlich birgt das Gefahren. So wird sich etwa ein Bauunternehmer, der für uns komplizierte Aufträge ausführt, sicher
irgendeinmal bewußt, daß er es ja ist, der die Sache am Ende definiert, und daß er dabei auch allerhand einfügen kann, was uns vielleicht gar nicht als unnötig oder überteuert auffällt.

Hat sich der Gang zur Staatsanwaltschaft für Opel gelohnt?

GÄB: Das läßt sich jetzt noch nicht genau sagen. Bisher haben
wir sicherlich mehr simplifizierende Headlines als Lob erhalten.
Die Presse ist mehr an negativen denn an positiven Schlagzeilen
interessiert. Es hat sich gezeigt, daß die Sensibilität für die
Transparenz und Offenheit, mit der Opel da vorgegangen ist, in
der Öffentlichkeit noch nicht genügend verstanden wird. Lang-
fristig hoffen wir, mit diesem Schritt ein Exempel gesetzt zu
haben, und einige Anzeichen deuten auch darauf hin, daß ein
Umdenken stattfindet. Sehr motivierend war für uns beispielsweise, daß der Präsident des BDI, Henckel, sich bedingungslos
auf unsere Seite gestellt und unseren Schritt als vorbildliche

Handlung gewürdigt hat – interessanterweise ein Mann, der als Chef von IBM Deutschland amerikanische Praktiken kennengelernt hat.

5. Denunzierung der »Korruption als System«: Ein Polizeichef wird unbequem

1989 unterlief den deutschen Politikern ein Fehler: Zum ersten Mal seit langer Zeit ernannten sie einen »gewachsenen« Polizisten zum Chef des Bundeskriminalamtes. Einen also, der nicht aus den Parteizentralen oder anderweitigen Administrationen kam, sondern der das Handwerk, das man von einem Polizisten erwartet, von der Pike auf gelernt hat. Möglicherweise dachte man in Bonn, so jemand, mit bürokratisch-politischen Dingen eher unvertraut, sei leichter zu lenken als einer, der die Intrigen und Geheimgänge der Macht in- und auswendig kennt. Womit sie nicht gerechnet hatten: Der Mann hatte sein Polizist-Sein so verinnerlicht, daß er stur und unbremsbar das tat, wozu ihn das Gesetz verpflichtete. So geriet Hans-Ludwig Zachert auf die »schiefe« Bahn: Er kümmerte sich nicht nur, wie »erwünscht«, um Terroristen, Entführer und Drogengroßhändler, sondern auch um Fragen wie das Eindringen der Organisierten Kriminalität in die staatlichen Institutionen – und bei dieser Gelegenheit »entdeckte« er Korruption als ein Hauptübel der Demokratie, ja als das Grundübel schlechthin.

Ab dem Zeitpunkt hatte Zachert keine Ruhe mehr. Voller klammheimlicher Freude nahmen Politiker und hohe Beamte den schweren Betriebsunfall von Bad Kleinen, wo ein mutmaßlicher Terrorist und ein Polizist bei einer dilettantisch durchgeführten Festnahmeaktion getötet wurden, zum Anlaß einer großangelegten Hatz auf Zachert – obwohl dieser zur Zeit des Zugriffs im Urlaub war und die Aktion nicht von ihm, sondern der Bundesanwaltschaft geleitet und angeordnet war. Bundesinnenminister Kanther, der keine fremden Götter neben sich duldet, versuchte durch eine Neuorganisation des BKA den Präsidenten zum »Frühstücksdirektor« (*Spiegel*) zu degradieren – und merkte zu spät, daß ebendiese Reformen ziemlich genau mit dem übereinstimmten, was Zachert selbst seit Jahren vorgeschlagen und was ihm die Regierung in Bonn, Kanther eingeschlossen, immer verwehrt hatte. Das Gelächter war groß, Zachert bekam wieder etwas Luft und darf nun bis zu seiner Pensionierung 1996 bleiben. Bis Anfang 1996 widerstand Zachert, dann beugte er sich und kündigte seinen Rücktritt aus »gesundheitlichen Gründen« an. Daß die Politiker danach für eine andere Art von Präsident sorgen werden, dürfte klar sein.

Was waren nun Zacherts Vergehen? Der Mann hatte sich, nach eher vorsichtigen und zaghaften Ansätzen Ende der achtziger Jahre, immer mehr in die grundsätzlichen Fragen demokratiezersetzender Entwicklungen auf dem Gebiet des Strafrechts eingearbeitet und dabei Tabus geradezu reihenweise gebrochen. 1990, bei einer Tagung des BKA zum Thema Organisierte Kriminalität, hatte er offenbar eine Art Damaskus-Erlebnis: Während er bei der Eröffnung Organisierte Kriminalität noch ausschließlich von der technischen Seite her aufgefaßt und sich lediglich mit der Bekämpfung von Drogen- und Waffenkriminalität, Schutzgelderpressung, organisiertem Diebstahl, Hehlerei und Rotlichtkriminalität auseinandergesetzt hatte, sprach er bei seiner Abschlußrede sehr zum Mißfallen seiner Bonner Aufpasser ausführlich und erstmals in dieser Position von der immer mehr anwachsenden Korruption in Politik und Verwaltung und dem Zusammenspiel politischer Gruppen mit Interessen, die auch die organisierten Kriminellen fördern.

Auch anderwärts sorgte er für Ärger: Unerhört für einen deutschen Oberbehördenleiter hatte er Anfang 1993 in einem Interview mit dem *Spiegel* in schroffem Kontrast zur Regierung in Bonn erklärt, er bekomme regelrecht »Bauchschmerzen«, wenn er, wie das nun der Fall sei, türkische Polizisten ausbilden müsse, da ihm die Garantie eines rechtsstaatlichen Einsatzes im Heimatland der Eleven nicht so recht gegeben schien.

Dann legte er sich mit einem ganzen Nest von Giftschlangen an – den Geheimdiensten. Deren Angebot, angesichts der seit dem

Ende des Kalten Krieges für die Spione drohenden Arbeitslosigkeit, in polizeitypische Aufgaben wie etwa den Kampf gegen die Organisierte Kriminalität einzusteigen, lehnte Zachert – im Gleichklang mit nahezu allen, auch konservativ besetzten Landeskriminalämtern – mit einem knappen »Nein danke« ab. Doch das war nur der eine Fauxpas: Intern sickerte durch, daß der BKA-Chef diese hierzulande aufgrund böser Erfahrungen in der Vergangenheit wohlweislich verbotene Vermischung von Polizei und Geheimdiensten nicht nur wegen verfassungsrechtlicher Bedenken ablehnte, sondern weil er den Großteil dessen, was vom Verfassungsschutz oder vom BND in Pullach kommt, für polizeitechnisch mächtigen Unfug hält.

Zachert ließ auch nicht locker, nachdem das Scheibenschießen auf ihn begonnen hatte; unbeeindruckt dachte er gar nicht daran, der Bundesanwaltschaft in einer Art Nibelungentreue zur Seite zu stehen, als diese im Falle der rechtsradikalen Brandstiftungen in Solingen bei – seiner Ansicht nach noch nicht hinreichender – Beweislage Anklage erheben wollte. Endgültig ins Abseits aber manövrierte er sich wohl Anfang des Jahres 1994. Da erklärte er in einer Rede auf der Gewerkschaftspolitischen Arbeitstagung »Politik kontra Bürger?« in Bad Kissingen am 10./11. Januar 1994 in Sachen Korruption: »Ich habe den Eindruck gewonnen, daß wir es nicht allein mit einzelnen ›schwarzen Schafen‹ zu tun haben. Die Welle von Ermittlungsverfahren im Rhein-Main-Gebiet, bei der nahezu jeder Fall Hinweise auf weitere mit sich brachte, legt eher den Verdacht nahe, daß wir es mit einem Virus, einer Epidemie zu tun haben.« Und dann machte er sich die Einschätzung des Präsidenten des Hessischen Rechnungshofes zu eigen, daß »Korruption kein Einzelphänomen oder eine Häufung von zu bedauernden Einzelfällen ist, sondern System«.

Während die Politiker derlei vom Rechnungshof noch gelassen hinnehmen konnten (obwohl sich auch dessen Präsident Müller einige scharfe Rügen zuzog), weil dieser weder strafrechtlich ermitteln noch anklagen kann, klingelten bei Zacherts Rede schrill die Alarmglocken: Fängt so einer einmal an, im politischen Sumpf zu wühlen, wird er gefährlich, und das um so mehr, als er nicht einfach absetzbar oder mit Weisungen zu gängeln ist. Und besonders schrill mögen sie angesichts des Bezugs auf Rhein-Main bei Polizeiminister Kanther geklingelt haben, der bekanntlich von dort kommt.

Natürlich ist das BKA keineswegs eine rundum lobenswerte Musterbehörde. Wie jedes Amt – und speziell jedes künstlich und gegen starken Widerstand (einzelner Länderpolizeien) geschaffene – steht es unter einem ständigen Beweiszwang seiner Daseinsberechtigung, neigt zur Übertreibung bei der Mittelbeschaffung und zur Überziehung seiner Kompetenzen, und oft herrscht eher Bürokratismus denn ermittlungsstrategisch notwendige Phantasie.

Doch immerhin ist Zachert der erste deutsche Oberpolizist, dem es gelungen ist, allgemeines internationales Vertrauen für seine Bemühungen um rechtsstaatlich korrekte Arbeit auch gegen so komplizierte Phänomene wie die Organisierte Kriminalität zu erhalten. Der 1992 ermordete italienische Untersuchungsrichter Giovanni Falcone hat mir während des gemeinsamen Fluges zur erwähnten BKA-Tagung zum Thema Organisierte Kriminalität im November 1990 ausdrücklich bestätigt, daß es eine wirklich grenzüberschreitende Zusammenarbeit mit der deutschen Zentralpolizeibehörde erst seit Zacherts Sensibilisierungkampagne – innerhalb der Polizei wie in der Öffentlichkeit – gibt (während vorher allenfalls einige beherzte Landeskriminalamtsbeamte mit den Italienern zurechtgekommen waren). Dabei hat er – für mich damals noch überraschend – vermerkt, daß »da erstmals einer offenbar auch den Konnex Politik und Verbrechen und insbesondere deren Einfallspforte, die Korruption, angehen möchte«. Dann fragte Falcone in seiner unnachahmlich direkten Art: »Wie lange, denken Sie, wird man ihn noch arbeiten lassen?«

IV
Warum entwickelt sich Korruption?

Jedes System hat seine Schwächen, und nicht selten entwickeln gerade jene Gesellschaftsformationen, die ihre Vorläufer wegen deren Schwächen ersetzen wollten, alsbald die gleichen Defekte. Das ist schon in der Antike aufgefallen. Die immer zum Aufbau großer Denkgebäude neigenden Griechen haben daraus sogar historische Gesetzmäßigkeiten abzuleiten versucht, so etwa Plato mit seiner Theorie der sich immer mehr verbreiternden Herrschaftspartizipation – von der Monarchie über die Oligarchie zur Volksherrschaft, der Demokratie –, die aber seiner Ansicht nach gleichzeitig eine fortschreitende Dekadenz gemeinnütziger Menschenlenkung darstellt. Auch die Politdenker aus Humanismus und Renaissance, von Coluccio Salutati über Pico della Mirandola und Erasmus von Rotterdam bis zu Machiavelli, wunderten sich, warum aus der Erneuerung maroder Gesellschaften hervorgegangene Systeme meist gerade nicht von den Negativseiten ihrer Vorgänger wegkommen: Hegel, im 19. Jahrhundert, führte daher das Prinzip der Dialektik als Motor der Geschichte ein. Danach sollen sich die Phasen der Entwicklung stets wiederholen – allerdings wegen der Weiterentwicklung der Menschheit auf jeweils höherer Ebene. Karl Marx und Friedrich Engels vermuteten, daß dieser dialektische »Sprung« auf eine höhere Ebene zumeist durch eine Revolution geschieht und sich daher Grundlegendes nur durch solch dramatische Vorgänge ändern wird. Und auch das nur, wenn die Revolution auf einer neuen, im Kontrast zur alten stehenden Ökonomie aufbaut, also nicht bloß einen Putsch oder einen kalten Staatsstreich darstellt, was lediglich der Ersatz der alten Elite durch eine mit ihr gleichauf konkurrierende wäre. Doch der theoretischen folgte dann keine reale Beweisführung – wo immer sich Revolutionen oder Umwälzungen abspielten, kam nach kurzer oder längerer Zeit wieder der alte Moder zutage. Die Französische Revolution, die den Feudalismus an dessen empfindlichster Stelle, der Korruption und Ämterpatronage, angriff, mündete in eine nun zwar bürgerliche, aber nichtsdestoweniger schon bald ebenso marode nepotistische Gesellschaft ein. Auch die Revolutionen, die sich direkt auf Marx und Engels beriefen, endeten schließlich in der alten Bürokratisierung und damit wiederum mitten im furchtbaren Feld der Korruption.

Jean Paul Sartre hat diesen sich scheinbar ewig wiederholenden Vorgang glänzend in seinem viel zu wenig gelesenen Text *Im Räderwerk* dargestellt. Einen Ausweg aber sah auch er nicht.

Bei der Frage der Korruption bestätigt sich diese merkwürdige Wiederkehr aufs deutlichste: Ob in der fortgeschrittenen »Ersten Welt« oder in der Dritten Welt, ob in den Schwellenländern, in Diktaturen oder parlamentarischen Demokratien, in konstitutionellen Monarchien oder in Präsidialrepubliken – Korruption ist stets und immerdar gegenwärtig. Gehört sie vielleicht, biblisch gesprochen, zu den Folgen des Sündenfalles im Paradies, wo Adam und Eva bekanntlich mit der Schlange einen illegalen Deal eingingen, um sich ihnen nicht zustehende Vorteile – die Gottähnlichkeit – zu verschaffen, während die Schlange als Gegenleistung die für Gott deprimierende Unfolgsamkeit der Menschen auf ihr Konto schreiben konnte?

Prosaischer gesehen, ist Korruption wohl ein Aspekt jeder Gesellschaft. Daß man sie unterschiedlich empfindet – folkloristisch oder bedrohlich, hinnehmbar oder systemzersetzend, als Zeichen der Dekadenz oder als Alarmsignal für die Übernahme der Macht durch neue Schichten –, liegt wohl an den jeweiligen Umständen. Die Frage ist, warum ihr auch Menschen erliegen, die doch mit dem besten Willen angetreten sind oder in anderen Lebensbereichen nicht das geringste krumme Ding drehen würden.

Sicher ist: Die in den Medien – besonders anläßlich großer Skandale – benannten Motive der »Geldgier«, der »Selbstbedienungsmentalität«, der »skrupellosen Bereicherung«, der »Umsetzung des kapitalistischen Ellbogenprinzips mit illegalen Mitteln«, der »Raffke-Einstellung« – all diese Motive gibt es, aber sie reichen nicht aus zur Erklärung, warum Korruption in vieler Hinsicht nahezu flächendeckend vorkommt. Zumindest wenn man, wie dies heute immer mehr geschieht, die Annahme kleinerer Geschenke oder Dienste im Gegenzug gegen die Gewährung von Vorteilen schon zur Korruption rechnet.

Prüfen wir daher einmal, welche Gründe für Bestechung und Bestechlichkeit angeführt werden – von Gebern wie von Nehmern, von Strafverfolgern wie von Soziologen.

1. Die Geber-Seite

Wer einem Beamten etwas zusteckt, was diesem amtlich nicht zusteht, verfolgt damit einen bestimmten Zweck – so jedenfalls will es der gesunde Menschenverstand. In meinen Umfragen zur Vorbereitung dieses Buches war diese Einschätzung nahezu einstimmig, bei Beamten ebenso wie bei Unternehmern und »Normalverbrauchern«, festzustellen. Lediglich drei Befragte kreuzten auch das Kästchen »Könnte mir vorstellen, daß auch andere Gründe als Korruption dahinterstecken« an, auf dem freien Platz vermerkte einer »Hilfe für die Familie eines in Not geratenen Beamten«. Wir sollten mit der vorschnellen Einschätzung jeder Gabe als Erwartung von Gegenleistungen aber auf jeden Fall vorsichtig sein.

a) Kampf um Startvorteile. Nur um diese?

Der Verdacht, daß unerlaubte Vorteile wünscht, wer Beamten etwas zusteckt, ist Bestandteil eines umfangreicheren Denkschemas: Wer etwas gibt, der will grundsätzlich etwas. Und je mehr die Bürger davon überzeugt sind, daß man nicht nur für Krummes bezahlen muß, sondern zusätzlich zum offiziellen Preis auch für Dinge, auf die man eigentlich ein Anrecht hat, um so schneller kommt ihnen der Gedanke, für alles und jedes, was sie wollen, schon mal eine »Anerkennung« bereitzuhalten, vor- oder nachgängig oder bei Aushändigung. Eine Art sich selbsterfüllender Prophezeihung.

In Ländern wie Italien, wo dieses System seit der Antike ganz selbstverständlich ist, kommt kaum jemand auf den Gedanken, sich sein Recht auf dem normalen Weg zu holen oder bürokratische Dienstleistungen ohne »Mazzette«, Schmiergeldbündel, einzufordern. Selbst für den Liegeplatz auf Mailänder Friedhöfen zahlten Angehörige zusätzlich zu den städtischen Gebühren noch extra. Ebenso für das Zimmer im Altersheim, die zügige Durchführung einer Operation im Krankenhaus, die Aushändigung des bestandenen Führerscheins in weniger als einem halben Jahr, die rechtzeitige Bearbeitung des Rentenantrags (so daß man die Rente »schon« zwei Jahre nach der Pensionierung bekam und nicht erst fünf Jahre später): Nicht nur für wieder einkassierte Strafzettel, zu hoch ausgestellte Einkommensteuerbescheide oder zugedrückte Augen beim Zoll gab man Zusätzliches, und man fand auch immer jemanden, der die Hand dafür aufhielt. Viele Ämter wurden geradezu in Zellteilungsgeschwindigkeit immer und immer wieder gesplittet, sogar ganze Ministerien neugeschaffen (am Ende besaß Italien 33), die nur den Zweck hatten, noch mehr Menschen zu »Entscheidungsträgern« zu machen und ihnen so die Chance eines Nebenverdienstes zu geben. Wegen einer einfachen Baugenehmigung für eine Garage, für die man in anderen Ländern mit dem Plan zum Stadtbauamt geht und dieses dann die zur Genehmigung verpflichteten vier oder fünf weiteren Stellen von sich aus befragt, muß man in Italien bis zu zwanzig Stellen anlaufen – alle persönlich oder über die »galoppini«, Beauftragte mit einem besonderen Draht zur Behörde. Unterläßt man diese persönliche »Begleitung«, bleibt der Antrag spätestens bei der zweiten Stelle liegen. Der Beamte – und so alle nach ihm – wird in dem Moment lebendig, wo man ihm Geldbündel zuschiebt, sonst geht es den »offiziellen« Gang, und der kann bis zu zehn Jahren dauern.

Ob es sich um ein illegales Ansinnen handelt oder um die Beschleunigung einer legalen Angelegenheit: Hat die »gebende« Seite bei ihrer Zuwendung einen Hintergedanken, so geht es ihr zweifellos meist um deutliche Vorteile: besserer Start gegenüber Konkurrenten etwa bei Ausschreibungen oder Bewerbungen, rechtzeitiger Erhalt ansonsten langwieriger Genehmigungen, »wohlwollende« Behandlung legaler Anträge oder illegale Manipulation derselben, Umgehung geltender Vorschriften oder Deckung krimineller Machenschaften.

Daß kriminelle und illegale Tätigkeiten oft Bestechung erfordern, liegt auf der Hand. Dabei entstehen aber immer wieder größere Grauzonen, in denen sowohl legale wie illegale Geschäfte mit Schmiergeldzahlungen befördert werden. In seiner Titelgeschichte »Deutschland wie geschmiert« (50/1994) führt der *Spiegel* Dutzende von Fällen auf, die inzwischen amtsnotorisch sind:

– Kleinere und größere Geschenke (bis weit über 150000 DM) zahlte ein Frankfurter Baukonzern an Beamte der Stadtverwaltung und an leitende und kleinere Angestellte großer Firmen, um bestimmte Aufträge an Land zu ziehen;

– Telefonsex-Anbieter schoben Telekom-Angestellten in Helmstedt Geld zu, damit diese die hohen Gebühren unbeteiligten Kunden auf die Rechnung setzten;

– Bordellwirte und Zuhälter bezahlten Polizeibeamte für Tips über Razzien und den Stand von Ermittlungen;

– Schmuggler aus Polen bezahlten Zollbeamte fürs Augenzudrücken;

– Unternehmer bezahlten Finanzbeamte als »Berater«, die ihnen bei der Ausfüllung einer Erklärung behilflich waren und diese danach in amtlicher Eigenschaft genehmigten;

– schließlich die schon oben erwähnten Fälle, in denen auch die honorigsten Großfirmen den Einkäufern und den Beschaffern von ihnen belieferter Unternehmen ansehnliche Summen zugeschanzt hatten, um an der Konkurrenz vorbei Aufträge zu erhalten.

Edwin Kube und Werner Vahlenkamp zählen in ihrer Arbeit »Korruption – hinnehmen oder handeln?« speziell drei Bereiche auf, die Schmiergeldgeber zu ihrem Tun veranlaßt:

»1. Steuerung des Verwaltungshandelns

– im Rahmen der Eingriffsverwaltung bei Handlungen (z.B. Ausstellung einer Genehmigung) oder bei Unterlassungen (z.B. Absehen von Kontrollen);

– im Rahmen von Austauschverhältnissen (z.B. Grundstücksgeschäfte oder Manipulation von Ausschreibungsunterlagen);

– im Rahmen der Förder/Leistungsverwaltung (z. B. illegale Gewährung von Subventionen);

2. Verbesserung des Informationsstandes (z. B. Kenntnis über kommunale Bauvorhaben, über Kalkulationen von Mitbewerbern oder über geplante Änderungen rechtlicher Vorschriften);

3. Streben nach Einfluß und Macht (z. B. Stärkung der Beschwerdemacht, Imagepflege).«

Für eine Arbeit, die in Sachen Korruption die Spreu vom Weizen trennen möchte, nämlich sozial und wirtschaftlich schädliche Einflüsse von ganz normalen zwischenmenschlichen Aufmerksamkeitshandlungen, zeigt sich alleine schon bei dieser Auflistung, wie schwierig ein solches Unterfangen ist. »Imagepflege« zum Beispiel, die Kube und Vahlenkamp hier aufführen, ist schließlich nicht *a priori* als etwas Schlechtes einzuordnen.

Natürlich stellt sich zunächst die Frage, ob man diese Imagepflege nicht auch ohne Zuwendungen schaffen könnte, etwa durch besonders gute Leistungen, korrekte Preise, zuverlässige Ausführung. Sicher. Nur: Klappern gehört zum Handwerk, und in der Tat ist es keineswegs ausgemacht, daß der Beste ohne entsprechendes Zutun auch als der Beste empfunden wird – besonders wenn die anderen ihr Licht sehr grell aufdrehen. Ob eine Firma etwa den Umbau eines Amtsgebäudes nur korrekt ausgeführt hat oder besonders gut, wird kaum in einem Dokument vermerkt – es sei denn, sie macht es den Entscheidungsträgern, die über weitere Bauvorhaben entscheiden, hinreichend klar. Dieses »Klarmachen« allein über technische Hinweise verfängt aber schon deshalb nur selten, weil die Entscheidungsträger – der Stadtrat oder das Baureferat – keineswegs immer mit hinreichend kompetentem Personal ausgestattet sind, um derlei entsprechend würdigen zu können. »Nachdem ich ohne alle Vorkenntnisse über die Kalkulationen der anderen Ausschreibungsteilnehmer den preisgünstigsten Vorschlag gemacht hatte, bekam ich den Auftrag zum Bau eines neuen Seitenflügels des Landratsamtes«, erinnert sich ein Bauunternehmer in Franken. »Ich habe ihn ausgeführt zur vollen Zufriedenheit der Baukommission und sogar des Rechnungshofes, der damals routinemäßig bei uns nachprüfte und festgestellt hat, daß ich ohne Aufpreis sogar noch Verbesserungen eingebaut habe. Ich habe das Gebäude sogar einen Monat vor dem vorgesehenen Termin übergeben und dachte natürlich, daß das automatisch eine Empfehlung für Nachfolgeaufträge sei. Dann wurde ich zunächst mal bei einer Ausschreibung völlig übergangen, indem man mir trotz Anforderung die Unterlagen nicht rechtzeitig zuschickte – hernach hieß es, die Ausschreibung sei eben nur ›beschränkt‹ erfolgt, also einem kleinen Kreis möglicher Bieter zugestellt worden. Beim zweitenmal kam ich nicht in die engere Wahl, obwohl ich bei Einsicht der Unterlagen erkennen konnte, daß ich das preisgünstigste Angebot abgegeben hatte. Als ich mich dann beim Baudezernenten beschwerte, sagte der, man habe mich aus Gründen der Abwechslung übergangen, andere wollten schließlich auch Aufträge. Das hätte ich sogar eingesehen, wenn da nicht einer gewonnen hätte, der schon ein halbes Dutzend Aufträge ausgeführt hatte, einen unmittelbar nach dem anderen und alle in unserem Landkreis und beauftragt von ein- und derselben Kommission. Ich drohte Beschwerde an und beklagte mich auch direkt beim Regierungspräsidenten. Dann bekam ich telefonisch mitgeteilt, daß Bewerber, die Verfahren gegen den Auftraggeber laufen haben, automatisch von neuen Aufträgen ausgeschlossen würden, was gar nicht stimmte, aber mich bei der Nachprüfung zeitlich so behinderte, daß ich nicht mehr einreichen konnte. Erst nach diesem Vorfall habe ich aufgehört, auf das bloße Leistungsprinzip zu bauen, und jetzt habe ich einen eigenen Angestellten, der nur für die Imagepflege zuständig ist und mir die Vorteile, die ehrliches Arbeiten nicht bietet, eben hintenherum ermöglicht. Daß ich seither keine Freude am Ausführen von Bauten für die öffentliche Hand mehr habe, dürfte jeder verstehen. Ich tue meine Pflicht, Extras gibt's nicht mehr.«

Auch andere der von Kube/Vahlenkamp angeführten Erwartungen bei »Einflußnahmen« müssen nicht unbedingt schon auf Korruption hinweisen – wie die unter »Verbesserung des Informationsstandes« angeführte »Kenntnis über kommunale Bauvorhaben« etwa.

Natürlich ist jeder im Vorteil, der schon Monate oder Jahre im voraus weiß, wo welche Vorhaben realisiert werden sollen. Bauspekulanten kaufen dann dort Grundstücke und verhökern sie zu höheren Preisen an die Stadt weiter, Bauunternehmen planen rechtzeitig auf den möglichen Auftrag hin, indem sie sich durch die Anschaffung entsprechender Maschinen oder die Beschäftigung einschlägigen Personals zu konkurrenzlosen Bietern aufzuwerten versuchen; Architekten gewinnen einen wertvollen Zeitvorsprung vor anderen, weil sie in aller Ruhe analoge Projekte studieren oder sich durch Vorlage anderweitig eingereichter ähnlicher Pläne schneller und umfänglicher als die Konkurrenten »empfehlen« können. Und sicher wird in vielen Fällen bei Kenntnis ansonsten vertraulicher Beschlußlagen noch kräftig mitgemauschelt, um die dann erfolgende Ausschreibung so hinzubiegen, daß die eigene Firma besonders begünstigt ist (so etwa durch entsprechend knappe zeitliche Vorgaben oder Vorlagepflicht entsprechender vorgängiger »Leistungen«).

Doch wir müssen auch umgekehrt fragen: Welche Firma kann heute noch lang- oder auch nur mittelfristig planen, investieren, Produktionsstrategien entwickeln, wenn sie sich nicht bereits *vor* Produktionsbeginn, meist sogar noch vor Planungsbeginn einigermaßen versichert, wo und an wen sie welche Produkte oder Dienstleistungen absetzen kann? Keine Baufirma kann nur von dem existieren, was ihr zufällig ins Büro hereinschneiende Privathäuslebauer an Geld bringen. Um eine Firma auch nur kleinerer Dimension mit zwanzig bis fünfzig Mitarbeitern einigermaßen zukunftssicher halten (und damit auch gute Mitarbeiter auf Dauer verpflichten) zu können, muß der Chef auf zwei, drei Jahre hinaus festgebuchte Projekte und auf fünf bis sieben Jahre aussichtsreiche Nachfolgeaufträge im Buche stehen haben. Das aber bedeutet: Stellt er beispielsweise seinen Maschinenpark auf eine neue, für größere Projekte geeignete Produktionsweise um, investiert er viele Hunderttausende oder gar Millionen Mark – was er aber nur kann, wenn er bestimmte Aufträge ganz sicher bekommt. Andererseits kann er diese Aufträge aber nur bekommen, wenn er die Produktionsumstellung schon vorweisen kann. Stellt er um, muß er den Auftrag erhalten, sonst ist er pleite. Und das wiederum bedeutet, daß er bereits vor der Ausschreibung den entscheidenden Vorsprung vor den Konkurrenten haben muß.

Das klingt plausibel, gerät aber sofort mit jener Einschätzung in Konflikt, nach der Ausschreibungen für alle so etwas wie einen Start vom absolut gleichen Niveau aus garantieren sollen. Nimmt man das ernst, so werden damit ausschließlich die größten und leistungsfähigsten Bieter berücksichtigt, gerade das Emporkommen des ansonsten so gehätschelten und verbal geförderten mittleren und kleineren Unternehmertums aber wäre gänzlich blockiert. Der Klein- und Mittelunternehmer, der also hier möglichst früh Einblick in kommunale Vorhaben zu erhaschen sucht, ist nicht nur mitunter, sondern fast immer darauf angewiesen, sich solche Startvorteile zu verschaffen, weil er sonst dichtmachen kann.

Wir sehen: Die Frage, warum es immer wieder Zuwendungen für Beamte und andere Entscheidungsträger gibt, ist keineswegs so ganz einfach in Schwarz-Weiß-Manier mit dem Hinweis auf Raffgier zu beantworten.

Besonders interessant scheint mir dabei, was denn jene zur »Zuwendung« veranlaßt, die damit nur das erhalten, was ihnen ohnehin zusteht. Wo es also nicht um Startvorteile geht, sondern mitunter nur darum, überhaupt starten zu können.

Hier gibt es ein ganzes Bündel in Frage kommender Motive – Angst und bürokratische Unbedarftheit zum Beispiel: Wer aus Ländern kommt, wo die Bürokratie eine rein obrigkeitsstaatliche oder gar despotische Funktion ausübt, sucht sich den Beamten automatisch gewogen zu machen – Asylbewerber zum Beispiel, aber auch Gastarbeiter oder schlicht Touristen, die aus irgendeinem Grund aufs Amt müssen. Ich selbst hatte lange Zeit amüsiert zur Kenntnis genommen, wie ich als kleiner Hilfsassistent von meinem Doktorvater Ernesto Grassi zur Erledigung sämtlicher bürokratischer Aufgaben in München losgeschickt wurde – von der Verlängerung seiner Aufenthaltsgenehmigung bis zur Erneuerung seines Lehrauftrags, vom Abholen von Formularen für die Steuererklärung bis zum TÜV-Vorfahren seines Mercedes. Oft übergab er mir sogar ungeöffnet amtliche Briefe und zitterte ständig, während ich sie vorlas. Erst nachdem ich nach Italien übergewechselt war, erkannte ich, was dahinterstand, wenn diesr sonst so mutige, mächtige, hochgewachsene Mann Angstschweiß auf der Stirn hatte: Der Beamte in Italien ist nicht Verwalter staatlicher Aufgaben oder Administrator des Gemeinwohls, sondern Herrscher, willkürlich entscheidender Richter über Wohl und Wehe, um was es auch geht. Wer aus einem solchen Land kommt, sucht automatisch das Wohlwollen des Beamten mit Zuwendungen zu erhaschen.

Oder ein anderer, mir kürzlich aus meinem Münchner Bekanntenkreis berichteter »Fall«: Eine Deutsche, die seit fünfzehn Jahren in Lateinamerika lebt, war mit ihrem Mann zu Besuch in München. Eines Abends will sie mit ihrem Auto Freunde besuchen, ist schon etwas spät dran und sucht verzweifelt in Schwabing einen Parkplatz. Schließlich stellt sie das Auto auf einem Baugelände ab. Sie sieht zwar, daß dort ein großes Parkverbotsschild steht, sagt sich aber, daß abends dort ja nicht gearbeitet wird und sie nachts wieder fortfährt. In dem Moment hält ein Streifenwagen hinter ihr. Der Beamte winkt sie ans offene Fenster, macht ihr langatmige Vorhaltungen und verlangt die sofortige Entfernung des Fahrzeugs. In ihrer Eile greift sie in die Tasche und wirft einen Zehnmarkschein mit der Bemerkung durchs Fenster, sie hole den Wagen in ein paar Stunden wieder ab. Daß sie daraufhin auf die Wache geschleppt wird und erst zwei Stunden später nach Intervention ihres Ehemannes freikommt, der die Beamten nur mit viel Überzeugungsarbeit davon abbringen kann, eine Anzeige wegen versuchter Bestechung aufzusetzen, will ihr bis heute nicht in den Kopf.

Nicht nur im Individualverkehr, auch bei geschäftlichen Angelegenheiten verhalten sich etwa Unternehmer im Ausland in etwa so, wie sie es in ihrer Heimat gewohnt sind. So habe ich zum Beispiel gerade eine Firma aus dem südlichen Lazium am Hals, deren – des Deutschen unkundiger – Geschäftsführer mich wöchentlich zu Anrufen bei einer deutschen Behörde drängt, bei der sich sein Betrieb um einen Auftrag erworben hat, und von Woche zu Woche drängt er mehr, ich solle den Beamten doch »endlich etwas anbieten«. Meine Hinweise, daß das Bestechung sei und ich da nicht mitmache, hat er so verstanden, daß auch ich etwas für die Vermittlung wolle. Als ich ablehnte, schob er die Hände nach vorne und seufzte: »Soll einer diese Teutonen verstehen.«

Aber auch Deutsche erleben ihre Beamten oft nicht weniger obrigkeitlich – weniger, weil diese sich so verhalten, als vielmehr, weil vielen von uns ein überzogener Respekt vor Amtspersonen anerzogen wurde. Besser, sich gut mit ihnen stellen, und wenn der Beamte uns auch nur das geringste Zeichen zu geben scheint, daß er für freundliche Gaben mal ein Auge zudrückt, setzen wir unser Gehirn fieberhaft in Tätigkeit, was man da anbieten könnte und wie man das anstellen müßte, damit kein »Mißverständnis« entsteht: vom betörenden Lächeln der Frau, die bei einer Verkehrsübertretung erwischt wird, bis zum in den Führerschein des Ferrari-Fahrers hineingelegten Zweihundertmarkschein reicht das Repertoire. In Bonn berichten Polizisten nicht selten, daß schon mal der Fahrer eines Prominenten, den sie wegen Überfahrens einer roten Ampel angepfiffen und aufgeschrieben haben, wenige Minuten danach zurückkommt und meint, daß sein Chef »durchaus mal was für dich tun könnte«. Die umgekehrte Version, wenn der Beamte hart bleibt, ist dann die Drohung mit Sanktionen. Franz Josef Strauß, der seinem Fahrer persönlich eine Verkehrsübertretung befohlen hatte, führte einen jahrelangen Kleinkrieg gegen einen Straßenpolizisten, der Drohungen wie Verlockungen gegenüber hart blieb.

Auch allgemeine soziale Ängstlichkeit, starkes Harmoniebedürfnis oder Unterwerfungsbereitschaft spielen oft eine große Rolle, wenn Beamten oder anderen Entscheidungsträgern schon mal etwas zugesteckt wird, auch wenn diese nur ihre Pflicht tun. Wer sucht sich nicht den Nachbarn, wenn der ein Polizist ist, warmzuhalten, man kann schließlich nie wissen, oder den persönlichen Referenten des Bürgermeisters, mit dem man im Tennisclub ist, hat der doch einen direkten Draht … Und im Betrieb, wer schiebt da nicht gerne der Chefsekretärin mal eine Flasche Campari rüber oder lädt sie zum Essen ein? »Jeden Morgen«, erinnert sich eine Angestellte des Sozialamtes in einer hessischen Großstadt, brachte mir eine Frau, deren Antrag ich ausgefüllt hatte, weil sie kaum lesen und schon gar nicht schreiben konnte, einen Riesenstrauß Blumen. Ich habe erst freundlich, dann immer entschiedener abgelehnt, doch dann stand der Strauß vor meiner Tür, und als ich darauf die Frau noch ärgerlicher anrief, kam er einmal sogar mit Fleurop. Mir war klar, daß das nur eine Geste der Dankbarkeit war, weil sich die Frau auch so geniert hatte, aber was wollte ich machen. Mit Fleurop kostet es noch dazu ein Heidengeld.« Am Ende einigten sie sich auf ein kleines Sträußlein jeden Monatsanfang für den Schreibtisch, den die Beamte mit einer Kollegin teilt.

Daß die Angestellte so harsch mit der freundlichen Blumenspenderin umging, hatte seinen Grund: »Als ich sie beim dritten oder vierten Mal fragte, ob ihr denn nicht klar sei, daß das alles schon viel zu viel ist, hat sie gesagt, naja, ich werd Sie ja auch künftig noch ab und zu bitten müssen . . .«

b) »Landschafts- und Klimapflege«

Das Wort wurde im Zusammenhang mit dem Flick-Skandal berühmt: »Pflege der politischen Landschaft«; es kam aus dem Munde Eberhard von Brauchitschs, der so die finanziellen Zuwendungen des von ihm geleiteten Flick-Konzerns an die Parteien und an hohe Politiker rechtfertigte. Entsetztes und höhnisches Gelächter scholl ihm entgegen: Ja, so sind sie, die Großkapitalisten, und wenn herauskommt, daß sie schmieren, legen sie ein zynisches Schlagwort zu ihrer Entschuldigung darüber.

Auch auf die Gefahr hin, mich weiterhin unbeliebt zu machen: Die Pflege der politischen Landschaft oder des politischen Klimas ist für große Unternehmen in jedem Staat nicht nur eine »Versuchung«, sondern schlicht eine Grundnotwendigkeit. Andere Länder gehen mit dem Phänomen wesentlich offener um. In den USA müssen sich Einflußnehmer im Parlament registrieren lassen und werden damit offizielle Lobbyisten, ohne daß dieser Name – wie bei uns in der Regel – etwas Anrüchiges an sich hat.

Es sollte eigentlich jedem normalen Menschenverstand zugänglich sein, in welch hohem Maße Unternehmen von der jeweiligen Gesetzgebung und von Einzelentscheidungen der Ministerien und auch ihrer nachgeordneten Behörden abhängen. Das Verlangen einer völligen Abkoppelung der Gesetzgebung und der administrativen Entscheidungen von den Interessen der Produzenten und Dienstleister ist in einer reinen Waren-, Konsum- und Wettbewerbsgesellschaft auf kapitalistischer Basis absolut irrwitzig. Kein Unternehmer, weder ein kleiner noch ein Gigant, kann heute einen Artikel herstellen, wenn er nicht klare Absatzchancen sieht, und dazu braucht er auch ein umfangreiches Wissen über mögliche Veränderungen der Marktregeln, der Verkaufsgesetze, der Steuern und Abgaben, der Ein- und Ausfuhrbedingungen. Und selbstverständlich hat das Unternehmen – wozu zentral auch die Arbeitnehmer und über den Generationenvertrag auch Pensionäre und Kinder gehören – nicht nur ein Interesse, sondern über seine Fürsorgepflicht der Belegschaft gegenüber sogar die Pflicht, möglicherweise schädliche Einflüsse der Gesetzgebung oder der Anwendung der Marktregeln zu verhindern. Das aber geht eben nur über den »Lobbyismus«, gleichgültig ob er im Bundesparlament, in den Länderkammern oder im Stadtrat praktiziert wird. Problematisch wird die Sache erst an zwei Stellen: Wenn die Arbeit der Lobbyisten sich im Dunkeln abspielt – und wenn Lobbyisten zugunsten der Partikularinteressen ihrer Auftraggeber heimlich dafür schmieren, daß die Entscheidungsträger am Ende gegen die Interessen der Gemeinschaft oder auch gegen diejenigen anderer, nicht so potenter Lobbyisten entscheiden.

Daß ein Konzern in der Regierung nach Ansprechpartnern sucht, daß Manager sich in Erinnerung bringen, wenn es Hearings vor neuen Gesetzen gibt, daß Unternehmen den Regierungsparteien und manchmal auch der Opposition – fürs Stillhalten – Gelder auch in beträchtlicher Höhe spenden, um sich »Gehör« zu verschaffen, all das ist eine im Kapitalismus und der Warengesellschaft höchst normale Verhaltensweise, auch wenn sie im Einzelfall moralisch anfechtbar sein mag. Wer sie tadelt, kann durchaus ehrenwerte Gründe dafür anführen – aber nur, wenn er gleichzeitig das Grundprinzip unserer Wirtschaft und Produktion angreift, das System des Kapitalismus und der freien Marktwirtschaft.

Was im Großen die »politische Klimapflege« ist, das sind im Kleinen die Bekanntschaften, die Unternehmer oder Betriebsleiter mit Entscheidungsträgern der öffentlichen Hand oder mit anderen Betrieben oder potentiellen Auftraggebern pflegen.

Ich habe in diesem Zusammenhang schon darauf hingewiesen, wie wichtig eine Differenzierung ist, um zu erkennen, daß nicht immer alles mit den Begriffen Vorteilsgewährung und Bestechung zu erfassen ist.

Vielmehr sieht sich auch der frömmste Unternehmer gezwungen, über Kundschafterei hinaus auch gewisse »Sicherheiten« aufzubauen. Von daher versucht der Unternehmer also in den Ämtern nicht nur herauszubringen, welche Chancen er hat – er bemüht sich vielmehr, dauernd »am Ball« zu bleiben, sucht nach ständigen Verbindungen zu den Entscheidungsträgern. Daraus ergeben sich aber schon beinahe automatisch bestimmte Beziehungen, die alsbald auch zu Freundschaften oder »guten Bekanntschaften« führen können, mit all den Nebenerscheinungen, die solche Beziehungen mit sich bringen. Spielt sich das Ganze zudem noch in einer kleinen, überschaubaren Umgebung ab – einem Dorf, einer Kleinstadt oder einem Stadtviertel –, so reicht diese Beziehung meist auch ins gesellschaftliche Leben hinein (wenn sie nicht ohnehin schon durch frühere Bekanntschaft oder gar gemeinsame Jugend diese Dimension hatte). Und hier kommt es dann auch zu einem Austausch von Geschenken, Vorteilen, Hilfen bereits in einem Geflecht, das juristisch durchaus als Situation der Vorteilsgewährung und -annahme gewertet werden, realiter aber auch völlig harmlos sein kann. Hardliner in der Antikorruptions-Diskussion sagen: Genau da beginnt die Korruption. Doch wir müssen uns nur umgekehrt die Folgen ausmalen, wie eine Gemeinschaft beschaffen wäre, bei der jeder, der nun zufällig mit dem anderen geschäftlich oder dienstlich zu tun bekommt, jeden privaten Kontakt füglich einstellen sollte, will er nicht in den Verdacht kommen, mit dem anderen zu kungeln. Da wird dann eine gemeinsame Mitgliedschaft im Fußball- oder Trachtenverein schon zur Verdachtsgrundlage. Ich komme darauf im Abschnitt über die Nehmer-Seite noch einmal zu sprechen.

Im Grunde führt die Forderung nach einem kategorischen Verbot der politischen oder sonstwie unternehmerischen »Klimapflege« zurück ins Mittelalter. Dort gab es keine Warengesellschaft, Produkte wurden nahezu ausschließlich im Auftrag des späteren Käufers hergestellt, Perspektiven für die Zukunft erübrigten sich insofern, als man zum Beispiel große Investitionen nur dann tätigte, wenn man vorher verbindlich einen entsprechenden Auftrag zugesprochen bekam. Zudem organisierten sich die Produzenten in festen Zirkeln, Zünften oder Innungen, die Aufträge reihum allen ihren Mitgliedern zuwiesen (und dafür sorgten, daß sonst niemand eine Arbeitsberechtigung auf ihrem Gebiet erhielt). Erst im frühen Kapitalismus, speziell dem der italienischen und englischen Wollweber des 12. und 13. Jahrhunderts, entwickelte sich so etwas wie eine Warengesellschaft, in der für einen Markt produziert wurde, den man so genau gar nicht abschätzen konnte. Und erst im 14. Jahrhundert begannen sich während des Aufblühens der Manufakturen Mechanismen zwischen Nachfrage und Angebot einzuspielen, die dann auch staatliche Regulierungsmechanismen erforderten – was umgekehrt wieder die Interessen der Produzenten berührte.

Mit dem so beginnenden rohen Kapitalismus – der Übergang hierzu wird in Deutschland markant durch den Aufstieg der Fugger bezeichnet – entwickelt sich die Politik erstmals seit dem Altertum wieder in enger Dialektik mit einer weithin »freien« Wirtschaft.

Für einen Unternehmer bedeutet dies, daß er noch so gut planen und auf den Markt zielen kann – und dennoch pleite geht, wenn die Regierung bestimmte Normen erläßt, die ihn entsprechend behindern, oder die Administration geltende Regeln zu seinen Ungunsten auslegt. Ist die Politik nominell unabhängig von der Wirtschaft – und eben das verlangt zum Beispiel das System der repräsentativen Demokratie –, wird Planung für die Unternehmer schwieriger, können die Politiker doch stets durch neue Gesetze Hindernisse aufbauen. Also ist es für den Unternehmer grundwichtig, rechtzeitig zu erkennen, wie sich der Wind dreht, und möglicherweise einzugreifen, wenn sich diese Wendung schädlich auswirken würde.

Kein Zweifel also, daß dieses System große Gefahren in sich birgt, der Flick-Skandal hat es deutlich gezeigt. Doch kein Zweifel auch, daß der Lobbyismus und die »Klimapflege« in demokratischen, marktwirtschaftlich orientierten Systemen unabdingbar für das Bestehen und die konkrete Zukunftsplanung von Unternehmen sind. Gesamtgesellschaftlich sind hier natürlich die Großunternehmen noch mehr betroffen als die kleinen, denn fallen die Gesetzgebung und die Administration unternehmerfeindlich aus, sind möglicherweise auf einen Schlag Zigtausende von Arbeitsplätzen in Gefahr.

Das darf nicht heißen, daß die Lobbyisten nur mit diesem Argument – und viel Geld – daherkommen können: Die IG-Farben hat im Dritten Reich bekanntlich auch viele Arbeitsplätze durch die Entwicklung und Herstellung von Giftgas für die KZs »gesichert«. Doch die »Landschafts- und Klimapflege« ist nicht einfach als typisch kapitalistische Geheimdiplomatie und Großbestechung durch Riesenkonzerne abzutun. Im Falle Flick handelte es sich realiter am Ende auch nicht um bloße »Landschaftspflege«, wie von Brauchitsch das dem Gericht weiszumachen versuchte, sondern ganz konkret darum, in Bonn Sondervergünstigungen für das Unternehmen Flick durchzubringen, auf die es keinerlei Anrecht hatte. Also klar um Korruption und um nichts anderes.

c) Sicherung durch Preisabsprachen und Kartelle

Der Schritt vom Lobbyismus zum illegalen und mitunter kriminellen Tun auf Geber-Seite ist zweifellos am deutlichsten dort gegeben, wo es zur Bildung von Kartellen kommt.

Kartelle gibt es, seit Waren in großem Maße an staatliche Stellen oder andere Großabnehmer geliefert werden: Schon im Altertum ärgerten sich Caesar, Crassus und später sogar der allmächtige Augustus darüber, daß sich die Zulieferer für die anläßlich großer Feier- und Gedenktage üblichen Getreidespenden über die Preise absprachen und so die Mäzene kräftiger als notwendig zur Ader ließen. In der Frühphase des Florentiner Wollweber-Kapitalismus des 13./14. Jahrhunderts mußte der Staat eigene Gesetze »gegen

Monopole und Kartelle« erlassen, die sowohl den Staat wie die Belieferten immer wieder schwer schädigten: 1295 erließ der Rat der Stadt Florenz ein erstes scharfes Edikt, weil die Kartelle eine allgemeine Preissteigerung verursacht hatten, 1322 verfügte der Regierungspräsident (»Volkskapitan«) sogar die Einsetzung von V-Leuten, um Kartellabsprachen auf die Spur zu kommen. Wer ertappt wurde, zahlte 20 librae (damals war die Lira noch Goldwährung) oder bekam, wenn er nicht zahlte, die Hand abgeschlagen; Vermittlern von Preisabsprachen wurde die Zunge abgeschnitten. Das Interessante dabei ist, daß erstmals statt der sonst alles bestimmenden Zünfte die vom Volk gewählten Räte tätig wurden: ein Zeichen dafür, daß Kartelle bereits damals als Bedrohung der gesamten Gesellschaft und nicht nur als rein ökonomisches Phänomen begriffen wurden.

In Deutschland wacht ein eigenes Kartellamt darüber, daß einzelne Unternehmen keine »marktbeherrschende Stellung« erreichen und damit Preise diktieren können; ansonsten aber sind Preisabsprachen nicht vom Strafgesetzbuch, sondern vorwiegend über das »Gesetz gegen Wettbewerbsbeschränkungen« zu verfolgen, darüber hinaus gelten auch einige Paragraphen der Gründungsurkunde der Europäischen Wirtschaftsgemeinschaft (§ 85 und 86). Die entsprechenden Gesetze erklären derlei Absprachen und Verträge für unwirksam; wer sich nicht daran hält, begeht im allgemeinen eine »Ordnungswidrigkeit«, und dafür kann dann ein Bußgeld verhängt werden. Nur in besonders gravierenden Fällen, wo etwa eine nachweisbare Geschäftsschädigung anderer oder betrügerische Machenschaften mitspielen, gelangt die Angelegenheit in den strafrechtlichen Bereich. In der Regel werden Unternehmen, die bei Preisabsprachen ertappt werden, von der betreffenden Ausschreibung ausgeschlossen. Generelle Ausschlüsse von staatlichen Ausschreibungen, wie dies etwa das italienische Antimafia-Gesetz bereits bei Ermittlungen wegen des Verdachts eines Verstoßes gegen den Artikel 416 b des Strafgesetzbuches (Bildung einer mafiosen Vereinigung) vorsieht, gibt es in Deutschland nicht. Aus gutem Grund: Die Unschuldsvermutung bis zum rechtskräftigen Urteil und die Unzulässigkeit von Berufsverboten stehen dem entgegen. Italien, wo dieses Prinzip grundsätzlich auch gilt, führt dagegen an: Wenn sich Korruption und Organisierte Kriminalität erst einmal zu einem unauflöslichen Amalgam vermengt haben, kann man nur noch mit Sondernormen dagegen vorgehen, wobei auch Grundrechtsgarantien außer Kraft gesetzt werden müssen.

Daß mit der Bildung illegaler Kartelle (es gibt auch legale, das Gesetz sieht diese unter bestimmten Bedingungen ausdrücklich vor, verlangt aber eine detaillierte öffentliche Registrierung) und Preisabsprachen der Schritt vom bloßen Handeln im Interesse eines Unternehmens zur Gefährdung von Grundlagen gleich mehrerer Bereiche getan wird, ist eindeutig: Geschädigt wird nicht nur der vom Wettbewerb Ausgeschlossene, sondern mit gewisser Wahrscheinlichkeit auch der Abnehmer des Produktes oder der Dienstleistung, weil ihm der Zugriff auf möglicherweise bessere Zulieferer verwehrt wird; außerdem werden in aller Regel die Zusatzkosten für die Aufrechterhaltung des Kartells dem Endabnehmer aufgebrummt (ohne daß der das merkt). Im Falle einer öffentlichen Ausschreibung wird durch Preisabsprachen oder illegale Kartellbildung sogar die gesamte Gemeinschaft durch erhöhten Steuerbedarf geschädigt.

2. Die Nehmer-Seite

In der Regel sind sich die Medien einig: Wer als Beamter »nimmt«, handelt aus Habgier oder Raffsucht. Derlei Vokabeln schließen bereits jeden auch noch so geringen Anflug von Ehrenhaftigkeit aus, und damit unterbleibt meist von vornherein die Frage, ob da nicht noch vielleicht etwas anderes ist, was mitunter auch zuvor ganz honorige Personen in solches Handeln hineinzieht.

Tatsächlich liegen die Dinge auch auf Nehmer-Seite nicht so einfach, wie die bösen Worte von der Geldgier es unterstellen.

a) Umgang mit großen Kapitalien als Grundversuchung?

Nach Ansicht des Frankfurter Chefermittlers in Sachen Korruption, Oberstaatsanwalt Wolfgang Schaupensteiner, gibt es zwei spezielle Gründe für die Anfälligkeit von Staatsdienern und anderen Entscheidungsträgern, angebotenes Geld einzustecken: den wachsenden Gesetzesdschungel mit immer mehr Normen und Verordnungen, die Unternehmer zum Schmieren statt zum korrekten Durchlaufen anregen und somit die Zahl der »Versuchungen« stark anschwellen lassen; und das »enorme Einkommensgefälle« zwischen dem Antragsteller und dem entscheidenden Beamten oder Angestellten. »Die haben da Etats in schwindelerregender Höhe zu verwalten«, sagt Schaupensteiner, »entscheiden über Aufträge von vielen Millionen – und finden am Ersten dann eben gerade mal vier- oder sechstausend Mark auf ihrem Gehaltskonto.«

Das klingt plausibel, erklärt aber allenfalls die Anfälligkeit der Beamten und Angestellten als solche, nicht aber die – angeblich so starke – Zunahme von Bestechungsfällen. Über zu viele und oft undurchsichtige, mitunter hemmende Gesetze lamentierten etwa Bauunternehmer und Zulieferer für die Bundeswehr schon in den sechziger Jahren. Und auch das Gehaltsgefälle war ebenfalls schon immer sehr stark, ein Beamter verdiente in den fünfziger und sechziger Jahren zwischen 1000 und 2000 DM, die Aufträge im Rahmen des Wiederaufbaus und dann erneut in der Phase der Umstrukturierung der späten sechziger und frühen siebziger Jahre beliefen sich auch damals schon auf viele Millionen. Entweder gab es also seinerzeit auch schon viele Bestechungsfälle, nur kamen sie nicht auf und wurden wirtschaftlich ohne Spuren verkraftet, oder die Beteiligten waren gerissener als heute. Möglicherweise sind auch die Ermittler nun einfach schlauer geworden und decken mehr auf. Oder aber die Schaupensteinersche These reicht eben nicht aus, um die »geradezu flächendeckende« Korruption in manchen Bereichen zu erklären.

Vielleicht bin ich da etwas blauäugig, aber ich halte den Umgang mit großen Kapitalien nicht schon automatisch für eine Versuchung, da etwas abzuzwacken. Und warum sollte man hier nicht einen effizienten Kontrollriegel vorschieben können: Schließlich arbeitet doch auch jeder Bankkassierer inmitten von dicken Geldbündeln (die er sogar mit den Händen greifen kann und nicht nur als abstrakte Zahlen herumschiebt wie der Beamte bei seiner Entscheidung über Zuteilungen) – und doch kommt es nur relativ selten zu Veruntreuungen. Sicher kommen auch diese vor, und manchmal sogar in unglaublicher Höhe – da ist dann aber schon jemand am Werk, der mit immenser krimineller Energie umfassende Pläne austüfteln muß, um die Kontrollen zu überwinden. Wenn aber oft relativ unbedarfte mittlere Beamte oder als Abteilungsleiter fungierende Angestellte von Konzernen ansehnliche Schmiergelder kassiert haben: Könnte das nicht daran liegen, daß hier die Versuchung weniger vom großen Gehaltsgefälle hervorgerufen wird, sondern durch eine mangelnde Kontrolle? Wer einem Bankkassierer sagt: »Buch doch mal schnell illegal hunderttausend Mark auf mein Konto, du kriegst auch zehntausend davon«, wird natürlich ein höhnisches Gelächter ernten. Wer aber zu einem Konzernbeschaffer sagt: »Ich schicke Ihnen eine Rechnung über eine Million Mark, die zeichnen Sie ab, und dann baue ich Ihnen Ihren Swimmingpool und den Wintergarten von dem Geld«, der hat offenbar gute Chancen. Die Vorgänge bei Opel zeigen dies deutlich.

Es sieht also vielmehr so aus, als würden weniger das Gehaltsgefälle und die Bereitschaft zum »kurzen Amtsweg« aufgrund verworrener Normen die Anfälligkeit steuern, als vielmehr die relativ große Gewißheit, nicht erwischt zu werden. Noch einmal zum Bankkassierer: Wer ihm mit einem unlauteren Ansinnen kommt, dem wird er lang und breit klarmachen, an welchen Kontrollen das alles scheitert. Wer zum Baudezernenten kommt, kann ihm meist sehr gut Wege aufzeigen, wie er Geld einstecken kann, ohne daß da etwas auffällt. Wenn der sie nicht schon selbst ausgezeichnet kennt.

b) Nebenverdienst als Bestandteil der Arbeitsplatzausstattung

Hinzu kommt ein weiterer Aspekt, der bei den meisten Diskussionen über Korruption unter den Tisch fällt: In vielen Bereichen sind Nebeneinnahmen fast so etwas wie ein Bestandteil des Arbeitsplatzes. Und nicht immer handelt es sich dabei um solche Einnahmen, die mit der »eigentlichen« Beschäftigung so richtig harmonieren. Das beginnt ganz oben, wo hohe Politiker und Entscheidungsträger in den Aufsichtsräten von Unternehmen sitzen, die höchst interessiert sind an einer ihnen gewogenen Gesetzgebung und Administration (einige dieser Vermengungen wurden mittlerweile per Gesetz verboten, aber bei weitem nicht alle). Natürlich wird in gewissen Bereichen das Interesse des Unternehmens tatsächlich auch mit gesellschaftlichen Interessen übereinstimmen, so etwa bei der Arbeitsplatzsicherung. Aber schon bei der Frage umweltverträglicher Produktionsweisen mag sich eine Differenz ergeben, ebenso bei der Ausstattung von Arbeitsplätzen mit Sicherheitsvorkehrungen und so weiter. Manche Unternehmer, die es zu Ministerehren gebracht haben und daher per Gesetz ihre Firmen nicht mehr führen dürfen, aber auch Advokaten, Steuerberater etc. finden immer Wege, ihre Einnahmen aus beiden Bereichen aufrechtzuerhalten. Mal übernimmt die Frau Gemahlin das Unternehmen, mal wird die Kanzlei samt Namen verpachtet und dafür ein stattliches Geld eingesteckt: Hier wird die politische Position zur Aufwertung des Geschäftes benutzt. Es gibt zahlreiche »Nebenverdienste« für Menschen, die angeblich ihr ganzes Tun dem Gemeinwohl gewidmet haben, wie zum Beispiel Beraterverträge, über die dann aber doch schon der eine oder andere Politiker gestolpert ist. Aber auch beim nichtpolitischen staatlichen Personal ergeben sich aufgrund des bevorzugten Arbeitsplatzes allerhand Gelegenheiten zum Nebenher-Kassieren: Professoren, die den Namen ihres Instituts als Aushängeschild für von ihnen gefertigte Gutachten (etwa für sitzgerechte Bestuhlung in Schulen oder für Hühneraugenpflaster) benutzen und so am Ende mehr außerdienstliche Einkünfte als Staatssalär einstecken.

Oder Architekten im öffentlichen Dienst, die außerdienstlich Baupläne erstellen und durch ihren privilegierten Zugang schneller und unbürokratischer genehmigen lassen können (was der Bauherr mit einigen Tausendern honoriert), Steuerbeamte, die dem ganzen Viertel beim schlitzohrigen Ausfüllen der Steuererklärungen helfen (zwar nur zwei- oder dreihundert Mark pro Fall einstecken, dafür aber bei hundert oder mehr »Kunden«) – und nicht selten dann diese Erklärungen selbst im Amt als korrekt abzeichnen; Polizisten, die nebenher Sicherheitsanlagen vertreiben usw.

Auf vielen Gebieten gilt eine Beschäftigung nicht nur im Volksmund als »Bombenstellung« mit dem Attribut, »der verdient da noch nebenbei ein Heidengeld«.

Bei den von mir befragten Beamten und Angestellten gab es in diesem Zusammenhang eine recht merkwürdige Häufung von Angaben bei der Frage, als was sie denn »Nebeneinkünfte« werten: Mehr als 30 Prozent kreuzten die Antwort »Als gerechtfertigten Zusatz für meine unterbezahlte Arbeit« an, und nur zwei von den 40, die diesen Teil ausgefüllt hatten, schrieben in die freigelassene Zeile: »Habe keine Nebeneinkünfte« bzw. »Weiß ich nicht, habe ich nicht«.

Einige der direkt Interviewten gaben an, daß Nebeneinkünfte auch von ihren Arbeitgebern – mitunter auch von Vorgesetzten im öffentlichen Dienst – geradezu als Bestandteil der Entlohnung angesehen werden. »Wenn ich um eine Gehaltserhöhung bitte«, berichtete ein Abteilungsleiter eines großen Motorenwerkes in München, »zählt mir mein Chef immer wieder auf, was ich, wenn ich wollte, doch außerhalb verdienen könnte; sogar daß ich mich bei Motorradrennen als Mechaniker verdingen könnte, sagte er mir einmal: Ich bräuchte ja nur zu sagen, wo ich arbeite, und schon nähmen die mich.« Daß hier die Schwelle von der – noch akzeptablen, weil mit der Haupttätigkeit zu vereinbarenden – Nebentätigkeit zu der nicht mehr zu vereinbarenden rapide sinkt, ist verständlich. Ein Sachbearbeiter im städtischen Baudezernat einer niedersächsischen Kleinstadt erfuhr von seinem obersten Chef, als er sich über viele unbezahlte Überstunden beklagte: »Sie sind aber auch der Dämlichste hier im Amt. Warum verfassen Sie denn nicht einfach Gutachten für Bauunternehmer, die im benachbarten Regierungsbezirk tätig sind – wie die es für solche tun, die bei uns arbeiten? Wenn Sie wollen, bringe ich Sie mit den Leuten zusammen, das geht mit einem einfachen Austausch.«

c) Sicherung eines milieugerechten Status

Eines der Motive, die möglicherweise unter der Hand einen besonderen Ausschlag bei der Annahme von Schmiergeldern – gleich welcher Höhe – geben, bekommt man fast nie in formalisierten Befragungen, sondern nur im persönlichen Gespräch oder anonymen Interview zu fassen: die Aufrechterhaltung oder das Erlangen eines milieugerechten Status. Ich kann nicht sagen, ob das nur an meiner Unfähigkeit lag, eine entsprechende Frage geschickt genug zu formulieren, oder ob es sich dabei um einen derart stark verdrängten Aspekt der Korruption handelt, daß man ihn nur zutage fördern kann, wenn sich erst über mehrere lange Gespräche ein Vertrauen aufgebaut hat. Jedenfalls scheint es, als genierten sich hier die Befragten besonders stark, das zuzugeben.

»Als mir zum erstenmal ein Zulieferer Geld anbot, habe ich entrüstet abgelehnt«, berichtet mir ein heute 53jähriger ehemaliger Beamter eines Regierungspräsidiums in Hessen, der seine Empfindungen nach mehreren Gesprächen einigermaßen klar auszudrücken vermochte. »Auch als mir Zuwendungen in Naturalien angeboten wurden, habe ich sofort mit Anzeige wegen Bestechungsversuches gedroht. Das war vor fünfundzwanzig Jahren. Dann geschah weiter nichts, ab und zu solche Anträge, allmählich hat sich aber wohl herumgesprochen, daß ich nicht zu nehmen war. Dann aber kamen da andere Dinge ins Spiel. Nahezu alle Kollegen, die in etwa gleichzeitig mit mir eingestellt worden waren, zogen an mir vorbei. Nicht unbedingt im Dienstrang, aber im Ansehen. Der eine baute sich sehr früh schon ein Haus auf einem Bonzenhügel im Odenwald, der andere hatte am Rhein eine Yacht liegen, dann war da einer, der viel jünger war als ich, der aber ständig Weltreisen machte. Meine Ehe ging, so lächerlich es klingt, an solchen Aspekten immer mehr in die Brüche: Meine Frau verstand nicht, warum alle es schafften, ich aber nicht. So vor etwa fünfzehn Jahren, als wir bereits getrennt lebten und ich mit einer anderen Frau in einer anderen Stadt zusammenzog, wiederholte sich das Spiel. Die Nachbarn, die in dem Neubaugebiet so ziemlich alle aus demselben sozialen Bereich kamen, wetteiferten, wer die raffinierteste Ausstattung vorzeigen konnte, wer sich trotz der Ausgaben zuhause noch einen teuren Sport leisten und wer große Reisen unternehmen konnte. Wieder mal war ich so ziemlich das Schlußlicht, obwohl ich mich über beide Ohren verschuldete. Als mir dann einmal ein Unternehmer anbot, einen zinsgünstigen Kredit zur Umschuldung zu verschaffen, habe ich zugegriffen, ohne Wissen meiner neuen Frau, die zu verlieren ich furchtbare Angst hatte. Danach führte mich der Unternehmer auch immer mehr in seine Kreise ein, zuerst eher verdeckt, dann immer offener, und so ›lösten‹ sich viele Probleme fast von selbst. Natürlich hatte ich dabei ein schwummriges Gefühl, und mir war auch klar, daß ich für alldas bezahlen mußte. Die Rechnung kam dann irgendwann mal, als ich eine Ausschreibungsbeteiligung dieses Unternehmers ablehnen mußte, weil er wesentliche Voraussetzungen nicht erfüllte und außerdem seine Mitbieter wesentlich besser dastanden als er, so daß ich auch keinerlei Entscheidungsspielraum hatte. Da drohte er, mich zu denunzieren, zeigte mir Fotos, auf denen ich in verfänglichen Situationen zu sehen war (nicht sexuell, sondern mit Leuten, die einen üblen Leumund hatten, auch wenn ich das zur Zeit des Fotos noch gar nicht gewußt hatte). Vor die Entscheidung gestellt, nun ganz korrupt zu werden oder alles zu verlieren, habe ich letzteres gewählt, bin zu meinem Vorgesetzten gegangen und habe gekündigt. Der Vorgesetzte sah sich alles an und sagte nur: ›Wie kann man sich so blöd anstellen. Sowas muß man von jung an lernen, und man muß zusehen, daß man immer mindestens so stark ist wie der, der schmiert.‹ Meine zweite Frau habe ich danach auch noch verloren.«

Ein mittlerweile pensionierter Abteilungsleiter für Arbeitsvorbereitung in einem Münchner Großkonzern erinnert sich: »Es war in unserem Bereich völlig unmöglich, ohne eine dauernde

Anhebung des sichtbaren Lebensstandards und der Statussymbole voranzukommen. Wer was werden wollte, mußte zu den Parties der Kollegen und der Vorgesetzten gehen oder mit denen nächtelang einen draufmachen, und er mußte umgekehrt selber solche Parties abhalten, möglichst noch größer und auch ein wenig lasziver als die vorangegangene beim Kollegen. In meiner Zweizimmerwohnung ging das nicht, und nachdem ich dreimal in ein Restaurant eingeladen und ein Heidengeld hingeblättert hatte, nahm mich mein Chef beiseite und sagte: ›Wissen Sie, das ist ja ganz nett, aber wir wollen uns doch anders vergnügen als nur mit Fressen. Sonst wird das nichts. Verstehen Sie?‹ Damit war klar, daß ich eine neue Wohnung brauchte. Kurz danach kam ein Zulieferer für Ventile zu mir, machte sein Angebot und verwickelte mich in ein längeres Gespräch über meine persönlichen Verhältnisse. Dann erzählte er mir beiläufig, daß sein Schwager ein Häuschen zu verkaufen hätte ... Er wußte auch, bei welchem Geldinstitut man das Ganze finanzieren konnte, ohne daß es lange bürokratische Wege gab. Ich griff zu, und heute verfluche ich diesen Tag. Denn es ging ja immer weiter: Zuerst das Häuschen, das ich mit meinen normalen Mitteln gar nicht bezahlen konnte, so daß ich immer etwas zuverdienen mußte, meine Frau mußte dann auch arbeiten gehen. Immer wenn es wieder mal sehr knapp wurde mit den Raten, nahm ich halt wieder etwas an, was ein Zulieferer anbot. Als ich einigermaßen dachte, aus dem Schneider zu sein, so sechs, acht Jahre nach dem Hauskauf, machte mir mein nunmehriger Chef klar, daß man mit so einem biederen Eigenheim wie meinem aus den fünfziger Jahren nicht viel weiterkommen kann, also mußte ich es aufmotzen, ein Swimmingpool, Sauna, Wintergarten kamen dazu, die Feste wurden immer aufwendiger, und immer wieder mußte ich Geld oder Vergünstigungen annehmen, die mit den Interessen meiner Firma manchmal durchaus kollidierten. Und dann – ja dann warfen sie mich doch weg, irgendwann, als ich 55 war und ausgebrannt. Da wurde ich von der Arbeitsvorbereitung wegversetzt in eine Abteilung, wo absolut nichts zu holen war. Ich mußte mein Haus verkaufen, gottseidank waren meine Kinder schon aus dem Haus, und seither laufe ich als lebende Leiche durch die Gegend. Die Pensionierung war eine Erlösung.«

Der Aspekt der milieugerechten Statussymbole gehört zweifellos zu den wichtigsten Elementen der »Korruptionskultur«, jedenfalls in den letzten zwanzig Jahren. Vielleicht könnte hier auch ein Schlüssel für eine tatsächliche Zunahme der Unkorrektheiten liegen: »In den fünfziger und sechziger Jahren«, erzählt ein heute 75jähriger ehemaliger Zollamtsleiter, »da waren Statussymbole zwar auch schon gefragt, aber im Grunde allesamt recht langlebig und noch nicht allzu teuer: das Aquarium im Wohnzimmer, die Tochter auf dem Gymnasium, die Ferien im Hotel und nicht bei Tante Olga. Die Wohnungen wurden noch eher nach Zweckmäßigkeitsgründen eingeschätzt: nahe dem Büro, geerbt und daher trotz Baufälligkeit ein Wert, niedrige Miete wurde mehr gewürdigt als übermäßiger Luxus. Ich denke nicht, daß da jemand allzusehr gezwungen war, Bestechungsgelder nur deshalb anzunehmen, weil er statusmäßig sonst nicht mitgekommen wäre. Wer damals nahm, war wirklich habgierig. Der soziale Druck ist erst später so stark entstanden, daß Beamte und Angestellte schon bei ihrer Neueinstellung oder beim Überwechseln in eine andere Dienststelle zuerst fragten, welche ›Nebeneinnahmen‹ da wohl möglich sind.«

Vielleicht ist das eine etwas zu milde Einschätzung früherer Zeiten, aber sicherlich ist da etwas dran. Wenn sich der erste große Bonner Skandal Ende der fünfziger Jahre tatsächlich um – zu heute – vergleichsweise harmlose Leihwagen für Bundesbedienstete abspielte (die erste von dem berühmten Untersuchungsrichter Quirini ermittelte Bestechung belief sich auf gerade mal 1500 DM), so zeigt dies möglicherweise eine Art Nahtstelle, von der ab die Frage der Statussymbole immer wichtiger wurde. Das vom damaligen Bundeskanzler Ludwig Erhard 1964 propagierte »Wir sind wieder wer«-Gefühl äußerte sich wohl auch darin.

Spätestens seit sich die Yuppie-Generation zu einem dominierenden Faktor der Gesellschaft entwickelt hat, also in den achtziger Jahren, gelten überall dort, wo Aufstiegswille herrscht – und seitens der Oberen auch gefragt ist, der Effizienz und auch der Konkurrenz wegen –, stark auf die jeweilige Gruppe bezogene Statusregeln. Diese können aber nur bei einem Teil der Gruppenmitglieder vom regulären Einkommen eingehalten werden, und so sinkt schon aus diesen Gründen die Schwelle immer weiter, ab der man schon mal bei illegalen Geschäften zugreift – wozu eben auch Korruption gehört. Die Einstellung, wonach Erfolg alle Mittel rechtfertigt, wurde auch noch vom allgemein erkennbaren Verfall politischer, unternehmerischer und kultureller Sitten begünstigt.

d) Grenzen: Nicht jedes Geschenk ist ein Zeichen von Korruption

Auch hier geraten wir an einen Punkt, wo man sehr genau aufpassen muß. Denn wir sollten uns immer klar sein, daß jeder Beamte und jeder Entscheidungsträger nicht in einem isolierten Amtsghetto lebt. Er lebt in seinem Ambiente, hat Nachbarn, Freunde, Bekannte, Verwandte. Das bringt soziale Geflechte mit sich, Beziehungen, mitunter auch geistige oder psychische Abhängigkeiten. Der Chef eines Arbeitsamtes wird sich sehr wohl in seiner Gemeinde rechtfertigen müssen, wenn der ansehnliche Auftrag für die Begrünung seines Amtsareals nicht seinem Nachbarn, einem ausgewiesen guten Gärtner, zugeht, sondern einer Firma aus der fernen Großstadt, nur weil diese ein paar Mark billiger ist. Und nicht jeder hat die Kraft, einen dauernden Tanz um Fettnäpfchen herum aufzuführen.

Jede Umgebung erfordert auch ihren sozialen Preis: Wer ins Grüne zieht, muß zwangsläufig dieses Grün auch pflegen; wer sein Häuschen inmitten einer schnuckeligen mittelständischen Villenumgebung zuwachsen läßt, handelt sich zunächst bei den Nachbarn Ärger ein, die über den Löwenzahnsamen auf ihrem englischen Rasen klagen, und am Ende auch eine offizielle Aufforderung seitens der Gemeinde zur besseren Pflege, weil man beim jährlichen Wettbewerb »Unser Dorf soll schöner werden« mitmachen will. Niemand kann sich der Umgebung ganz entziehen, in der er lebt, und mitunter bedeutet das erhebliche Ausgaben, mit denen man eigentlich nicht gerechnet hat.

Eine historische Reminiszenz: In den italienischen Stadtstaaten des 13.–15. Jahrhunderts, wo im aufblühenden Kapitalismus und der aufziehenden Warengesellschaft Korruption herzlich blühte, erkannten die Stadtväter irgendwann, daß der Unterschleif sehr oft gerade durch das soziale Geflecht zustandekam, in dem die Herrschenden lebten. Dem suchten sie dadurch gegenzusteuern, daß sie ihre obersten Administratoren grundsätzlich von auswärts holten und ihnen auch nur eine relativ kurze Amtszeit – mitunter nur ein halbes Jahr – zugestanden, damit keine gesellschaftliche Verflechtung und auch kein Klientelismus auftreten konnten. Der Erfolg war allerdings zweifelhaft: Die »Volkskapitane« erwiesen sich zwar in der Regel als höchst saubere Gestalten – doch die wahre Macht ging so allmählich auf untere oder vordem nebengeordnete Dienststellen über, etwa die Staatskanzlei, deren Chef meist langjährig angestellt war – und dort blühte dann die Korruption noch wilder als zuvor.

Kehren wir zu unseren Beamten von heute zurück: Natürlich dürfen ihm Freunde und Bekannte etwas schenken; das einzige Problem, das auftauchen könnte, ist die Steuer: Ist der Geldwert des Geschenks höher, als die Schenkungsteuergesetze das gestatten, müssen dafür Abgaben bezahlt werden. Im allgemeinen sind die Geschenke aber nicht so wertvoll. Und keiner wird jemandem verwehren, seinem Freund ein Geschenk zu machen. Auch wenn dieser ein Beamter ist.

Allerdings kann es vorkommen, daß der Beamte nun mit Freunden, die er schon lange kennt, amtlich zu tun bekommt – und da wird es schwierig. Wer Bürgermeister oder Stadtdezernent wird, steht in der Regel bald vor dieser Situation. Dürfen ihm seine Freunde nun nichts mehr schenken? Klar: Wenn er in der Ausländerbehörde arbeitet, ist es eher unwahrscheinlich, daß er deshalb amtlich mit seinem Nachbarn zu tun bekommt – es sei denn, dieser sei ein Unternehmer, der Ausländer beschäftigt und daher ab und zu deren Arbeits- oder Aufenthaltsgenehmigung verlängern lassen will. Doch das ist der Ausnahmefall – oder nicht? »Gottlob, dachte ich immer«, sagte mir ein Polizist in einem hessischen Dorf, »daß ich in Frankfurt Dienst tue, sonst hätte ich hier alle mög-

126

lichen Leute am Hals, die etwas Besonderes von mir wollen.« Und dennoch: Plötzlich sah er sich bei einem Sitzstreik, den er abräumen sollte, dem Sohn seiner Nachbarfamilie gegenüber; er mußte mit anfassen, ihn wegzuschaffen. Tags darauf brachte seine Frau vom Einkaufen die Nachricht mit, daß die Gemahlin des Nachbarn das lange verweigerte Einverständnis zum Bau des Hasenstalles nahe dem gemeinsamen Zaun signalisiert habe – »natürlich wußte ich, was das bedeutete: Ich sollte in meinem Rapport Milderndes über den Jungen aussagen.« Das Schlimme: »Es gab gar nichts Böses zu berichten, der Junge hatte sich ganz ruhig verhalten, wir mußten ihn lediglich wegtragen.« Seither aber blinzelt ihm der Nachbar stets »richtiggehend verschworen zu«, und im Dorf geht das Gerücht um, der Polizist habe dem Nachbarn aus der Patsche geholfen; der Hasenstall sei der Beweis.

Ein Musterfall, auch wenn er vielleicht winzig erscheint. Der Nachbar, der sich sicherlich einen Vorteil durch sein Zugeständnis erhoffte – und der Beamte, der gar nichts gegen seine Pflicht getan hat und dennoch in den Ruch der Vorteilsgewährung gerät.

Gerade hier scheint es mir besonders wichtig, die Spreu vom Weizen zu trennen. Denn gerade auf diesem Gebiet gerät man leicht zu Fehleinschätzungen, die nachhaltige Folgen haben können. Nicht jeder Beamte oder Bürgermeister, der sich irgendwo ein Häuschen baut, tut dies nur aus Gründen des Sozialprestiges oder gefördert von Schmiergeldern.

e) Gefahr der Fehleinschätzung: Jürgen Roths »Filz«

Ein markantes Beispiel für die Gefahr einer solchen Fehleinschätzung liefert Jürgen Roth in seinem *Sumpf*-Buch – und in einem vorangegangenen Fernsehfilm zum Thema. Offenbar hat er einen kapitalen Bock geschossen, als er (im Kapitel »Unser Dorf soll schöner werden«) dem Bürgermeister der Gemeinde Groß-Bieberau bösen Filz bei der Auftragsvergabe städtischer Bauten unterstellt hat. Sein Hauptvorwurf: Das Stadtoberhaupt der 4000-Seelen-Gemeinde habe sich in einem städtischen Neubaugebiet ein besonders schönes Grundstück gesichert und mit der statischen Berechnung seines Neubaus denselben Architekten beauftragt, der auch städtische Aufträge bekomme. Außerdem seien städtische Bedienstete gesichtet worden, die sich auf des Bürgermeisters Grund und Boden zu schaffen gemacht hätten.

Schon der Einstieg zeigt, wie verblendet man sein kann, wenn man aus einer Geschichte, die kaum etwas dazu hergibt, unbedingt einen Skandal machen will:

»Abends sticht der CDU-Bürgermeister, Spitzname ›Der General‹, das Bierfaß an. Er ist bekennender Ex-Offizier der Bundeswehr, der alljählich brav seine Wehrübungen absolviert und dem man eine rechte Gesinnung vorwirft.« Damit scheint für Roth schon alles gesagt: So einer kann nur korrupt sein. Natürlich fragt man sich auch als »Nichtgedienter« und bundeswehrkritischer Mensch: Sind »bekennende Ex-Offiziere der Bundeswehr« automatisch korruptionsverdächtig? Ist seine Anhänglichkeit ans Militär etwas, dessen sich der Bürgermeister schämen muß? Mag sein, daß er eine »rechte Gesinnung« hat, doch ist das schon ein »Vorwurf«, und zumal einer, der den Ruch der Korruption rechtfertigt? Für Roth offenbar schon, sonst hätte er nicht diese Präsentationsform gewählt.

Mich hat die Angelegenheit interessiert, weil ich nicht weit von dort gewohnt habe, allerdings Groß-Bieberau fast nur vom Durchfahren kannte. Freunde und auch dem Bürgermeister Seubert eher kritisch gegenüberstehende Bürger hatten mir jedoch ein völlig anderes Bild als das von Roth geschilderte geliefert.

Roth hatte mehrere Tage in Groß-Bieberau gefilmt, gespickt mit Daten und Hinweisen der oppositionellen Grünen und der SPD-Fraktion. Doch selbst der SPD-Fraktionschef, den er immer wieder im Film – und danach im Buch – zu Wort kommen läßt, möchte ausdrücklich nicht von Korruption reden. So mußte Roth mit allerlei verwaschenen Bildern und Ungenauigkeiten arbeiten, um dem Bürgermeister doch noch etwas anzuhängen: Der Zoom der Kamera zieht zwar den Hügel heran, auf dem der Stadtchef sein Haus gebaut hat, zeigt aber nicht genau, welches, doch der Text – auch das Buch – erweckt den Eindruck, daß sich Bürgermeister Seubert das schönste aller Häppchen erobert habe. Was sicherlich nicht stimmt, denn gerade ihm ist die Sicht, wie ich mich selbst habe überzeugen können, auf das Grün der Gegenseite weitgehend verbaut. Auch die Interessenkonflikte, auf die Roth immer wieder anspielt – etwa bei Stadtratsbeschlüssen, von denen der Bürgermeister tangiert gewesen sei, ohne dies kundzutun –, erweisen sich weitgehend als herbeigeschrieben: Der einzige, der massiv zu den Interessenten gezählt werden darf, ist ein SPD-Stadtrat, aus dessen Familie große Teile des Baulands kamen, und dies schon wiederholt. Der von irgend jemandem angerufene Kreiskontrollausschuß sah denn auch keinerlei Grund etwa für Annullierungen von Entscheidungen des Groß-Bieberauer Stadtrats; er hat lediglich – wie dies auch bei jeder nicht-denunzierenden Anfrage der Fall gewesen wäre – bestätigt, daß direkt Interessierte nicht an der Abstimmung teilnehmen dürfen. Roth findet das »unverständlich«.

Schon bei Abfassung des Buches waren alle die Vorwürfe geklärt, die Roth erhoben hat – und doch wiederholt er sie, als sei da nichts gewesen. Roth konnte weder die Behauptung Seuberts entkräften, dieser habe den für sein Privathaus beauftragten, ihm schon seit langem bekannten Architekten regulär bezahlt, noch ließ sich aus der Sache mit den Gemeindebediensteten auf dem Grundstück etwas anfangen. Die suchten nach dem etwas versteckten Kabelanschluß für das Anwesen, und das obliegt ihnen auch; bezahlt wurde nach den gültigen Tarifen. Da nichts nachzuweisen ist, hängt Roth an derlei Erklärungen des Bürgermeisters ein »... erzählt er schlitzohrig« an – ohne sich auch nur die Mühe zu machen zu erklären, was daran denn schlitzohrig ist, wenn regulär bezahlt wurde. Seubert hatte auch erklärt, daß es durchaus Gemeindeangestellte gibt, die ihre Dienste anbieten: »Wenn Sie mal was haben, Chef, sagen Sie's« – aber, wiederum nicht zu widerlegen, er lehne dies dann ab.

Bürgermeister Seubert hatte die Geistesgegenwart, während des Interviews seinerseits einen Kameramann zu postieren, und auch gleich alle einzuladen, die Roth in den Ruch der Korruptheit zu bringen trachtete – was diesen offensichtlich höchst irritierte, jedenfalls kommt er verschiedene Male darauf zurück. Sieht man die ungeschnittene Fassung des Interviews, kommt (auch wegen zahlreicher handwerklich völlig disqualifizierender Fragen wie »Was ist dran an dem Vorwurf?«, oder »Im Dorf erzählt man sich ...«) ein ganz anderes Bild heraus als das, was Roth dann, unbekümmert durch die Fakten, mit dem folgenden Satz abschließt: »Groß-Bieberau, ein kleiner, eher unbedeutender Ort, und ein kleines Beispiel dafür, wie Mehrheiten, wie politische Freundschaften und persönliche, zu Abhängigkeiten führen können.«

f) Nicht nur Korruption, auch Unfähigkeit leitet pflichtwidriges Handeln

Wenn ein Stadtdezernent oder Bürgermeister bei einer falschen, mißverständlichen oder gar pflichtwidrigen Entscheidung erwischt wird, suchen heute alle sofort nach jenen, die ihn dazu angehalten haben. Dennoch muß nicht unbedingt Bestechung dahinterstehen. Ohne unseren Beamten und Entscheidungsträgern allzu nahe treten zu wollen: Auch dort herrschen nicht selten Unfähigkeit, Fehleinschätzung und Oberflächlichkeit. Und das auf allen Ebenen – von den kleinen Gemeinden hinauf bis zum Bund. Derart, daß man mitunter gar nicht anders kann, als interessierte Hintermänner zu vermuten, die gegen schönes Geld nur schlechte Ware liefern wollten und daher möglicherweise dem Beamten dies und das zugesteckt hatten. Doch so ist es keineswegs immer.

»Uns kam da mal eine Firma aus unserem eigenen Ort ganz massiv daher«, berichtet ein ehemaliger Kleinstadt-Baudezernent aus Niedersachsen, »weil sie die einzige war, die bisher bei uns noch keinen Auftrag bekommen hatte, und sie drohte, das als Korruptionsverdacht über Zeitungen und den Rundfunk an die große Glocke zu hängen. Da war keine Bestechung dabei, es floß also keinerlei Geld, und die meisten im Stadtrat haben das auch als legitim angesehen, daß ein Ortsansässiger beauftragt wird. Also haben wir eine Art Rotationsprinzip eingeführt, so daß dann auch diese Firma mal einen Auftrag bekam. Die hat den dann so schlecht ausgeführt, daß wir eine Mords-Ohrfeige vom Rechnungshof gekriegt haben, und am Ende gab es dann Gerüchte, wir wären nun von dieser Firma bestochen worden.«

Die ganze Hilflosigkeit solcher Stadtverwaltungen tritt hier zutage: Statt sachlich nach vorher festgelegten Kriterien zu entscheiden, wer den Anspruch auf den Auftrag hat, lassen sich die Stadtväter von einer drohenden Haltung des bisher nicht Beachteten einschüchtern – und hängen nun genauso mit dem Bestechungsverdacht da, wie es geschehen wäre, wenn sie sich nicht auf die unselige Rotation eingelassen hätten und der Unternehmer seine Pressekampagne abgezogen hätte. Nur mit dem Unterschied, daß sie nun auch noch allerhand realen Schaden durch den Pfusch am Hals haben.

Günter Ogger hat in seinem Buch *Nieten in Nadelstreifen* ausführlich die grassierende Imkompetenz deutscher Manager dargestellt. Eine Untersuchung über Dilettantismus und Unfähigkeit in vielen deutschen Ämtern würde wohl kaum weniger Unrat zutage fördern, von ganz unten bis ganz oben. Dazu noch ein Exempel:

Daß es bei der Beschaffung des Unglücksflugzeuges Starfighter für die Bundeswehr in den sechziger Jahren beispielsweise nicht mit rechten Dingen zugegangen war, sangen die Spatzen von den Dächern, und tatsächlich hat der Lockheed-Konzern bewiesenermaßen auch in Deutschland bestochen. Doch daß der in den Vereinigten Staaten und anderswo hervorragend fliegende Jäger in Deutschland zum Dauerabstürzer wurde, hängt nicht mit den Schmiergeldzahlungen zusammen, sondern mit der enormen Schludrigkeit und Unfähigkeit der Gutachter und des Abnahmepersonals: »Statt den Starfighter auf immer neue Proben zu stellen und auch in das europäische Schlechtestwettergebiet zu schicken«, erinnert sich ein heute pensionierter Ingenieur, der seinerzeit bei der Vorstellung in Turin dabei war, »standen während der Flugvorführungen die wichtigsten europäischen NATO-Experten um eine zufällig angekommene einmotorige Do-27-Propellermaschine von Dornier herum, deren Starpilot Schäfer gerade eine Landung auf nur 50 Meter Piste hingelegt hatte. Danach haben sie alle ihre Unterschrift unter die Bestnote für den Starfighter gesetzt, den sie kaum geprüft hatten.«

Nur zwei Beispiele dafür, daß Mißwirtschaft und behördliche Dummheit auch dann nicht automatisch Bestechung beweisen müssen, wenn es durchaus Interessierte an der falschen Entscheidung gibt.

V
Die Perversion des Systems

Vom Lobbyismus zur Korruption ist es nur ein kleiner Schritt – das erfahren alle politischen Systeme. Diktaturen zeigen derlei klarer, »leiden« allerdings zunächst weniger darunter. Da es sich bei der Machtergreifung meist um ein Einrücken neuer Eliten, Stämme oder Klientelstränge in Entscheidungs- und Verteilungsposten handelt, versteht es sich von selbst, daß nur überleben kann, wer sich mit diesen arrangiert; Putsche und Staatsstreiche verfolgen oft vor allem dieses Ziel. Die Machtausübung läuft parallel zum Ämterkauf und zur Auspressung der Untertanen, ohne allzuviel Genierlichkeit.

Der Klientelismus und der Tausch von Wählerstimmen gegen das Zuschanzen von Posten und Geldern oder anderen Vergünstigungen ist auch in manchen demokratischen Systemen üblich – Italien liefert ein Beispiel dafür. Dennoch fühlten sich Demokratien bis vor allerkürzester Zeit insofern gegen auswuchernde Korruption gefeit, als sie periodisch Wahlen veranstalten und die Herrschenden immer wieder ausgewechselt, Entscheidungsträger versetzt werden, sich also klientelhafte Beziehungen nicht auf Dauer etablieren können. Zudem sorgen die Gewaltenteilung – im Prinzip Legislative, Exekutive und Judikative – mit der wechselseitigen Kontrolle der Gewalten sowie eine freie Presse dafür, daß korrupte Beziehungen stets der Gefahr der Entdeckung unterliegen und die Betreffenden auch mit Strafen rechnen müssen.

Soweit die Theorie. Die Realität dieser so fein ausgedachten Strukturen sorgt jedoch seit jeher hinreichend dafür, daß die Schutz- und Kontrollmechanismen nicht sonderlich gut funktionieren: Vermischung der verschiedenen »Gewalten«, Berufsbeamtentum mit oft langjähriger Entscheidungsgewalt in ein- und derselben Hand, mangelnde Transparenz von Entscheidungsprozessen, steigende Macht von »Nebenregierungen« wie denen der politischen Parteien und anderen »Mittler« zwischen Volk und

Regierung. All das trägt dazu bei, daß sich Substrukturen bilden, die kaum mehr kontrolliert werden und mitunter auch gar nicht mehr kontrolliert werden können. Entscheidungsprozesse laufen so nicht nur an den dafür kompetenten Organen vorbei, sondern wenden sich auch immer häufiger gegen alle Interessen des Volkes, das dafür bezahlt.

Die wechselseitige Kontrolle der verschiedenen »Säulen« der Demokratie ist stark dadurch abgeschwächt, daß Mitglieder der Exekutive auch in der Legislative mitwirken – die meisten Kabinettsmitglieder in Deutschland zum Beispiel sind gleichzeitig Abgeordnete. Richter, die sich ins Parlament wählen lassen, können danach wieder Richter sein – und wenden dann Gesetze an, die sie selbst mitbeschlossen haben. Auch jene »Mittler«, die wie die Presse nur abgeleiteten Verfassungsrang haben (also nicht wie die Parteien ausdrücklich genannt werden), vermengen sich nicht selten mit der Politik; das beste Beispiel dafür liefert Italien mit dem zum Ministerpräsidenten aufgestiegenen Medien-Tycoon Silvio Berlusconi, aber auch die USA, wo Ross Perot Anfang der neunziger Jahre aufgrund seines Medieneinflusses zu einem ernstzunehmenden Präsidentschaftskandidaten wurde.

Das in vielen Staaten starke Berufsbeamtentum hat dazu geführt, daß Entscheidungsträger der öffentlichen Hand durchaus langfristige Klientelbeziehungen aufbauen können. Manche Top-Beamte können, einmal an der Spitze der Hierarchie angekommen, kaum mehr entlassen, oft nicht einmal versetzt werden, es sei denn, sie würden silberne Löffel stehlen: Das Recht auf Besitzstandswahrung bedeutet, daß sie nur auf gleichwertige Stellen versetzt werden können, und die sind in der Regel in diesen Höhen sehr rar. Das hat mitunter Vorteile. Innenminister Kanther zum Beispiel mühte sich, wie schon erwähnt, lange vergeblich, den wegen allerlei aufmüpfiger Aktionen in Ungnade gefallenen Chef des Bundeskriminalamtes, Zachert, loszuwerden. Da es aber keine mit der Ausstattung des BKA-Chefs vergleichbare Stelle gab, blieb Zachert gottlob auf seinem Posten – bis er Anfang 1996 doch resignierte. In anderen Fällen kann dies allerdings die Zementierung einer hohen Stellung auch für unfähige Beamte bedeuten.

Auch das immer stärkere Gewicht der politischen Parteien sorgt zunehmend dafür, daß demokratische Institutionen immer weniger das tun können, was sie eigentlich tun sollten. Längst wird über die Besetzung hoher staatlicher Posten nicht mehr von der Regierung oder den kompetenten Stellen entschieden, sondern vorzugsweise in den Parteizentralen. Auch bei Unternehmen, in denen der Staat Beteiligungen hält oder die in ihrer Tätigkeit weitgehend vom Staat abhängen, mischen Parteifürsten kräftig mit, wenn es um die Besetzung von Stellen geht, und mitunter auch, wenn es um Etats oder Abgabenerleichterungen geht.

Laut Grundgesetz »wirken die Parteien bei der politischen Willensbildung mit« – mehr nicht. Doch daß die Parteizentralen heute die eigentlichen Machtzentren sind, ist mehr als deutlich. Entsprechend erfolgt die Einflußnahme auf Entscheidungen denn auch keineswegs nicht mehr nur – und oft nicht einmal mehr vorzugsweise – bei den dafür zuständigen Stellen, sondern bei den Parteibüros beziehungsweise ihren Schatzmeistern oder Vorsitzenden.

Die USA haben dem stärker entgegenzutreten versucht als die europäischen Demokratien. Zur Verhinderung anhaltender Klientelbildung haben sie vorgeschrieben, daß viele wichtige Ämter mit Wahl- und nicht mit Berufsbeamten besetzt werden – bis hin zu Staatsanwälten und Richtern. Dazu halten sie ihre Politiker wesentlich mehr in Bewegung als bei uns: Alle zwei Jahre erfolgen Wahlen für das Repräsentantenhaus, die Senatoren bleiben zwar sechs Jahre im Amt, doch ein Drittel von ihnen wird alle zwei Jahre ersetzt. Zudem herrscht tatsächlich eine absolute Trennung der Gewalten: Wer der Regierung angehört, darf nicht im gesetzgebenden Organ sitzen; lediglich der Vizepräsident, der aber ansonsten keine Macht besitzt, hat eine Funktion in der Legislative – er sitzt dem Senat vor. Aber auch dort hat er keine Stimme – außer es kommt zu Stimmengleichheit, nur dann gibt seine Stimme den Ausschlag. Die politischen Parteien haben so in den USA nur wenig Gewicht. Sie sind in der Regel lediglich Wahlkampfhilfeorganisationen für Kandidaten zum Kongreß, für das Senatoren- oder das höchste Staatsamt. Sie bilden also nicht solch permanente

Machtstrukturen aus wie in Europa und verursachen daher auch im Schnitt wesentlich weniger Kosten. Deutlich mehr Einfluß als die – meist persönlich auch eher unbekannten – Parteivorsitzenden haben die Fraktionschefs im Senat und im Repräsentantenhaus – und dieser Einfluß steht ihnen auch ausdrücklich gesetzlich zu. Um Transparenz zu gewährleisten, müssen sich alle, die mit politischen Repräsentanten der Geschäftsinteressen wegen verkehren, als offizielle Lobbyisten eintragen lassen; dem Präsidenten und seinen Ministern sowie zahlreichen anderen Entscheidungsträgern obliegt außerdem eine strenge Offenlegungspflicht ihrer Eigentums-, Besitz- und Einkommensverhältnisse. Vor ihrer Ernennung – und das gilt etwa auch für hohe Richter – durchleuchten Kongreßausschüsse in öffentlichen, überaus harten Verhören die Kandidaten auf ihre Lauterkeit.

Doch auch das amerikanische System hat Korruption nicht verhindern können, selbst Präsidenten und Vizepräsidenten sind immer wieder in den Verdacht geraten, zumindest vor ihrer Wahl nicht sonderlich saubere Geschäfte mit Banken und öffentlichen Mitteln abgewickelt zu haben. Nixons Vize Spiro Agnew mußte deshalb sogar noch vor dem Ende der Watergate-Affäre zurücktreten, Präsident Clinton hängt seit seinem Amtsantritt eine unklare Bankenaffäre aus seiner Zeit als Gouverneur an.

Allerdings hat das amerikanische System im Falle der Korruption einen unschlagbaren Vorteil (und das ist keineswegs ironisch gemeint): Bestochen werden hier in aller Regel tatsächlich die wirklichen Entscheidungsträger, also die Minister, die Beamten des Verteidigungsministeriums oder des Gesundheitswesens oder auch einzelne Abgeordnete – und nicht dazwischenstehende, nominell gar nicht zur Entscheidung berufene Stellen wie etwa unsere Parteifürsten oder -kassierer. Der Unterschied liegt auf der Hand: Wo der legitim Berufene wirklich entscheidet, sind auch die Kontrolle und das Verantwortlichmachen leichter. Statt dessen bildet sich in den »Parteiendemokratien« ein unentwirrbarer, von den Parteien weitgehend bewußt genährter Filz, durch den sich Strafermittler nur in jahrelanger Arbeit hindurcharbeiten können, und oft genug sind die Taten bereits verjährt, wenn sie endlich aufgeklärt sind. In den Vereinigten Staaten sind zahlreiche korrupte Beamte zum Beispiel durch »Blindaufträge« aufgeflogen: Scheinaufträge, die der betreffenden Stelle wie ein echter Auftrag erteilt werden, nur daß dahinter unerkannt die Kontrollbehörde steht und überprüft, ob hier alles mit rechten Dingen zugeht. In Deutschland, so haben mir mehrere Ermittler bestätigt, wäre derlei kaum oder nur mit ungeheurem Aufwand möglich, weil vor allem die großen Schmiergeldaktionen nie über den Entscheidungsträger selbst laufen, sondern an ganz anderen Stellen festgemacht sind.

1. Wechsel der aktiven Seite: Die »Nehmer« fordern

Ganz genau läßt sich nicht herausfinden, wann im Korruptionsgeflecht die aktive und die passive Seite zu wechseln begannen. Natürlich ist auch heute noch der aggressiv in den Markt drängende Unternehmer nicht ausgestorben, der für ein unkorrektes Handeln des Beamten oder des Angestellten einer Firma Geld hinblättert. Aber wohl irgendwann zwischen der Mitte der siebziger und Mitte der achtziger Jahre hat sich die vorher passive, die »Nehmer«-Seite, zum aktiven Teil der Absprache gewandelt, und das in vielen demokratischen Ländern. Fast wie in Bananenrepubliken, auf die wir so verächtlich herabschauen, begriffen Amtsträger ihre Stellung immer häufiger auch als private Pfründe, als Freibrief zur Einforderung von Provisionen für die Vergabe von Aufträgen oder die Lancierung neuer Produkte oder Dienstleistungen. Wohlfeil boten viele von ihnen auch Amtsgeheimnisse an, die etwa Mitbietern bei Ausschreibungen sehr zugute kommen konnten. Wo einst der Bestechende oder Vorteilbietende sich vorsichtig heranpirschte und sondierte, ob der Auftragserteiler denn »ansprechbar« sei und welche feinen Gaben ihm denn gelegen kämen, da kursieren heute bereits Listen von Beamten mit den entsprechenden Beträgen, die man für deren »Dienstleistungen« aufbieten muß. Mitunter stecken Väter ihren Söhnen bei der Betriebsübergabe solche Listen zu, oft wissen aber auch nur die Prokuristen genau, wem man da alles und wieviel man ihm geben muß.

a) »In die Partei sollten Sie auf jeden Fall eintreten«

In Italien sorgte der ehemalige Vorsitzende der Sozialisten und – für italienische Verhältnisse – langjährige Ministerpräsident Bettino Craxi für den Schlüsselbegriff: Wer etwas vom Staat wolle, müsse für die Partei Geldwertes »produzieren«. Staatsholdings, auf die er seine Leute hievte, mußten umgerechnet viele Dutzend, mitunter über hundert Millionen DM an die Sozialistische Partei abliefern, Banken mit Staatsbeteiligungen dagegen waren überwiegend der Christdemokratischen Partei verpflichtet und zahlten, alles zusammengenommen, nicht viel weniger. Die Kommunistische Partei, die nicht in der nationalen Regierung saß, aber über den »Konsoziativismus« in vielen Regionen (vergleichbar unseren Bundesländern) die Administration zugeschanzt bekommen hatte, damit sie sich ruhig verhielt, gründete dort parteinahe »Kooperationsligen«. Diese sollten offiziell etwa der Landwirtschaft oder dem kleinen Handwerkertum Auftrieb verschaffen, sammelten aber großenteils lediglich staatliche Gelder und Beiträge der Mitglieder ein und führten sie dann der Partei zu. Oft gründeten sie dazu Scheinunternehmen, die jeweils vor Entdeckung wieder abgemeldet wurden oder gar mit einem Haufen Schulden in Konkurs gingen. Die früheren und der derzeitige Parteichef der KP-Nachfolgeorganisation Demokratische Partei der Linken sind daher ebenfalls in Ermittlungsverfahren verwickelt.

In Deutschland und anderen Ländern wurde derlei natürlich nicht so unverblümt gehandhabt. Doch auch hier hat sich das Bild gewandelt. Mehr als 40 Prozent der von mir befragten Unternehmer bejahte die Frage, ob ihnen schon einmal Beamte »Schmiergelder abverlangt hatten«, und 18 Prozent kreuzte auch die Antwort »Mit klaren Worten und in forderndem Ton« an. Elf Prozent glaubte dabei »eine Drohung« herauszuhören, und fünf Prozent sahen sich sogar »regelrecht erpreßt«.

Vor allem im Baugewerbe scheint derlei üblich zu sein – fast 60 Prozent der Schmiergeldforderungen, die in der Umfrage angegeben wurden, bezogen sich darauf. Zufallsumfragen unter Immigranten in Berlin, Frankfurt und Düsseldorf haben mir aber ein ähnliches Bild gebracht: Fast die Hälfte aller Befragten glaubte, daß man Aufenthaltsgenehmigungen und Arbeitserlaubnis nur bekomme, wenn man den Beamten dafür etwas zustecke. Berichte über die illegal – oder illegal schnell – zurückgegebenen entzogenen Führerscheine in der Presse lassen ebenfalls vermuten, daß hier die Forderung mehr und mehr vom »gestattenden Personal« ausgeht, wie das ein Staatsanwalt in Köln formulierte. »Viele Beamte«, so der Staatsanwalt weiter, »schaffen offenbar bereits im Vorfeld ein Klima, daß die Bittsteller schon mit dem ›angemessenen Betrag‹ erscheinen und nicht etwa zuvor sondieren, ob es nicht eine legale Möglichkeit gibt, die Aufenthaltsgenehmigung oder die Fahrerlaubnis zu bekommen. So muß der Beamte dann gar nicht mehr fordern. Die Forderung als solche liegt in der Luft, auch ohne ausgesprochen zu werden.«

Dazu paßt auch vortrefflich der folgende Bericht, den mir ein Münchner Unternehmer gegeben hat:

»Ich arbeite auf dem Gebiet der Zulieferung für große Büros und Dienstgebäude. Meine Firma habe ich von meinem Vater übernommen, der mit der Stadt und, seltener allerdings, mit der Landesregierung bereits in gewisser Weise im Geschäft war. Allerdings machten die öffentlichen Aufträge für uns bis in die siebziger Jahre nur etwa ein Drittel der Arbeit aus. Das änderte sich mit den sich wiederholenden Krisen, da wurde der Privatsektor schwer geschädigt, und die wenigen, die sich große Bauten noch leisten konnten, zahlten oft nur sehr geringe Beträge und drückten die Preise immer mehr, und am Ende mußten wir den Restraten oft jahrelang und mit Prozessen hinterherlaufen Die öffentliche Hand war zwar auch knauserig, aber sie zahlte wenigstens, und so mußten wir uns zwangsweise auf dieses Gebiet immer mehr konzentrieren.

Nach und nach schufen wir uns eine Reihe guter Beziehungen zu einzelnen Behörden, doch dann kam in München und auch in anderen bayerischen Städten eine gewisse Unruhe hinein, weil die Rathauskoalitionen immer häufiger wechselten. Mal waren die Roten dran, mal die Schwarzen, und mit dem Wechsel zogen auch immer neue Beamte in die entscheidenden Stellen ein, und oft wurden auch die Präferenzen für Bauten gewechselt, besonders seit die Grünen immer mehr Gewicht bekamen, auch wenn sie nicht mitregierten. Die Altparteien wollten ihnen Wähler und auch Klientel abjagen und setzten so neue Akzente bei den öffentlichen Bauten und auch bei den Ausstattungen. Wir haben mitgezogen, auch wenn viele Investitionen schon kurz danach wieder Makulatur waren, weil wieder neue Vorschriften erlassen wurden. Für uns bedeutete das alles, daß wir kaum noch verläßliche Ansprechpartner hatten und uns ständig auf neue Überraschungen gefaßt machen mußten. Da kam es immer wieder vor, daß uns ein neuer Sachbearbeiter maliziös erklärte: ›Ihr habt da aufs falsche Pferd gesetzt. Jetzt kommandieren wir.‹ Als ich mich darüber einmal auf einem Empfang bei einem zufällig anwesenden Bezirkssekretär einer der Rathausparteien beklagte, sagte der: ›Ach, Sie sind nicht in der Partei? Das sollten Sie aber schnell nachholen. In die Partei sollten Sie in jedem Falle eintreten.‹ Ich wandte ein, daß es ja gerade der dauernde Wechsel sei, der alles unkalkulierbar mache, und daß die Bindung an eine Partei da doch wohl nur jeweils kurzzeitig etwas nütze. Da sagte er, ich habe die Worte noch genau im Gedächtnis: ›Falsch, ganz falsch. Wenn Sie in einer großen Partei sind und das auch bekannt ist, dann schützt Sie das auch beim Wechsel in den Ämtern.‹ Die Neuen, sagte er, werden einen Teufel tun und alle Parteimitglieder der früheren Dezernenten rausschmeißen; erstens fürchten sie einen Skandal, weil die Partei dann Anfragen stellt, und zweitens wissen die ja auch, daß die andere Partei in anderen Städten das Sagen hat und Rache üben kann. Da käme nämlich gleich die Bezirks- oder die Landesleitung daher, wenn da zu viele Köpfe rollen. Außerdem meinte er, könne ich dann viel unverfänglicher Spenden geben, als Parteimitglied stehe einem das ja an. Ganz zufällig hatte er gleich Aufnahmeformulare dabei, auch die notwendigen Bürgen wollte er beschaffen, und über die Spendenhöhen hatte er sich ebenfalls schon Gedanken gemacht. Offenbar wußte der genau über mich Bescheid. So bin ich denn in die Partei eingetreten und habe seither ein gewisses Auskommen sozusagen garantiert. Das Problem ist nur, daß die immer mehr von mir wollen, und auch das Rausschummeln geht nicht, die wissen ja auch genau, welche Aufträge ich bekomme und wieviel ich dabei verdiene. Immerhin hat das System insofern Vorteile, als ich jetzt nicht mehr den einzelnen Beamten um den Bart gehen muß, sondern beim Mitbieten für Aufträge zuerst einigen Funktionären der Partei mein Interesse mitteile, und die sagen mir dann, ob ich Aussicht auf Erfolg habe und wieviel ›Spende‹ das ungefähr kosten wird.«

Ich kann nicht entscheiden, ob dieser Fall bereits eine gewisse Repräsentativität besitzt; tatsächlich sind mir inzwischen aber noch zwei weitere, ähnlich gelagerte Vorkommnisse bekannt geworden, eines in Hessen und eines in Niedersachsen. Ganz vereinzelt scheinen diese mehr oder minder »sanften« Pressionen zur Zusammenarbeit mit Parteien jedenfalls nicht zu sein.

Ich habe bereits darauf hingewiesen, welch enormen Finanzbedarf Parteien heute entwickeln, von dem nur ein Teil, und zwar der geringere, auf die gerne unterstellte Geldgier der Politiker zurückzuführen ist, der andere Teil aber auf die echten Bedürfnisse und Erfordernisse von Volksparteien in Massengesellschaften. Genau wie Unternehmer müssen da die Parteischatzmeister vorausschauend kalkulieren und stabile Einkünfte herbeiführen – der Schritt zum Zwang gegenüber potentiellen »Kunden« in den von Parteimitgliedern besetzten Ämtern ist da nicht allzu weit.

Das soll nicht heißen, daß nun alle Schatzmeister und Parteikassierer unentwegt mit Auftragnehmerlisten herumlaufen und dort Geld einfordern. Bei meinen Interviews habe ich eine große Anzahl Unternehmer aus den verschiedensten Branchen gefunden, die mir Beamte und entscheidungsbefugte Angestellte großer Firmen zuhauf genannt haben, welche »hundertprozentig dicht« sind, wie ein Befragter das ausdrückte, »bei denen geht gar nichts, ja man muß schon aufpassen, nicht durch allzugroße Freundlichkeit den Verdacht zu wecken, man wolle Unmoralisches«.

Ein ehemaliger Unternehmer, der in den letzten Jahren – illegalerweise – alle Verhandlungen mit verdecktem Mikrophon mitgeschnitten hat, ließ mich ein folgendes Protokoll kopieren:

»Unternehmer: So, also ich komme jetzt nochmal wegen der Sache mit der Kläranlage.

Beamter (des städtischen Baudezernats): Ich habe Ihnen aber doch schon gesagt, daß da für Sie nichts drin ist.

Unternehmer: Ja, schon. aber inzwischen habe ich mich erkundigt, und ich habe herausgebracht, daß da doch einige Veränderungen vorgenommen wurden, nachdem wir gesprochen hatten, und also ist eine neue Sachlage gegeben.

Beamter: Das ist richtig. Aber sie betrifft nur einige Auflagen, die inzwischen von der Bezirksregierung erlassen wurden, und die müssen wir natürlich beachten.

Unternehmer: Genau da möchte ich aber einhaken. Denn die Zusatzfilter zum zweiten Sicherheitskreislauf, da wäre ich mit meinen Preisen ...

Beamter: Sie müssen doch den Ausschreibungstext kennen. Da heißt es ausdrücklich, daß bei erforderlichen Nachbereitungen, die die Substanz nicht ändern, die beauftragten Firmen für den Verfolg zuständig sind. Wir geben denen nur die Normen weiter.

Unternehmer: Das weiß ich, aber die Firma B., mit der hab ich schon gesprochen, und die sagt, ich soll das mit Ihnen klären.

Beamter: Da gibt es nichts zu klären mit mir.

Unternehmer: Sehen Sie, ich weiß natürlich auch, wie ich bei der Firma B. an einen solchen Auftrag herankomme ...

Beamter: Stop. Entweder sind Sie auf dem Weg, mir eine Bestechung anzudrehen, oder eine bei der betreffenden Firma zu denunzieren. In meinem Falle schmeiße ich Sie sofort hier beim Büro hinaus. Im Falle der Firma wenden Sie sich an deren Chef, oder wenn Sie's nicht tun, tu's ich.

Unternehmer: Ich habe doch kein Wort von Bestechung gesagt, nur, daß ich auch weiß ...

Beamter: Und was soll das anderes heißen, wenn Sie sagen, daß Sie wissen, wie Sie an den Auftrag herankommen? Heißt doch über Schleichwege. Und die gibt's bei mir nicht. Besser, Sie gehen jetzt.«

b) »Keiner kann mir was vorwerfen, wenn ich Sie
   nicht beauftrage«

Das genaue Gegenstück zum eben zitierten Protokoll war viel
knapper, viel obrigkeitlicher; der Unternehmer versichert mir, daß
er nichts davon weggeschnitten hat. Es spielt im Büro der städtischen Gebäudereinigung, und es geht um ein Gerüst, das an
einem Gebäude für längere Zeit angebracht werden soll.

»Unternehmer: Also ich habe Ihnen da unsere Unterlagen mit-
gebracht.

Beamter: Gut, Wie hoch ist die Gesamtsumme?

Unternehmer: Das steht alles drin, gibt ja verschiedene Varian-
ten ...

Beamter: Ich will von Ihnen keine Hausaufgaben im Lesen.
Welches ist die höchste?

Unternehmer: Siebenhunderttausend.

Beamter: Alles in allem?

Unternehmer: Alles in allem.

Beamter: Wirklich? Muß ich jetzt doch reingucken?

Unternehmer: Wieso. Ich habe gesagt, alles in allem. Mit Mon-
tage, Unterfütterung ...

Beamter: Das meine ich nicht, das versteht sich von selbst.

Unternehmer (seufzt)

Beamter: Wollen Sie nicht verstehen, oder tun Sie nur so? Sehen Sie, ich habe außer Ihrem noch zehn andere Gebote. Die sind
mehr oder minder auf derselben Höhe wie Sie. Keiner kann mir
einen Vorwurf machen, wenn ich Sie nicht beauftrage.

Unternehmer: Aber was soll ich ...

Beamter: Ich sage Ihnen jetzt, wie hoch Ihr Spielraum ist, damit
Sie den Auftrag jedenfalls bekommen können. Moment mal ...
(Einige Zeit nur blättern zu hören.) Also da sind etwa noch dreißig
bis vierzig Mille drin. Verstanden?

Unternehmer (kaum hörbar): Verstanden.

Beamter: Ich will den neuen Kostenvoranschlag bis heute nach-
mittag hier haben, verstanden? Über den Rest einigen wir uns
dann schon. Verstanden?

c) »Wenn's schlechte Ware ist, kostet's mehr«

Schon beim vorangehenden Fall war erstaunlich, daß sich der Beamte gar nicht nach der Qualität erkundigt hatte: Ihm stieg der Preis in die Augen, sonst nichts. Offenbar lag der so niedrig, daß er höhere »Margen« für sich sah. Damit nähert er sich natürlich bereits stark jenem Bereich an, wo nicht mehr Vorteilsannahme, sondern klare Bestechung vorliegt – die pflichtwidrige Entscheidung gegen Bares, denn er prüft das Angebot als solches gar nicht, nimmt also im Zweifelsfall auch ein unseriöses Angebot in Kauf.

Es gibt aber auch Protokolle, wo die Forderung noch deutlicher und unverhüllter gestellt wird. Hier ein Auszug aus einer Besprechung, die als Falle für einen korruptionsverdächtigen Beamten des Gartenbaudezernats einer hessischen Großstadt ausgelegt war. Der Unternehmer gab sich ausdrücklich die Legende eines italienischen Geschäftsmannes, weil der Verdacht bestand, daß der Auftragsverwalter vor allem bei Ausländern abkassierte. Hier handelt es sich um den dritten Besuch bei dem Beamten, die ersten dienten zur Einführung, und der »Geschäftsmann« hatte bei der Gelegenheit kleine »Aufmerksamkeiten« für die Frau Gemahlin des Beamten dagelassen, darunter zwei Flaschen Amaretto und ein kleines Armband mit Florentiner Muster. – Die Transkription trägt dem Akzent des scheinbaren Italieners Rechnung.

»Beamter: Ach, wen sieht man denn da wieder.

Unternehmer: Guten Morgen, Herr Direktor.

Beamter: Ich bin kein Direktor, aber genauso wichtig. Hahaha. Also um was gehts.

Unternehmer: Also ich mechte bitteschen wieder in Friedhof mit meine Geschäft reinkommen.

Beamter: Soooo? Möchtest du. Ist aber schwer, das weißt du. Teuer, teuer.

Unternehmer: Weiß schon, weiß schon. Stetische Gebieren, Steuer, Wegschaffen von Grabmüll, muß alles machen, aber will trotzdem.

Beamter: Teuer, sag ich nur, sehr teuer. Besonders für Ausländer. Und solche wie du, die eigentlich gar nicht arbeiten dürften.

Unternehmer: Wieso nicht? Ich hab alles Karten in Regel. Aufenthaltsgenehmigung, Gewerbschein, Steuererklärung . . .

Beamter: Glaub ich dir alles, aber meinst du nicht, daß ein guter deutscher Beamter, wie zum Beispiel mein Schwager bei der Ausländerbehörde, immer etwas findet, was nicht ganz so regulär ist? Hast du zum Beispiel in Italien angegeben, daß du hier Kindergeld kassierst? Das muß in Italien versteuert werden. Siehst du: Schon haben sie dich. Also sag ich nur noch: teuer, teuer. Außerdem hab ich mich in Darmstadt erkundigt, wo du früher gearbeitet hast. Da sagen sie, du hättest ab und zu ziemlichen Pfusch gemacht.

Unernehmer: Das war ganz friher, wo ich erst kurz da war, jetzt nicht mehr, bin großer Experte.

Beamter: Und warum glaube ich dir das nicht? Also ich sag dir mal etwas, das kannst du nehmen oder nicht. Ich geh davon aus, daß du Pfusch machst. Und Pfusch kommt noch teurer als gute Arbeit, verstehst du, was ich meine? Weil ich unter Umständen meinen Kopf hinhalten muß, wenn was schiefläuft.

Unternehmer: Nix wird schieflaufen.

Beamter: Doch, doch, denk ich schon. Grad darum muß ich Klartext mit dir reden. Was glaubst du denn, was ich an Schaden habe, wenn du pfuschst?

Unternehmer: Wie meinen das?

Beamter: So in Mark und Pfennig? Kannst du dir das ausrechnen? Vielleicht werde ich dann nicht befördert, vielleicht versetzt in ein Amt, wo ich nix nebenher einnehmen kann. Und das alles wegen dir. Also das sind Verluste schon in Tausenderhöhen, verstehst du. Mark, nicht Lire, hahaha. Dagegen muß ich mich absichern.

Unternehmer: Aber so viel Geld hab ich nicht.

Beamter: Na, wieviel Geld hast du denn?

Unternehmer: So zweitausend oder zweifinf, wenns hoch kommt. Und auch das nur auf Raten.

Beamter: So kommen wir nicht zusammen. Also rat ich dir, geh heim und zähl genau nach, ob du nicht doppelt so viel Geld hast. Dann komm wieder, und ich sorg dafür, daß du den Untervertrag kriegst. O.k.? Ach übrigens: Weißt du, welchen Wein ich am liebsten trink? Est, Est, Est. Kennst du den? Ist aus der Toskana, da bei Umbrien. Davon machen wir dann ein paar Fläschchen auf, wenn alles paletti ist. Klaro?«

2. Korruptionsringe und Kartelle

Vermehrt beobachten Ermittler inzwischen allenthalben das Entstehen regelrechter Korruptionsringe. Das hatte es früher fast ausschließlich im Rahmen der Organisierten Kriminalität gegeben – und war daher in US-Filmen ein beliebtes Sujet: Polizisten oder Zollbeamte stehen auf der »Pay-list«, der Gehaltsliste von großen Bossen. Mittlerweile scheint es aber so, als wären es nicht nur diese Bereiche, in denen sich regelrechte Geflechte zwischen Gangstern oder anderen Dunkelmännern mit Behördenvertretern herausbilden, sondern als entwickelten sich auch in anderen Ämtern und mit anderen Geschäftsleuten derartige Netzwerke. In manchen Ländern gibt es inzwischen agenturähnliche »Kuppler«: Wer Unrechtes vorhat und sich abdecken will, geht zu einem dieser Vermittler (oder einer dieser Organisationen) und erbittet sich, gegen Bezahlung oder andere Leistungen, Schutz für sein »Geschäft«. Italiens Mafia zum Beispiel lebte und lebt weithin von solchen Korruptionsvermittlungen: Schein-Bauunternehmer, die staatliche Aufträge an Land ziehen wollen, obwohl sie selbst keinerlei Geräte und Arbeiter besitzen, lassen sich von Mafiosi den Kontakt zum entscheidenden Beamten oder zur entsprechenden Behörde herstellen, bezahlen dafür mit einem Anteil der Auftragssumme und erhalten vom Agenten »garantiert«, daß nichts schiefläuft. In einigen Bereichen der deutschen Korruptionsszene glauben Ermittler derlei auch schon ausmachen zu können: So etwa im Rotlichtmilieu, wo illegale Bordellumbauten über »gute Freunde« an die Stadtverwaltung herangetragen werden, oder im Beschaffungswesen, wo bereits seit längerem – etwa in Nordrhein-Westfalen – Listen mit »anfälligen« Beamten gegen Bares feilgeboten werden. Desgleichen beim illegalen Transfer von Kapitalien, beim Investitionsschwindel oder bei Waffenschiebereien.

Einer dieser Ring-Mitarbeiter, der inzwischen aufgeflogen ist und eine Strafe abgesessen hat und den ich während meiner Recherchen zur Organisierten Kriminalität im Osten kennengelernt hatte, hat mir den Ablauf einer solchen Aktion geschildert:

»Wenn sich ein Unternehmer nicht so recht getraut, selber zu bestechen, fragt er meist bei seinen Bekannten herum, an wen er sich wenden soll. Inzwischen habe ich in vielen ›sensiblen‹ Bereichen Leute, die auf solche Herumfrager aufmerksam werden und mich informieren. Diesen Menschen suche ich dann auf und kriege da bald heraus, was er will, vor allem aber, was er zu bieten hat, und bringe ihm, wenn er zu zahlen bereit ist (auch an mich), dann bei, wie er sich verhalten soll, an wen er sich wenden muß. Umgekehrt informiere ich den Beamten, daß da einer kommt, der ein bißchen ungeschickt ist, so daß er ihm entgegenkommen muß. Das ist psychologisch oft nicht ganz einfach, weil die Typen höchst unterschiedlich sind. Dem einen muß man viel Zeit zum Überlegen und zur Überwindung seiner Angst lassen, andere muß man gleich beim Kragen packen. Der eine bringt ein derart schlechtes Gewissen mit, daß man ihm erst behutsam klarmachen muß, daß das, was er will, doch alle tun. Andere sind vor allem daran interessiert zu wissen, welche Schutzmaßnahmen man vor Entdeckung ergreifen kann. Läuft die Sache dann einmal, überwache ich sie meist, indem ich periodisch anrufe, manchmal ruft der eine oder andere dieser Partner aber auch selbst immer wieder an, um sich zu vergewissern, daß der andere bei der Stange bleibt. Hängen bleibt bei mir da meist eine Provision zwischen einem und zwei Prozent der Auftragssumme, ungefähr so viel, wie die zu bestechenden Beamten kriegen. Ganz Unbedarften muß ich ab und zu auch noch beibringen, wie man die Schmiergeldsumme unauffällig in die Gesamtrechnung verpackt. Das ist oft aber auch wirklich nicht einfach, und man muß um so vorsichtiger sein, je länger ein Beamter nicht kontrolliert wurde, weil dann eine Kontrolle vielleicht bald ansteht. Oft ist es eine Art Pfennigfuchserei, weil man faktisch alle Posten um ein paar Mark anheben muß, bis die gesamte Summe rauskommt, und bei manchen Posten geht das halt nicht so einfach.«

Aufgeflogen war der Mann übrigens auf recht kuriose Weise: Die Frau eines der Bittsteller hatte vermutet, daß ihr Mann bei den heimlichen Besuchen beim Mittler eine Freundin aufsuche, zumal er auch immer ein Geldbündel mitnahm. So hatte sie einen Detektiv hinterhergeschickt. Der recherchierte und erklärte ihr anschließend, alles sei ganz »harmlos«, der Mann sei lediglich bei einem Bestechungsvermittler. Aber die Frau glaubte nun, der Detektiv sei von ihrem Mann umgedreht worden, und erstattete Anzeige – wegen Bestechungsabsprache, an die sie selbst nicht glaubte. Doch sie hoffte nun nach Lieschen Müller-Art, die Polizei werde die Räume des Vermittlers stürmen, die sie für die Absteige hielt, und ihren Mann in flagranti ertappen. Statt dessen zapften die Polizisten das Telefon des Vermittlers an, und Kommissar Zufall hatte wieder einmal Erfolg.

Älteren Datums als die sich immer mehr verbreitende Tendenz zur Korruptionsvermittlung ist die Kartellbildung, auf die ich schon zu sprechen gekommen bin. Hier ist – auf den ersten Blick – zwar noch die »Geber«-Seite die aktive, aber auch dort hat längst ein Wandel begonnen: Kartelle liegen zwar im Interesse unlauterer Bieter bei Ausschreibungen, aber in vielen Fällen noch mehr im Interesse der Beamten. Und so regen Beamte und Angestellte mitunter selbst die Bildung von Kartellen und festen Preisabsprachen an.

Der Grund, warum der Beamte oder entscheidende Angestellte an solcher Kartellbildung interessiert ist, liegt auf der Hand: Er kann seine Entscheidungen – auch die gegen seine Pflicht – nur dann so recht motivieren, wenn ihm die »Bieter« die konkrete Handhabe dafür gewährleisten, nämlich das preiswerteste Angebot. Mag danach noch so viel Pfusch herauskommen – er kann sich immer auf das Spargebot hinausreden und kommt am Ende leicht mit der Schutzbehauptung davon, er sei halt naiv auf ein unseriöses Geschäftsgebaren des Auftragnehmers hereingefallen. Daß der angepeilte Auftragnehmer das niedrigste Gebot einsendet, ist aber nur gewährleistet, wenn er sich mit den anderen Bietern abspricht, und kommt es zu anhaltenden Absprachen dieser Art, ist die klassische Form eines Bieterkartells erreicht. Der Beamte kann dabei verschieden agieren: als Koordinator des Kartells, indem er die Gebote der einzelnen Bieter aufeinander abstimmt, aber auch als »Terminal«, bei dem die Gebote, schon vorher durch die Bieter selbst koordiniert, eingehen, so daß er nur noch die Schein-Entscheidung zu treffen braucht. Wichtig wird seine Funktion vor allem dann, wenn ein Kartellfremder in den illustren Bieterkreis hineindrängt. Dann hat er gleich mehrere Aufgaben: Er muß flugs die Kartellmitglieder über den Neuen informieren, er muß versuchen, den Neuen fernzuhalten (mit Schikanen, unvollständigen Informationen etc.) – und er muß, sollte dieser am Ende trotz allem noch mithalten und gar das preisgünstigste Angebot abgeben, den Kartellmitgliedern illegal die Möglichkeit geben, nach Abgabeschluß ihre Parameter noch einmal zu ändern. Gelingt dies nicht, muß er sich etwas einfallen lassen, um dem Preiswerten die Sache doch noch zu verwehren (angebliche Fehler in der Kalkulation, mangelnde Erfahrung der betreffenden Firma, Verwendung zweitklassiger Materialien): In jedem Falle hat er dann sehr ungute Aufgaben am Hals, die er lieber vermeiden würde. Daher ist auch oft die Tendenz zu beobachten, neue Anbieter mehr oder weniger akzentuiert ins Kartell hineinzuziehen – was aber auch nicht immer gelingt, etwa wenn die Kartellmitglieder sich dagegen wehren.

Oberstaatsanwalt Wolfgang Schaupensteiner aus Frankfurt hat in einem beeindruckenden Aufsatz »Korruptions-Kartelle« bereits 1990 (in *Kriminalistik* 1990, S. 509ff.) das Ausmaß solcher Absprachen dargestellt.

Dabei erweist sich, daß Korruptionsringe und Absprachekartelle sowohl horizontal als auch vertikal organisiert sein können: »Es reicht, wenn man den Behördenleiter unter Kontrolle hat«, sagte mir ein Bauunternehmer aus Nürnberg in einem Interview, »dem muß man dann allerdings einen relativ hohen Betrag bezahlen, er gibt seinerseits an die nachgeordneten Entscheidungsträger etwas davon weiter.« Bieter im Hessischen hingegen haben andere Erfahrungen gemacht: »In manchen Behörden muß man faktisch die gesamte Mannschaft mitbedenken, sonst fliegt die Sache sehr schnell auf«, meint ein Manager einer großen Müllentsorgungsfirma, »am besten lädt man die ganze Abteilung ab und zu mal zu unverfänglichen Festen oder auf den Rummel ein, dann lernt man alle kennen und kriegt im feuchtfröhlichen Klima auch heraus, wie man denen ›Freude‹ machen kann.« Schwierig wird es aber, wenn »da einer drinnesitzt, der absolut nicht mitmachen will. Da muß man dann rauskriegen, ob den eine fremde Firma reinplaziert hat oder ob er nur so stur ist. In diesem Falle muß man den Behördenleiter so weit bringen, daß er für die Versetzung sorgt. Notfalls kann man da mit diesen oder jenen kleineren Fallen für den Mann auch mithelfen oder schauen, ob man anderweitig Druck auf ihn ausüben kann.« So hart sind die Bandagen in diesem Gewerbe.

Trotzdem ist es für Ermittler sehr schwierig, in solche Absprachekartelle oder Korruptionsringe einzudringen. Versierte Kartellbildner und Korruptionsmauschler verwenden häufig höchst chiffrierte Kommunikationsformen, die auch ausgebuffte Strafverfolger nur sehr mühselig entschlüsseln können: »Daß da einer am Telefon von ›zwei Blauen extra‹ redet«, sagt ein Münchner Staatsanwalt, »kommt heute kaum mehr vor, auch im Büro oder Amt wird allenfalls noch bei der Mikrobestechung im Wert von maximal fünfzig oder hundert Mark in Begriffen geredet, die klar auf Geldscheine oder Wertsachen zurückführbar sind.« Während einer Fernsehsendung, an der ich teilnahm, wurde ein Zuschauer zugeschaltet, der berichtete, wie ihn ein Beamter penetrant mit dem Satz »Sehen Sie, auch ich würde lieber einen schicken BMW statt meines VW Golf fahren« traktierte, bis er endlich kapiert hatte und mitzog.

Selbst Kollegen korrupter Beamter steigen oft nur nach langem Knobeln dahinter, was da alles läuft. So berichtete mir ein pensionierter Beamter aus Baden-Württemberg, wie er sich lange gewundert habe, daß sein Kollege im selben Zimmer immer mal wieder Anrufe führte, in denen das Gespräch bald auf Pferde kam. Dann erschien einmal ein aufgeregter Mann im Amt, der sich später als Kläranlagenbauer erwies: Der redete, nach kurzer Begrüßung (und, wie dem Beamten schien, stets mit mißtrauischem Blick zu ihm herüber) von »Hengsten«, die da in seiner Herde ein ungebührliches Betragen zeigten und daher »kastriert werden müssen, und zwar ganz, ganz schnell«. Da der Beamte seinen Kollegen schon seit einiger Zeit im Verdacht hatte, bei Auftragvergaben nicht immer ganz korrekt zu sein, vermutete er zunächst, der Kollege sei mit einem Pferdehändler oder Reitstallbesitzer im Geschäft oder bekomme von diesem Reitpferde für irgendwelche Gefälligkeiten im Amt geschenkt. Diskrete Nachprüfungen ergaben aber, daß der Kollege weder etwas von Pferden verstand noch ritt, auch seine Familie hatte damit nichts zu tun. Trotzdem drehten sich weitere Gespräche am Telefon immer mal wieder um brave Stuten und dann wieder um böse Hengste, die man zähmen müsse oder kastrieren oder die gar zum Metzger sollten. Der Beamte hielt die Spannung am Ende nicht mehr aus und ließ sich versetzen, ohne jemandem etwas von seinem Verdacht zu sagen: Er hatte Angst vor dem Image des Nestbeschmutzers. Dennoch ging er heimlich der Sache auch nach seiner Pensionierung noch nach und konnte so den Kodex am Ende entschlüsseln: Brave Stuten standen für loyale Teilnehmer am Kartell, aufmüpfige Hengste für Eindringlinge, Kastration für Ausschaltung aus dem Wettbewerb, Gang zum Fleischer für den Versuch, dem Konkurrenten insgesamt das Geschäft kaputtzumachen. Bei dem aufgeregten Besuch des Kläranlagenmannes, auch das konnte der Ex-Beamte herausbekommen, war just im letzten Augenblick ein neuer Bieter hinzugekommen – der sich auch noch als Protegé eines Oberamtmannes aus einem anderen Amt erwies. Trotz seiner Erkenntnisse ist der ehemalige Beamte bis heute nicht zur Polizei gegangen: »Hätte keinen Sinn«, sagt er heute, »ist inzwischen alles verjährt, und ich mag meine Ruhe.«

3. Von der Korruption zur Erpressung

Nach der ersten Stufe der Korruption – aktiv ist hier der an einer Dienstleistung, Genehmigung oder einem Auftrag Interessierte – und der zweiten, in der der Bestochene Forderungen erhebt, läßt sich in verschiedenen Ländern bereits eine dritte Qualität ausmachen – die blanke Erpressung seitens der Entscheidungsträger. Italien hat hier Vorreiterdienste geleistet, indem ganze Sektoren der Industrie und des Mittelstandes so systematisch zur Kasse gebeten wurden, daß kaum mehr weiterexistieren konnte, wer sich nicht unterwarf. Konsequenterweise haben die mutigen Antikorruptionsermittler Oberitaliens – wo das System besonders gut ausgearbeitet und flächendeckend ausgebreitet war – auch nicht mehr nur wegen Vorteilsannahme oder Bestechlichkeit angeklagt, sondern einen Gutteil der Politiker und Administratoren auch wegen Erpressung. Hatten die Eintreiber dabei auch Umwegkanäle benutzt oder Geldwaschanlagen eingeschaltet, so kam noch eine Anklage wegen Hehlerei hinzu: das Verbergen der Herkunft illegal erworbener Güter.

Deutschland hat derlei Qualitätswechsel in den Ermittlungen noch nicht erlebt – ich betone: in den Ermittlungen. Denn das besagt noch lange nichts darüber, ob der Tatbestand der Erpressung nicht doch schon in vielen Fällen gegeben ist. Ein Beamter, der einem von staatlichen Aufträgen abhängigen Unternehmer sagt: »Wenn du mich nicht bezahlst, bist du draußen, du kriegst keinen öffentlichen Auftrag mehr«, erfüllt bereits den Tatbestand der versuchten Erpressung – und hat er tatsächlich so viel Einfluß, die Ausschaltung des Unternehmers durchzusetzen, ist nicht mehr nur der Versuch, sondern eine vollendete Erpressung gegeben.

Merkwürdigerweise wollen sich Deutschlands Strafrechtspfleger auf diese Version des Antikorruptionskampfes noch nicht einlassen. Bei einem Hearing im Stuttgarter Landtag 1993 zum Beispiel waren alle Fachreferenten höchst beeindruckt von dieser Art der Strafverfolgung in Italien – doch dann riefen sie mich allesamt der Reihe nach an und berichteten deprimiert, daß sie bei ihren Abgeordneten und im Ministerium abgeblitzt seien.

Italiens Strafverfolger hatten den Weg mit gutem Bedacht gewählt: Er verlegt nämlich den Politikern eine Selbstamnestie auch durch die Hintertür. Verfolgen die Ermittler zum Beispiel Schmiergelder nur nach dem Parteienfinanzierungsgesetz, so besteht die Gefahr, daß die Politiker sich flugs ein neues, milderes Gesetz zurechtschneidern, nach dem dann auch rückwirkend die Verfehlungen zum Kavaliersdelikt werden (wie das die bundesrepublikanischen Politiker in der Parteispendenaffäre auch schon vorhatten). Ebenso könnte auch die Korruption durch neue Gesetze strafrechtlich »abgefedert« werden – wie dies die Regierung von Berlusconi, der selbst in Korruptionsverfahren verwickelt ist, in einer Nacht-und-Nebel-Aktion tatsächlich versucht hat. Erpressung und Hehlerei dagegen lassen sich auf keinem denkbaren Weg amnestieren – es sei denn, man will auch Schutzgeldbanden, Entführer und Weiterverkäufer gestohlener Wagen tausenderweise aus dem Knast entlassen, was wohl nicht durchsetzbar ist.

Wie man den Sachverhalt nun dreht und wendet und wie man das Kind auch am Ende taufen will: Wenn, wie Staatsanwälte behaupten, in einzelnen Sektoren wie dem Baubereich gut und gerne achtzig Prozent der Aufträge mit Schmiergeldzahlungen verbunden sind und in zunehmendem Maße nicht mehr die Bestechenden aktiv sind, sondern die zu Bestechenden fordern, so ergibt sich automatisch ein System der Erpressung, das auch dann funktioniert, wenn der einzelne Beamte nicht mehr ausdrücklich droht und den Rauswurf aus dem Geschäft verheißt. Die Frage ist, wann auch die deutsche Rechtsprechung dem Rechnung zu tragen bereit sein wird. Unterstützung jedenfalls von Teilen der Wirtschaft – siehe den Fall Opel – und großen Teilen der Öffentlichkeit hätte sie derzeit durchaus.

Den wichtigsten Aspekt dieser neuen Qualität der Ermittlungen kann man auch juristisch gar nicht hoch genug einschätzen: Hier nämlich wird allmählich jene merkwürdige Gemengelage zerstört, die bisher den Ermittlern soviel Kopfzerbrechen gemacht hat – daß bei Korruption Opfer und Täter im gleichen Boot sitzen beziehungsweise es im Grunde gar kein richtiges Opfer im klassisch-kriminalistischen Sinne gibt. Bestechender wie Bestochener tun beide etwas Illegales, das sie danach aneinanderbindet. Es war eine geniale Wende der italienischen Ermittler, als sie die Neudefinition fanden, wonach bei flächendeckendem Einfordern von Schmiergeldern die eine Seite wirklich zum Opfer wird. So reduzierten die Staatsanwälte in vielen Verfahren den Tatbeitrag der »Bestechenden« im Gesamtverhältnis derart, daß man ihnen ein Höchstmaß mildernder Umstände zubilligen konnte und sie meist mit einer Bewährungsstrafe oder gar nur einer Geldbuße davonkamen, während die Beamten und Politiker bis zu fünf, sechs Jahren pro Delikt aufgebrummt bekamen. Der Sozialistenchef Craxi zum Beispiel ist bei Abschluß dieses Buches bereits bei gut fünfzehn Jahren Gefängnis angekommen – dem er sich allerdings durch Flucht entzogen hat.

Das hat die vormals eherne Front aus Unternehmern, Politikern, Administratoren und Politikern zerbrochen – am Ende liefen die Manager und Betriebseigner von selbst zur Polizei und zeigten an, wen sie wann und wie hoch geschmiert hatten.

VI
Hatz auf Korrupte: Warum gerade jetzt?

Nach allem, was wir aus den letzten Jahrzehnten wissen, er-staunt es doch, warum gerade jetzt, in den letzten Monaten, das Problem der Korruption auch in Deutschland einen solchen Stellenwert bekommt. Eine ganze Anzahl von Faktoren ist hier wohl zusammengekommen und drängt den Eindruck auf, daß das System des unkontrollierten Gebens und Nehmens in bestimmten Teilen der Politik, der Administration und auch der Wirtschaft allmählich gefährlich wird – nicht nur seiner Quantität wegen, sondern auch, weil sich die Situation ändert, in der wir leben, und diese bei einer Beibehaltung des alten Filzes in gefährliche Wasser treiben könnte.

1. Das System wird unbequem

Das Korruptionssystem, das sich mehr oder weniger seit den siebziger Jahren entwickelt hat, zeigt seit einiger Zeit eine Reihe von Faktoren, die es zunehmend unbequem erscheinen lassen: unbequem in dem Sinne, daß es immer schwieriger und komplizierter handhabbar wird und daß seine Resultate immer größere Unsicherheitsfaktoren aufweisen.

a) »Demokratisierung« der Korruption: Wo alle bestechen, hat keiner etwas davon

Der vom Bestechenden erwartete Startvorteil nimmt logischerweise in dem Maße ab, wo andere ebenfalls an derselben Stelle bestechen. Ein Unternehmer, der bei einem öffentlichen Auftrag zehn Prozent Profit erwartet und davon drei an den oder die Entscheidungsträger oder/und Vermittler abliefert, hat mit sieben Prozent noch eine ganz ordentliche Einnahme. Bietet jedoch ein anderer Interessent für denselben Auftrag vier Prozent Abgabe an den Beamten oder die Partei, muß er ihn überbieten – wodurch eine Spirale in Gang gesetzt wird, welche die Gewinnmarge dramatisch schrumpfen läßt und am Ende wohl ins Negative führt.

Dem haben schlaue Korruptionsmauschler die »Auflastung« des Schmiergeldes auf den Auftraggeber entgegengesetzt: Die Provision wird bereits in den Auftragspreis eingerechnet, also der Auftraggeber geschädigt – was besonders bei anonymisierten Auftraggebern wie großen Aktiengesellschaften, staatlichen Einrichtungen etc. gut funktioniert. Aber auch hier ist irgendwann ein Ende der Fahnenstange erreicht – eine Gebäudereinigungsfirma kann schließlich für den Auftrag der Schulsauberhaltung, der sonst 200–300000 DM im Jahr kostet, nicht eine halbe Million DM fordern. Auch hier kommt es also früher oder später zur Profitminderung, wenn mehr und mehr schmierwillige Anbieter auftreten und die Preise verderben.

Auch der andere Ausweg, die Bildung von Kartellen mit der »Reihum«-Bedienung ihrer Mitglieder, klappt nur so lange, wie die freie Konkurrenz nicht allzu zahlreich wird. In Krisenzeiten, wenn Aufträge rar sind, werden immer mehr Interessierte auf einen Auftrag losstürmen – die Kartelle können dabei durchaus überrannt oder, wenn man Neulinge einfach durch Aufnahme in das Kartell zu absorbieren trachtet, so aufgebläht werden, daß der einzelne allzu lang auf den nächsten Auftrag warten muß. Eine Art »Demokratisierung« mit einem Wiedereinsetzen der Regeln des freien Marktes ist die Folge.

Daraus könnte sich nun eine eigenartige Situation ergeben: Die Mächtigeren, Durchhaltekräftigeren unter den Anbietern sprechen sich ab, künftig nicht mehr zu schmieren und dies gemeinsam bei den Behörden durchzusetzen, indem sie die Preise korrekterweise entsprechend niedrig – weil ohne Schmiergeldzahlung – halten, so daß schmierwillige Konkurrenten in jedem Falle draufzahlen. Wir werden noch darauf zurückkommen – es ist der Ausweg, auf den zum Beispiel die Organisation »Transparency International« hofft.

Meist sind allerdings zumindest derzeit die Strukturen derart verkrustet, daß man statt schmiergeldfreier Absprachen noch immer den Griff zu noch schmutzigeren bevorzugt, um Konkurrenten auszuschalten. Es bilden sich Einfallstore für blanke Kriminalität, und das Organisierte Verbrechen hat hier nicht umsonst einen seiner bequemsten Tummelplätze ausgemacht. Die Entwicklung der sizilianischen Mafia ist ein bezeichnendes Beispiel – ich verweise hier auf die ausgezeichnete Untersuchung von Diego Gambetta, *Die Firma der Paten*, sowie auf meine beiden Arbeiten *Die ehrenwerte Firma* und *Parasiten und Patrone*: Sie lebt bis heute davon, Mittlerdienste zwischen Unternehmern oder sonstigen Interessierten und Entscheidungsträgern zu leisten – vom öffentlichen Bauwesen bis zum Drogen- und Waffenhandel.

Wo sich Unternehmer absprechen und der bisher großen Versuchung gemeinsam widerstehen, zeigt sich sofort, welch enorme Dimensionen die Schmiergeldpraxis angenommen hatte. In einzelnen italienischen Städten, wo sich Firmen durch die Ermittlungen mutiger Staatsanwälte und durch ehrenhafte Stadtverwaltungen gegen korrupte Beamte geschützt fühlen und daher nicht mehr schmieren, sind die Preise für öffentliche Aufträge spürbar gesunken: In Palermo zum Beispiel, wo mit einer kurzen Unterbrechung der Antimafia-Bürgermeister Leoluca Orlando waltet, sind die Mittel für öffentliche Arbeiten um ein Drittel zurückgegangen, und doch wird derzeit zehn Prozent mehr an Auftragsvolumen ausgeführt als zuvor. In der Lombardei berichten die Rechnungshöfe, daß bis zu 40 Prozent der öffentlichen Mittel eingespart werden, in Lazio, der Region um Rom, gibt es Entlastungen der städtischen und staatlichen Kassen bei öffentlichen Aufträgen zwischen 20 und 30 Prozent.

b) Die Alternative: Darwinistische Auslese

Trotz dieser Lichtblicke laufen Bestechung und Vorteilsannahme weiter. Ermittlungsrichter wundern sich immer wieder, wie unbekümmert Politiker weiter Geld fordern – der ehemalige Schatzminister Cirino Pomicino verlangte in seinem Wahlkreis noch 1994, als schon längst alle Großen der Parteien unter Anklage standen, 700 000 DM von einem Großmarkt, und er bekam auch 300 000 DM zugesteckt. Das System ist zählebig, und zwar nicht nur in Italien.

Wie die Abfolge etwa der Berliner Bauskandale zeigt, liefen in der ehemaligen Reichshauptstadt in den achtziger Jahren die Schmiergeldzahlungen trotz nahezu jährlich neuer Enthüllungen immer weiter. In Hamburg, wo Mitte der achtziger Jahre in der Universitätsklinik eine mächtige Schmiergeldaffäre zwischen einem Bauzulieferer und den zuständigen Abteilungsleitern aufgeflogen war, kam wenige Monate später bereits ein neuer Skandal in derselben Klinik ans Licht der Öffentlichkeit, diesmal als Zusammenarbeit mit Glasermeistern und den Abteilungsspitzen; Reiner Scholz stellt die dortigen Fälle in seinem Buch *Korruption in Deutschland* noch einmal sehr eindrucksvoll dar. Meist überlebt das System, indem es jeweils noch massiver wird als vorher: Neben die Erpressung der Unternehmer mit der Drohung, ihnen keine Aufträge mehr zu geben, tritt nun auch noch die mit der »Enthüllung«: Hörst du auf zu zahlen, komme ich in Schwierigkeiten, weil ich viele Verbindlichkeiten habe – aber ich sorge zuvor noch dafür, daß auch du vor die Hunde gehst.

Wo die »Demokratisierung« der Korruption zu einer wirklichen Restauration einer Art freien Marktes zu führen verspricht, tritt zwangsweise auch die Gegentendenz auf: die Vernichtung der Konkurrenz durch eine Auslese der Allerstärksten, was hier oft gleichbedeutend ist mit den Allerskrupellosesten.

Die Aufnahme neuer Konkurrenten in etablierte Kartelle ist oft ein Vorspiel davon: Den »Neuen« wird im Rotationsverfahren eine gesicherte Auftragslage zugesagt, doch wenn die Reihe an ihnen ist, fällt kaum etwas ab; geraten sie in Existenznöte, werden sie von anderen Kartellmitgliedern aufgesaugt, und das System ist wieder in Ordnung.

Doch auch hier treten im Laufe der Zeit, vor allem bei Krisen, zunehmend Schwierigkeiten auf: Während die Absorbierung relativ kleiner, neuer Unternehmen überwiegend problemlos verläuft, kann eine starke Verknappung des Angebots auch die stärkeren Kartellmitglieder aufeinander hetzen. Wieder einmal ist

Italiens Mafia, traditionell Schutzherrin über illegale Absprachen und korruptes Ansichziehen von Aufträgen, ein Lehrbeispiel: Fast periodisch kommt es zu regelrechten »Kriegen« der stärksten Clans untereinander, was dort gleichbedeutend mit einem Meer von Blut ist. Aber auch wo, außerhalb Italiens, nicht gleich die abgesägte Schrotflinte oder die Maschinenpistole in Stellung gebracht werden, geraten Kartelle intern nicht selten in Konflikte. So manche Medienenthüllung über Schmiergelder wird klammheimlich und auf höchst komplizierten Umwegen just von jenen lanciert, die mit dem dann Belasteten im selben Kartell sitzen: Scheidet der aus, hat man einen Mitesser weniger. In meiner Zeit als Journalist wurde mir nicht weniger als sechsmal ein brisantes Dossier über Bau- und Ausstattungsfirmen angeboten; da mir aber nicht gestattet wurde, die Originale der Dokumente einzusehen oder die Quellen zu zitieren, habe ich stets abgelehnt. Was nicht viel an der Sache änderte: In den meisten Fällen kam der Skandal dann über andere Kollegen oder Zeitungen auf. Die Dossiers, die seinerzeit über die skandalumwitterten Reisen des baden-württembergischen Ministerpräsidenten Lothar Späth, traditioneller Schutzherr bestimmter Großunternehmer, im *Spiegel* erschienen und ihn schließlich zu Fall brachten, kamen aus dem Inneren ansonsten innigst miteinander verbundener Konzerne, die jedoch über die künftige Auftragsverteilung miteinander zerstritten waren.

2. Das System wird kontraproduktiv

Die Unbequemlichkeiten des flächendeckenden Korruptionssystems schlagen, speziell wenn erneut durch Wirtschaftskrisen angeschoben, ins Kontraproduktive um. Aus dem ständigen Zwang zum Absichern vor Entdeckung, zur Gewährleistung, daß da nicht noch einer aussichtsreich mitbietet, und der Abschottung der Kartelle entsteht zum Beispiel zusätzlich zu den schon erheblichen Aufwendungen beim Schmieren auch noch die Notwendigkeit eines mehr oder weniger ausgeprägten weiteren Sicherheitssystems. Manche dieser Systeme funktionieren schon wie kleine Nachrichtendienste – und kosten entsprechend. Manche Firmen nehmen Detektivbüros dafür in Anspruch, andere haben sie regelrecht in eigene Abteilungen integriert, etwa bei der Werbung oder aber – Flick ist da ein Beispiel – direkt bei der Unternehmensleitung.

Diese »Sicherheitsdienste« beobachten dann Beamte, die besonders viel Geld bekommen, bei ihren sonstigen Kontakten – einesteils um herauszufinden, mit wem diese sonst noch kungeln, und um die Gefahr durch jene Dritte einschätzen zu können, andererseits um möglicherweise Material gegen diesen Beamten in die Hand zu bekommen, falls er einmal nicht spurt. Aber auch umgekehrt haben manche geschmierten Beamten ihre Horchposten in den Unternehmen, von denen sie geschmiert werden. Auch sie wollen rechtzeitig herausbringen, ob sich da etwa der Wind dreht und sich etwas gegen sie zusammenbraut. »Wenn ich nicht meine Informanten im Hoch- und Tiefbau gehabt hätte«, bemerkt ein pensionierter, bis heute lediglich wegen einer Kleinigkeit von 2 000 DM verurteilter, in Wahrheit viel größerer Schmiergeldnehmer in einem Telefongespräch mit mir, »wäre ich schon mit vierzig im Knast gesessen. Sie müssen nicht glauben, daß die Unternehmer uns aus reiner Menschenfreundlichkeit oder aus Freundschaft bezahlen: Wenn die eine Schwäche bei uns bemerken, machen sie uns den Garaus. Nicht indem sie uns anzeigen, dazu sitzen wir zu sehr im gleichen Boot. Aber indem sie etwa für Versetzung sorgen oder dafür, daß wir einen ausgefuchsten Vorgesetzten kriegen, der uns schnell ausschaltet.«

Eine große Rolle beim Zusammenbruch des herkömmlichen Korruptionssystems spielen – auf den ersten Blick merkwürdig – der Abbau der militärischen Blöcke und die Wiedervereinigung Deutschlands. Eigentlich hatten sich davon zahlreiche Firmen und auch Entscheidungsträger einen massiven Anschub der zivilen Produktion erhofft und standen bereits in den Startlöchern, meist mit dicken Geldbündeln in der Hand. Doch da niemand so recht auf eine Totalentspannung in Europa vorbereitet war, hatte auch niemand ausgerechnet und vorausgesehen, was wirklich passieren würde, wenn die militärische Produktion zurückgefahren wird. Trotz des massiven Rückgangs von Verteidigungsausgaben in allen westlichen Ländern kam es zu keiner wirklichen Verlagerung – was eingespart wurde, blieb eingespart, die Weltwirtschaft sackte in die tiefste Krise der Nachkriegszeit.

So geriet auch das Korruptionssystem in schwere Unbillen, die freilich noch durch andere Faktoren gefördert wurden.

a) »Über den Preis abwälzen geht nicht mehr«:
    Wirtschaftskrise gleich Schmiergeldkrise

Ich habe schon darauf hingewiesen, wie sich beim Hinzutreten neuer Bieter unter Umständen die Gewinnmarge des schmieren-den Interessenten verringert – und wie auch die Abwälzung über den Preis nicht unbeschränkt möglich ist. Gewarnt durch den »Öl-Schock« der siebziger Jahre mit dem sprunghaften Anwach-sen der Rohstoffpreise und nun auch unsicher wegen der im Zuge der Entspannung heraufziehenden Weltwirtschaftskrise haben alle vorher eher sorglosen Industriestaaten seit spätestens Mitte der achtziger Jahre massive Einsparungen in ihren Haushalten vorgenommen. Die Rechnungshöfe kontrollieren wesentlich in-tensiver und verfügen mittlerweile auch über ausgebuffte Fach-leute, die die Preise von Computern genauso gut kennen wie die von Eisennägeln oder ganzer Dienstleistungseinrichtungen und so selbst sehr sorgsam versteckte Zusatzposten entdecken. In Eu-ropa wird zudem im Rahmen der vorgesehenen politischen und wirtschaftlichen Union ein ganzes Meer von Normen für öffent-liche Haushalte und ihre Defizite festgelegt. Das aber zwingt nicht nur notorisch verschuldeten Staaten wie Italien und Grie-chenland, sondern auch reichen Ländern wie Deutschland einen rigiden Einsparkurs auf.

In Zeiten anhaltender sektorialer Flaute oder gesamtwirtschaft-licher Krisen spaltet sich da das Verhalten in Sachen Korruption in zwei prinzipielle Zweige: Ein Teil der Zahler nimmt für einige Zeit Kalkulationen mit Defiziten in Kauf, schmiert weiter, um im Ge-schäft zu bleiben, und hofft, alles beim folgenden Boom wieder ausgleichen zu können. Andere dagegen stürzen sich nun in einen erbarmungslosen und manchmal auch verzweifelten Ausschaltungskampf. »Denen geht es dann oft gar nicht mehr um den Auftrag an sich, sondern darum, daß ihn ein bestimmter anderer nicht kriegt und damit zumachen muß, wonach sie wieder einsteigen können, und das bestimmt nun ihr Verhalten gegenüber Beamten«, so ein ehemaliger oberbayerischer Baudezernent – der von sich behauptet, immer sauber geblieben zu sein, seinen Namen aber nach dreimaligem Überdenken lieber doch nicht nennen lassen will. Beide Wege werden im Laufe langanhaltender Krisen jedoch kontraproduktiv. Der erste, weil keine Firma heute ein langes Zubuttern durchhalten kann: Die meisten arbeiten mit Bankkrediten, bei denen ansehnliche Zinsen fällig werden, oder haben ihre Maschinen und Ausstattungen auf Wechsel gekauft, die nur mit hohem Ansehensverlust prolongiert werden können. Und auch der zweite Weg führt selbst starke Unternehmen nicht aus der Krise: Wo Aufträge immer mehr verknappt werden und die öffentliche Hand an jeder Ecke spart, ist auch nach Ausschaltung einiger Konkurrenten nicht mehr viel zu holen, wenn man noch Schmiergelder dafür bezahlen muß. Wieder ein eher alltägliches Beispiel: Die massive Verknappung von Mitteln für die öffentliche Bildung hat in der Mitte der siebziger Jahre zu enormen Einsparungen sowohl bei den öffentlichen Bibliotheken als auch bei den Bildungseinrichtungen von Gewerkschaften und anderen großen Verbänden geführt. Das führte alsbald zur Pleite zahlreicher kleinerer Verlage, weil sich nun die Großen die verbleibenden Mittel untereinander aufteilten – unter Mitwirkung nicht selten geschmierter Mittelverteiler in den Ämtern. Doch bald geriet die Zunft der Großen untereinander ebenfalls in Konflikte, weil auch für sie kaum mehr Geld übrigblieb. Wehmütig denken Großverlage etwa an die Zeiten zurück, in denen das innerdeutsche Ministerium zum Beispiel beim Rowohlt Verlag Kampfbücher gegen den Sozialismus in Höhe vieler hunderttausend Exemplare orderte und in der DDR verteilte – mitunter per Fallschirmchen über dem Ost-Territorium abgeworfen. Heute rechnet kein Verlag mehr den Posten »Verkauf an öffentliche Einrichtungen« in seine Kalkulation ein.

b) »Es sind einfach zu viele.« Die wundersame Vermehrung
   zuständiger Stellen

Oberstaatsanwalt Schaupensteiner hat schon früh festgestellt,
daß die Schmierbereitschaft auch durch den zunehmenden Wust
von Vorschriften, Regelungen, neuen Erlassen und Rahmengeset-
zen – mittlerweile auch aus Brüssel – gefördert wird: Bevor man
sich selbst durch den Dschungel der Normen wühlt, zahlt man
eben eine entsprechende Summe an einen Insider, der dann schon
alles richtet.

Dabei ergibt sich jedoch ein weiterer Aspekt, der ebenfalls zunehmend kontraproduktiv wirkt: Nicht nur die Gesetze und Vorschriften werden mehr – auch die mit den einzelnen Genehmigungen, Lizenzen, Aufträgen befaßten Stellen vermehren sich
wundersam. Vor vierzig Jahren war der Hausbau noch eine Angelegenheit von drei bis vier Stellen des städtischen Baudezernates
und des Kreisbauamtes (überprüft wurden die Übereinstimmung
mit dem Bebauungsplan und den genehmigten Stilrichtungen, die
Erschließungslage und die Statik). Heute durchläuft ein Bauplan
sowohl behördenintern als auch zwischen den Behörden zahlreiche weitere Stellen (etwa im Zuge des Umweltschutzes); und das
Genehmigungsverfahren bei öffentlichen Ausschreibungen ist
geradezu ein Ämtermarathon geworden. Als neueste Zusatzbela-
stung tritt auf: Übersteigt beim Bund – und mittlerweile haben
auch die Länder nachgezogen – die Auftragssumme eine bestimmte Höhe, muß auch noch das Bundesfinanzministerium
sein Plazet geben. Dies ist aus haushaltstechnischen Gründen sicher einsehbar – aber dennoch ein weiterer zusätzlicher Weg für
das Genehmigungsverfahren.

Ich möchte den deutschen Behördenvermehrern nicht zu nahe
treten, aber mitunter scheint auch hier der Abstand zu italienischen Verhältnissen nicht mehr allzu groß: Dort wurden ganze
Abteilungen neu geschaffen, deren Funktion durchaus andere
hätten übernehmen können – aber diese Zusatzstellen brachten
vor allem neue Schmiergelder in die Kassen der Parteien und
stellten überdies auch noch eine Arbeitsbeschaffungsmaßnahme

für die treuen Parteigenossen und Mitglieder der eigenen Klientel dar.

Für alle, die an behördlichen Entscheidungen interessiert sind und sich aus irgendeinem Grunde zum Schmieren gezwungen glauben, verteuert sich damit alles noch mehr. Verschärfend kommt noch hinzu: Je mehr Stellen geschmiert werden müssen, um so größer wird die Gefahr undichter Stellen oder des Eindringens unbequemer Konkurrenten.

c) »Die Schmierabteilung wird zu teuer«

Wo aber per Schmieren Erfolge nur noch spärlich eingefahren werden und es immer häufiger zu »Betriebsunfällen« kommt, werden auch die dafür in den Unternehmen notwendigen strukturellen Aufwendungen unproduktiv. Die in vielen großen Firmen bisher bestehenden Abteilungen für die »Pflege der politischen Landschaft« oder den »Kontakt zu interessanten Firmen« rentieren sich nicht mehr, weil sie den Erfolg ihrer Arbeit nicht mehr auch nur annähernd garantieren können. »Die Schmierabteilung wird schlicht zu teuer«, feixt ein rheinland-pfälzischer Unternehmer: »Heute kommt mancher schon auf die Idee, die gesamte Konkurrenz dadurch auszuschalten, daß er schlichtweg ein niedrigeres Angebot macht, indem er keine Schmiergelder mehr einrechnet und zuhause die entsprechende Abteilung einspart. Es genügt eine Einzelperson, die bei den Beamten oder Konkurrenten mit einem Presseskandal droht, wenn man selbst nicht ausreichend berücksichtigt wird. Da viele genug Dreck am Stecken haben, muß man meist gar nicht mal mehr vorzeigen, was man konkret in der Hand hat.«

Das ist sicher überzogen, aber auch nicht ganz von der Realität entfernt: Ich habe bereits auf die Erfahrungen in Italien hingewiesen, wo tatsächlich derzeit ehrliche Anbieter so weit unter denen mit Schmiergeldeinrechnung liegen, daß letztere kaum mehr eine Chance haben.

3. Das System wird gefährlich

Zur Kontraproduktivität kam spätestens seit Ende der achtziger Jahre noch ein weiterer Aspekt, der sich allerdings erst sehr langsam ins Bewußtsein eingräbt: daß das Korruptionssystem ein zunehmend gefährliches Bedrohungspotential darstellt. Sensibilisiert wurden dabei zuerst Polizisten und Strafermittler sowie ganz wenige Presseleute. Politiker und auch die Massenmedien hinkten dabei beträchtlich hinterher, und so wird sich auch die Öffentlichkeit erst nach und nach bewußt, was da alles auf uns zukommen könnte. Wobei, das möchte ich bereits hier vorausschicken, die Gefahr nicht nur von der Korruption selbst kommt, sondern auch durchaus von der Art, wie sie heute bei uns bekämpft wird.

Erste Einblicke in die Gefährlichkeit von Korruption ergaben sich für weitere Kreise der Öffentlichkeit im Zusammenhang mit der Diskussion über die Organisierte Kriminalität. Deren Existenz und hohes Gefahrenpotential wurden – und werden teilweise heute noch – in manchen politischen Kreisen zwar geleugnet; das allerdings bezieht sich dann eher auf Begriffsbestimmungen, die sich wiederum auf die Bewertung bestimmter Kampfmaßnahmen auswirken wie etwa den Großen Lauschangriff. Was aber nicht geleugnet wird, sind immer zahlreichere Fälle von Korruption im Zusammenhang mit hochorganisierten kriminellen Vereinigungen. Polizisten, die gegen Geld ein Auge zudrücken, wenn in verbotenen Bezirken Bordelle betrieben werden, und die anstehende Razzien verraten; Staatsanwälte, die sich von reichen Syndikaten für Gefälligkeiten schmieren lassen; Zollbeamte, die bei der Ein- und Ausfuhr von Schmuggelgut wegsehen und dafür anständig kassieren, Stadtdezernenten und Oberbürgermeister von Groß- und Kleinstädten, die kriminellen Kartellen Tür und Tor öffnen; Bewilligungsbeamte, die bei der illegalen Entsorgung von Giftmüll ganze Seilschaften mit Managern und mafiosen Fuhrunternehmern bilden: ein buntes Panoptikum untreuer Staatsdiener, »und jeder Fall, der aufkommt, zieht bereits die Entdeckung weiterer Fälle von Korruption nach sich«, wie BKA-Chef Zachert seit Anfang der neunziger Jahre unermüdlich immer wieder feststellt.

a) Herausbildung illegaler Entscheidungsinstanzen

Die im vorigen Kapitel geschilderten Entartungen des herkömmlichen Schmiergeldsystems führen notwendig zu einer Konsequenz, die man nicht dramatisch genug einschätzen kann: Immer mehr Entscheidungen, für die demokratisch gewählte oder durch Gesetz bestimmte Instanzen zuständig sind, werden diesen de facto entzogen und von Stellen oder Personen gefällt, die dafür weder legitimiert sind noch irgendeiner normativen Kontrolle unterliegen.

Wo sich die öffentliche Auftragsvergabe in den Händen von Kartellen befindet, entscheiden nicht mehr der zuständige Beamte oder die betreffende Ämterfolge, sondern das Kartell. Wo die Vergabe von Spitzenposten in Dienststellen und staatlich kontrollierten Betrieben – und manchmal auch darüber hinaus – nicht mehr von den dafür vorgesehenen Gremien beraten und entschieden wird, sondern letztlich von den Parteizentralen und deren Leitungspersonal, verkommen demokratische Strukturen sehr schnell. Die damit verbundene Unkontrollierbarkeit fördert zudem den Zugriff unseriöser und am Ende auch krimineller Personen und Gruppen – und damit setzt sich ein weiterer Kreislauf in Gang: Schleichen sich diese Dunkelmännerzirkel zunächst zum Beispiel nur auf präzise Ziele hin in die staatlichen Organismen ein – etwa um im Bausektor abzusahnen, im Beschaffungswesen der Polizei und der Bundeswehr oder bei der Umstrukturierung der ehemaligen DDR –, so entstehen daraus allmählich ganze Geflechte von Korruptionsringen, die miteinander durchaus auch ins Geschäft kommen und sich gegenseitig ihre Beziehungen zur Verfügung stellen. Auch hier sind die Vorgänge in Italien beispielhaft – aber nicht nur dort. Auch im Amerika der späten fünfziger Jahre und noch einmal in den siebziger Jahren wurden solche Geflechte entdeckt. Innerhalb westeuropäischer NATO-Strukturen sind mittlerweile ebenfalls unterschwellige Korruptionsgeflechte entstanden, wie der Fall der italienischen Helikopterfirma Agusta zeigt, deren Schmiergeldzahlungen den belgischen NATO-Generalsekretär Willy Claes Ende 1995 zum Rücktritt zwangen: Agusta hatte ihre Fluggeräte nicht wegen deren Qualität, sondern vorwiegend über Schmiergeldkontakte durch die in den achtziger Jahren in Rom regierenden Sozialisten so gut loszuschlagen vermocht.

b) Herausbildung inkompetenter Entscheidungsträger

Die Entmachtung der legitimierten Entscheidungsträger hat aber noch eine weitere Konsequenz: Da ihre Kompetenz ohnehin nicht so arg gefragt ist, wenn es zur Entscheidung kommt, nimmt die Sorge um ihre Fähigkeit schon bei der Besetzung spürbar ab. Wer sich ansieht, wie weit zum Beispiel Parteizentralen bis in die Besetzung von Aufsichtsratsposten mit hineinregieren, und wer dann die sich immer schneller überschlagenden Skandale in großen Konzernen und in führenden Banken danebenstellt, dem kommt automatisch der Verdacht, die von Günter Ogger in seinem Buch *Nieten in Nadelstreifen* dargestellte Unfähigkeit der deutschen Führungskräfte könnte auch mit der epidemischen Nachlässigkeit bei der Ernennung von Managern zusammenhängen, die sich dann auch in die nachgeordneten Positionen fortsetzt. Und wer sich den Pfusch in sensiblen Bereichen unserer Regierungen ansieht, vom Verteidigungsministerium mit seinem Skandalvogel »Jäger 90« bis zu der ins Lächerliche gesteigerten Ineffizienz des Bundesgesundheitsamtes, das am Ende sogar aufgelöst werden mußte, wird auch hier den Verdacht nicht los, die dort jeweils in die wichtigen Stellen gehievten »Fachleute« seien allenfalls Drehstuhlwärmer, kaum aber kompetente Experten.

Auch in der kommunalen Verwaltung fördern derlei Entwicklungen Inkompetenz und Sachfremdheit. Heinz Rasch hat in seinem Buch *Korruption in Deutschland* eine Reihe von Fällen dargestellt, in denen die Besetzung von Stellen nach ganz anderen als Kompetenzprinzipien geschah – korrupte Beamte wurden durch andere ersetzt, die aber ebenso unkorrekt waren und ebenso auf externe »Weisungen« hörten. So etwa im Falle eines Kälteanlagefabrikanten in Hamburg. Der war einem Schmiergeldforderer der Universitätsklinik in die Hände gefallen, offenbarte sich dessen obersten Dienststellenleiter und hoffte nun, daß der Nachfolger des schmierigen Beamten besser sei. Tatsächlich bekam er von diesem keinerlei Geldforderungen und begann sich schon zu freuen. Doch dann wurde er von dem neuen Beamten auf hinterhältigste Weise ausgebootet. Der Neue ließ ihn – vertraulich, weil das verboten ist – die Angebote der Konkurrenz einsehen und bezeichnete ihm die Höhe, bei der er dann den Zuschlag erhalten würde. Der Ausstatter unterbot entsprechend – und fand sich am Ende doch als der Teuerste wieder, was zu seinem Ausschluß führte. Die ihm vorgelegten Unterlagen waren getürkt, um ihn »demokratisch« aus dem Rennen zu werfen. Von sachkompetenten Entscheidungen weit und breit nichts zu sehen.

c) Zersetzung der Demokratie?

Die Verlagerung der Entscheidungen weg von den legitimierten Stellen kann, wird sie flächendeckend und durchgängig praktiziert, natürlich das Ende der Demokratie einleiten. Heutzutage, wo auch Korruption längst grenzüberschreitend praktiziert wird, lassen sich da durchaus düstere Szenarien für ganze Regionen, etwa die Europäische Union, zeichnen.

Zweifellos ist auch in unseren Breiten nahezu überall neben die offizielle, vom Volk gewählte Regierung und die legitimierte Administration und Justiz längst eine ganze Anzahl von Parallelstrukturen getreten: einflußreiche Lobbys, Wirtschafts- und Arbeitnehmerverbände, Managerzirkel und Beamtenvereinigungen, die auf allerlei Umwegen über das große Geld oder den aufgrund ihrer Mitgliederzahl ausübbaren Druck mitregieren. Hinzu kommen Geheimdienste und allerhand behördeninterne Zirkel, aber auch die Medien, die mitunter einen beträchtlichen »Flankenschutz« für unlautere Geschäfte und Korruption bieten können; große Transaktionen in der Wirtschaft werden oft von eigens dafür geschmierten Journalisten »abgesichert«, illegale Machenschaften durch Vernebelungen aus dem Schußfeld genommen.

Viele dieser »Nebenregierungen« bedienen sich neben der Ausübung psychischen Drucks auch der Korruption. Aber auch umgekehrt nähern sich manche Zirkel korrupter Geschäftemacher ihrerseits den genannten Schattenmächten an. So haben sich etwa illegale Geheimlogen wie die international operierende »Propaganda 2« geradezu mit korrupten Politikern, Geheimdienstlern, Militärs und auch Medienherren zusammengetan und nicht nur Italiens politisches System ausgehöhlt, sondern auch in Lateinamerika Demokratien unterspült und selbst schon in den Vereinigten Staaten Fuß gefaßt; einige Geschäfte mit düsterer Kulisse reichen auch bis nach Deutschland. Im »Orden vom Heiligen Grab zu Jerusalem«, in dem sich in Italien ein ansehnlicher Teil der wirtschaftlichen und politischen Nomenklatura der »Ersten Republik« und in Deutschland die Crème de la crème der katholischen Hochfinanz und des hohen Unternehmertums trifft, stößt man immer wieder auch auf Namen, die in böse Korruptions- und Mafiaskandale verwickelt sind (siehe dazu: Koch/Schröm, *Das Geheimnis der Ritter vom Heiligen Grabe*). Als Klüngelclubs, bei denen allerlei hohe Politiker mit Konzernherren mauscheln, deren Firmen inzwischen teilweise auch in Ermittlungsverfahren wegen Bestechung verwickelt sind, firmieren in vielen Veröffentlichungen auch der »Cercle Violet« und die »Loge von Montecarlo« oder das »Opus Dei«.

Dennoch ist auch hier wieder einmal eine nüchterne Abwägung vonnöten. Daß von der Korruption eine riesige Gefahr für die Demokratie – wie auch für jedes andere System – ausgeht, ist unbestritten, weil mit ihr eine Auspressung von Land und Bürgern bis aufs Blut geschehen kann, wie das Beispiel Italien mit seinen vielen Milliarden (DM) Schmiergeldern zeigt. Doch gleichzeitig zeigt gerade Italien auch, daß diese Gefahr nur dann zu bösen Konsequenzen führt, wenn keine Gegenkräfte mehr existieren. Diese allerdings gab und gibt es in Italien immer noch, durch ein in weiten Teilen mutiges und nicht korruptes Gerichtswesen – auch wenn Teile davon selbst durchaus korrumpiert wurden. Diese demokratisch weitgehend intakten Kräfte reichten, zusammen mit der Unterstützung anfangs nur verschwindend kleiner Parteien, am Ende aus, das Korruptionssystem zunächst einmal zu kippen.

Daß die Reste des alten Systems noch immer nicht abgestorben sind und sich um einen Wiederaufstieg bemühen und daß allerlei Krisengewinnler – von rechts bis links – die politische Szene zu erobern suchen, ist nur natürlich. Doch auch hier zeigt die schon nach kurzer Zeit einsetzende erfolgreiche Blockade des Usurpationsversuches durch den Medienherrscher Silvio Berlusconi und seine Rechtsallianz, daß auch noch so viel alte wie neue Korruption ein intaktes demokratisches Wesen nicht zerstören kann.

Das mag optimistisch klingen und angesichts der teilweise selbstmörderischen Grabenkämpfe der italienischen Politik gar weltfremd. Doch dort hat sich bisher zum ersten und einzigen Mal in der Geschichte westlicher Demokratien gezeigt, daß auch Korruption trotz all ihrer Versuchungen und Verlockungen nicht allmächtig ist – zumindest nicht, wenn den wirtschaftlichen Kräften überwiegend das demokratische System zukunftsweisender und effizienter erscheint als jedes andere Abenteuer.

Das ist kein Plädoyer dafür, die Gefahren der Korruption zu unterschätzen. Ich habe bei vielen Gelegenheiten darauf hingewiesen, daß eine derart umfangreiche Korruption wie in Italien in Deutschland tatsächlich sehr schnell auf ein völliges Umkippen des Systems hinauslaufen könnte, weil wir hier, käme es dazu, weder Heilmittel noch Überlebensstrategien entwickelt haben. Doch andererseits zeigt sich Korruption denn auch in Deutschland anders, und es steht zu hoffen, daß es auch hier einigermaßen adäquate Kräfte dagegen gibt.

VII
Die Moralisierung des Kampfes
gegen die Korruption

Zugunsten der eben formulierten Hypothese von gewissen Anti-körpern in Sachen Korruption in Deutschland spricht, daß sich hier ein geradezu unglaublicher Paradigmenwechsel auf diesem Gebiet abgespielt hat: Unzählige Vorgänge, die wir noch vor wenigen Jahren, ja Monaten als eher »normal«, allenfalls »ausgebufft« oder »schlitzohrig« empfunden hätten, erregen plötzlich unseren tiefen Abscheu. Das deutet einerseits auf Sensibilisierung hin, andererseits birgt es aber auch Gefahren.

Noch vor wenigen Jahren galt jemand, der neben seinem Amt sichtbar so viel dazu verdiente, daß er sich nicht nur eine Villa bauen, sondern auch reihenweise Mietshäuser kaufen und teure Statussymbole herzeigen konnte, als »Erfolgstyp«, als Mensch mit einer »Bombenstellung«, als einer, »der's geschafft hat«. Natürlich kann jeder sogar ohne Taschenrechner erkennen, daß ein Beamter im Baudezernat oder ein Abteilungsleiter bei Opel von seinem Gehalt nicht Häuser, Autos, Yachten im Wert von ein paar Millionen kaufen und dazu auch noch teure Urlaubsreisen unternehmen kann; und das gilt im Regelfall auch für Politiker. Selbst erfolgreiche Börsenspekulation läßt dergleichen kaum zu – und Kasinogewinne in solchen Höhen müßten ebenfalls auffallen. Wie auch der kleine Handwerkermeister ohne glückliches Erbe von Tante Emma kaum innerhalb von drei Jahren vier Konkurrenzbetriebe übernehmen, zwei Bürogebäude bauen und eine Villa für sich erwerben kann.

Dennoch kam bis vor kurzem kaum ein Nachbar, auch kein Polizist oder Staatsanwalt auf die Idee, einmal nachzuprüfen, woher denn so mancher Beamte und stellungsmäßig eher bescheidene Angestellte solchen Luxus nimmt und wovon der Unternehmer seinen Sonderluxus eigentlich bezahlt. Heute ist das plötzlich anders. Reichtum, der nicht aus der regulären Lohntüte bezahlt wird, ist suspekt geworden. Mehr als 40 Prozent der von mir befragten Beamten und leitenden Angestellten äußern heute Angst, Luxusgüter überhaupt noch herzuzeigen. »Mein Motorboot, bei Gott kein teurer Kahn, habe ich auf einen See zweihundert Kilometer entfernt gebracht, wo mich keiner kennt«, berichtet ein Beamter eines hessischen Arbeitsamtes, der das Vehikel tatsächlich von einem entfernten Onkel geerbt hat. Fälle wie die des bayerischen Bäderkönigs Zwick mit seiner offenbar von der bayerischen Regierungsspitze unter Franz Josef Strauß stillschweigend hingenommenen Steuerhinterziehung oder die Affäre der Tennisspielerin Steffi Graf, der die baden-württembergischen Behörden heftig zu Diensten waren und dabei auch den dortigen Finanzminister Mayer-Vorfelder in Zwielicht gebracht haben, waren bis vor kurzer Zeit kaum einen Skandalbericht wert. So war es eben: Wer reich war, galt auch im Volk und in den Massenmedien als frei, sich zusätzlich Gewinne über Steuerhinterziehung oder anderweitige Unsauberkeiten zu verschaffen. Allenfalls der eine oder andere lokalpatriotische Einwand kam, wenn jemand zum Steuerflüchtling wurde und eine fremde Staatsangehörigkeit annahm. Wie sicher sich jemand wie Peter Graf beim Aufbau der verschachtelten Geldverstecke in Sachen Fiskus fühlte, zeigen zahlreiche Statements wie »Alles ist von oben abgesegnet« oder gar Hinweise darauf, wie viele hohe Köpfe rollen würden, wolle man ihm ans Leder. Noch vor fünfzehn Jahren, als der Großunternehmer Horten und seine Kollegin Lieselotte Linsenhoff ins Ausland verschwanden und hohe Steuerschulden hinterließen, die ohne gewollte Nachlässigkeit der Behörden gar nicht hätten entstehen können, sahen die Bürger und der Großteil der Presse den Edelhinterziehern alles nach. Der eine stand für viele Arbeitsplätze, die andere war eine vielgerühmte Reiterin, die auch schon olympisches Gold für Deutschland geholt hatte.

Erst zehn Jahre nach den doch längst bekannten Steuerhinterziehungen Zwicks und sechs Jahre nach dem Tod von dessen Mentor Franz Josef Strauß begann es in der Öffentlichkeit zu rumoren, und erst der Skandal um Steffi Graf ließ die öffentliche Meinung völlig kippen. Obwohl Steffi Graf noch immer im Tennis-Olymp spielte und reihenweise Titel gewann, drosch nun alles auf sie ein. Nicht nur die Steuerhinterziehung, sondern auch und vor allem die dunklen Beziehungen, die dafür nötig waren, wurden ihr nun übelgenommen.

1. Vom Hautgout zum Skandal: Schein-Heilige und Scheinheilige

Ganz ähnlich wie Bäder-Zwick und Steffi Graf sahen sich auch die Abgeordneten des Deutschen Bundestages plötzlich im Regen stehen, als sie wieder einmal die eigenen Bezüge anzuheben versuchten. Zwar hatte das auch früher immer einen gewissen Unmut geweckt, wenn sie zeitgleich zu kräftigen Einsparungen im Sozial- oder Bildungsbereich die Diäten kräftig erhöhten, und das bei ohnehin schon für den Normalverbraucher schwindelerregenden Höhen von zehn- oder dreizehntausend Mark, Nebenverdienste nicht eingerechnet. Doch mehr als ein ärgerliches Kopfschütteln wurde selten daraus, zu einem Skandal kam es in der Regel nicht. Vielleicht spürten die Volksvertreter, daß sich der Unmut angesichts der neuen Aufmerksamkeit gegenüber dem Griff in fremde Taschen – hier des Steuerzahlers – bis zur Staatsaffäre steigern konnte; jedenfalls suchten sie die Diätenerhöhung, bei der sie in eigener Sache zu entscheiden hatten, ein- für allemal vom Tisch zu bekommen, indem sie die Bezüge an die der obersten Bundesrichter anglichen. Das sollte durch eine Verfassungsänderung geschehen. Doch da explodierte ein wahrhafter Aufstand nicht nur in der Presse, sondern selbst bei den treuesten Mitgliedern der Parteibasis.

Dabei kann man getrost davon ausgehen, daß kaum jemand verstanden hatte, was die Abgeordneten damit beabsichtigt hatten – auch wenn der verdiente Dauerkritiker Hans Herbert von Armin in den verschiedensten Fernsehkanälen auftrat und die beabsichtigte Änderung des Grundgesetzes gar als Verfassungsbruch brandmarkte, wobei die Medien ihm folgten. Die vom Verfassungsgericht geforderte Transparenz der Selbstbedienung sei gerade dann nicht mehr gewährleistet, wenn die Mandatsträger ihre Gehälter automatisch denen oberster Richter angleichen. Denn der Bürger würde dann nicht mehr jedes Jahr schwarz auf weiß nachlesen können, was seine Volksvertreter verdienen – ihre Gehaltsaufbesserung wäre im Posten »Mehrausgaben für die Anhebung von Richtergehältern« versteckt. Da sich erfahrungsgemäß niemand über Richtergehälter aufregt, könnten sich die Abgeordneten auf diese Weise ungeniert bedienen, so das zentrale Argument gegen die Neuregelung.

Hier sehen wir bereits einen der neuen Aspekte der Scheinheiligkeit – und zwar bei den Kritikern: Warum soll man sich über – möglicherweise überzogene – Anhebungen bei den Abgeordneten aufregen, nicht aber bei den Richtern? Sicher: Richter haben in der Regel keine Nebeneinkünfte, Abgeordnete dagegen schon, und es sind auch nicht die Richter, die über die Anhebung entscheiden. Doch Nebeneinkünfte hatten Abgeordnete schon immer, und es waren auch immer sie, die da in eigener Sache entschieden; es hat sich also insofern nichts Substantielles geändert, und doch gab es in der Vergangenheit nur selten einmal mehr als ein Gegrummel, auf keinen Fall aber einen Riesenskandal wie heute.

Scheine nimmt jeder gerne, und die Abgeordneten hatten versucht, was jeder macht, der gerne Scheine nimmt: es nicht an die große Glocke zu hängen, da sonst der Ruf der Korrektheit, zumindest aber der Mäßigung leiden könnte. Scheine nehmen und Heiligkeit bewahren, darum ging es. Doch es ist nicht einzusehen, warum nur bei Abgeordneten ein Skandal daraus wird, wenn es kräftige Zulagen gibt. Zwar »bedienen« Richter sich nicht selbst, doch scheint es mir eher unwahrscheinlich, daß die Abgeordneten sich trauen würden, Oberrichtern als einziger Berufsklasse jährlich Zuschläge weit über die üblichen Tariferhöhungen des öffentlichen Dienstes hinaus zuzugestehen, nur um selber mit abzusahnen.

Doch Abgeordnetengehälter sind hier nicht mein Thema, es geht mir hier denn auch nur um den einen Aspekt der gewandelten Sensibilität der Medien und der Bürger gegenüber Vorgängen, die mit der öffentlichen Verwaltung und Politik zusammenhängen. Was zuvor allenfalls als ein Vorfall mit einem gewissen Hautgout durchging, ist nun zur Unmoral schlechthin geworden. Eilends erklärten denn auch zuerst die Sozial- und die Freidemokraten, wenig später auch die Unionsspitzen die – vom Bundestag schon beschlossene – Neuregelung einschließlich Grundgesetzänderung zur Makulatur und machten einen Rückzieher. Die Scheinheiligkeit erreichte einen neuen Höhepunkt, als sich die Politiker nun an die Brust schlugen und den Kopf schüttelten, wie ihnen denn so etwas habe passieren können – um schon wenige Wochen danach einen neuen Anlauf zu nehmen, die Angelegenheit geräuschlos zu beseitigen. Allerdings haben sie es nun schwerer, weil ihnen alle auf die Finger schauen. Ob die nun zu beschließende Neuregelung den Bürger weniger kostet als die automatische Anpassung an die Richtergehälter, bleibt erst noch abzuwarten – es ist eher unwahrscheinlich.

Zahlreiche Beispiele belegen, wie die Änderung in der Akzeptanz zuvor als »normal« betrachteter Verhaltensweisen und Zusammenhänge voranschreitet. Ob es um Mehrfachpensionen für ehemalige Bürgermeister geht oder die Abschiedsversorgung hoher Beamter – etwa bei Regierungswechseln –, um die Gesamteinkünfte hoher Manager, ob um Verdächtigungen gegen kleine Polizeibeamte oder um Stadträte, die möglicherweise in eigener Sache mitgestimmt haben: Immer häufiger will das Volk – vertreten, wenn auch nicht immer ganz korrekt, von den Medien – wissen, wer wann wieviel und vor allem warum verdient, und wehe, es gibt da Glaubwürdigkeitslücken. Oskar Lafontaine kann davon ebenso ein Lied singen wie ein ganzes Dutzend in den Osten übergewechselter Minister, Staatssekretäre oder hoher Beamter, deren Bezüge und Altersansprüche nun penibel ausgerechnet und vielfach als zusammenstreichbar erkannt werden. Aber auch auf unterer Ebene hat das Prüfen und Suchen begonnen – siehe das Beispiel der Kleinstadt Groß-Bieberau, wo sich *Sumpf*-Autor Roth als Hexenjäger bemüht hat.

Der Schritt von der seriösen Untersuchung und angemessenen Kontrolle ohne Ansehen der Person, die natürlich sein muß und periodisch stattfinden sollte, hin zur Kultur des Verdachtes ist ein kleiner. »Wenn die Kreisaufsicht oder ein Ministerialer bei uns anruft oder gar ins Haus schneit, krieg ich Panik«, barmt ein Bürgermeister aus einer 50 000-Einwohner-Stadt in Franken, obwohl ihm bisher noch kein einziges Mal ein Vorwurf der Unredlichkeit gemacht wurde: »Nicht, weil ich was zu verbergen habe, aber weil sofort wie ein Lauffeuer die Kunde umgeht, da sind Kommissare da, irgendwas stimmt da nicht, den K. hat's nun auch erwischt.«

2. Moral als Wunderwaffe?

Jahrzehntelang waren Korruption und die mit ihr verbundenen Aktivitäten kein zündendes Thema in der Öffentlichkeit, und alle Versuche, das zu ändern, schlugen fehl. Nun plötzlich ist das anders, und alle wollen die ersten und besten sein, wenn es gegen Filz und Unterschleif geht. Ganz besonders laut tönen dabei alle jene, die bisher beim Kassieren von Scheinen wenig Zimperlichkeit gezeigt hatten. »Obwohl gravierende gesellschaftliche Mißstände oft schon mit Händen zu greifen sind«, resümiert Reiner Scholz in *Korruption in Deutschland* treffend, »geschieht lange Zeit gar nichts. Bis auf einmal nur noch ein kleiner Anstoß von außen reicht, um das schwerfällige Rad endlich zum Drehen zu bringen. Seit der ›Opel-Affäre‹ scheint schlagartig alles anders. CDU-CSU-FDP-Koalition und SPD-Bündnis 90-Grüne-PDS-Opposition überbieten sich plötzlich im Ideenwettstreit, wie man die Korruption am besten bekämpft.«

Dabei kommt den meisten Ideenlieferanten allerdings auch nicht viel Neues in den Sinn: Sie greifen, wie Scholz bemerkt, überwiegend »zurück auf Teile des Arsenals, das Experten schon lange bereitgestellt haben«. Im wesentlichen sind das vorhandene Gesetze und Ausführungsvorschriften, Normen für Auftragsvergaben und Kontrollen, Gebote für Transparenz und Verhinderung von Klientelbildungen durch periodische Rotation der Entscheidungsträger. Darauf werden wir noch zu sprechen kommen.

Da wirklich neue Ideen fehlen, kommt den meisten Korruptionsbewältigern und ganz besonders den Scheinheiligen jenes

Mittel in den Sinn, das den Mangel an Kreativität von jeher besonders gut übertüncht: die Moral. Plötzlich wimmelt es nur so von einschlägigen Appellen, eine neue Ethik für Beamte wie für Unternehmer wird heraufbeschworen, kurzum: Moral – als persönliches Wertesystem – und Ethik – als Geflecht gesellschaftlich anerkannter Normen – sollen zur Superwaffe gegen Korruption werden. Gefordert wird derlei von Politikern wie vom Arbeitgeberverband, von Gewerkschaftern wie vom Bund der Steuerzahler. Oberstaatsanwalt Schaupensteiner forderte sie in einer Fernsehdiskussion beim SWF in Mainz im August 1995 ebenso wie die Vorsitzende des Bundes Katholischer Unternehmer, Mechthild E. Löhr. Auch der rechtspolitische Sprecher der Grünen, Rezzo Schlauch, sieht im ethischen Verfall den Hauptgrund für Korruption: »Wahrscheinlich wird es so sein«, zitierte er bei der Berliner Tagung der Friedrich-Ebert-Stiftung Jean Marie Guehenno, »daß sich das wirtschaftliche Interesse gegen das moralische durchsetzt.«

Auch die Publizistik hängt sich an die Moral an. Jürgen Roth etwa leitet sein *Sumpf*-Buch mit den Worten ein, es gehe ihm immer um »die politische Kultur, um ethische Gesichtspunkte beim Handeln von Politikern beispielsweise, um demokratische Werte – sie sind für alle Schlußfolgerungen, Erklärungsmuster und aus meiner Sicht gewonnenen Erkenntnisse in diesem Buch die übergeordnete Klammer«. Wo immer die Presse Skandalgeschichten ausgräbt, erigiert sofort der moralische Zeigefinger: »Verfassungsbruch aus Geldgier« titelte der *Spiegel* angesichts der Versuche zur Diäten-Dauerregelung des Bundestages. Selbst wo die Worte Moral oder Ethik fehlen, wird der Pharisäerton an irgendeiner Stelle hörbar. Hans Herbert von Arnims höchst verdienstvolle Analyse der gravierenden Defizite in weiten Teilen unseres Staatsapparates in seinem Buch *Staat ohne Diener* trägt den Untertitel »Was schert die Politiker das Wohl des Volkes?«.

Eine höchst bedenkliche Wunderwaffe – sie geriet zu allen Zeiten bald in die Hände von Scheinheiligen und Doppelmoralexperten: Sokrates mußte seinen Schierlingsbecher wegen eines angeblichen Verstoßes gegen die öffentliche Moral trinken, Roms

Cicero predigte höchste Ethik und war doch selber ein oft schmieriger und korrupter Ausbeuter; die mittelalterliche Inquisition, ursprünglich als ein eher nachsichtiger Katalog von Grundpflichten für den Christen eingeführt, geriet in die Hände gnadenloser Moralapostel und wurde zum blanken Terror. Die auch in Deutschland jahrzehntelang geltende »viktorianische Moral« des vorigen Jahrhunderts zeitigte die bis in die sechziger Jahre unseres Jahrhunderts, mit Höhepunkten im Dritten Reich, geltende Doppelmoral öffentlicher Sauberkeit und privater Lasterhaftigkeit. US-McCarthy verordnete den Amerikanern eine antikommunistische Moral und zerstörte mit seinen triefenden Anhängern unzählige Karrieren, Familien und Leben. Es steht zu befürchten, daß der Kampf gegen Korruption heute, wird er nicht schleunigst aus dieser Umklammerung befreit, ähnlich endet.

3. Gängige Vorschläge

Mittlerweile haben sich zumindest die wichtigsten Entscheidungsinstanzen und dazu eine große Anzahl ad hoc gebildeter oder aufgrund einer gewissen Affinität ihrer Tätigkeitsbereiche dazu berufener Gruppen mit Vorschlägen gemeldet, wie man den so abgesunkenen Beamten und Entscheidungsträgern wieder zu einer entsprechenden Moral verhelfen könnte. Und wie man – der Geist ist bekanntlich willig, das Fleisch aber schwach – hinreichende Standfestigkeit aufbauen könnte, damit der Korruptionssumpf allmählich austrocknet.

Aus dem Justizministerium in Bonn, wo bis Ende 1995 die linksliberale Frau Leutheusser-Schnarrenberger herrschte, kam die Idee, in der Wirtschaft nach Aschenputtelart zu verfahren – die Guten ins Töpfchen, die Schlechten ins Kröpfchen: Nichtkorrupte Unternehmen sollen gefördert werden, heißt hier die Parole. Im Wirtschaftsministerium, mit dem Ohr näher am Unternehmertum und ebenfalls von der FDP geführt, hält man von solchen Prämien nichts, auch weil man sie zutreffend für nicht realisierbar erachtet. Allenfalls der Vorbehalt öffentlicher Ausschreibungen nur für nicht von Korruptionsfällen betroffene Unternehmen wäre da zu überlegen. Doch auch hier haben die wirtschaftlichen Bedenken bei den Ministerialen Vorrang – man könne nicht die gesamte Belegschaft bestrafen, nur weil der Manager geschmiert hat. Im Wirtschaftsministerium sitzen denn auch eher Warner, denen ein allzu harter Kampf gegen Korruption als Beeinträchtigung der Konkurrenzfähigkeit besonders im Ausland erscheint.

Entsprechend sind die Moralappelle hier besonders verbreitet und drollig – man soll's halt freundlicherweise unterlassen, wenn möglich, und wenn nicht, bitteschön nicht so arg überziehen, daß ein Skandal draus wird. Das sind nicht die Worte, ist aber die Substanz der dortigen Stellungnahmen. Daß das Wirtschaftsministerium auch in seinen eigenen Behörden als nicht sonderlich eifrig bei der Verfolgung von Korruption gilt, habe ich schon angeführt. Im Bundesfinanzministerium herrscht ohnehin die von Theo Waigel ausgegebene – von ihm jedenfalls nicht dementierte – Devise, es müsse etwas geschehen, dürfe aber nichts passieren.

Wesentlich ernster zu nehmen sind hingegen die Vorschläge, die eine Reihe schon seit längerem dem Kampf gegen bestimmte gesellschaftliche Entartungen verpflichtete Vereinigungen machen, darunter etwa »Business Crime Control« und »Transparency International«. Der Gründer und Vorsitzende der »Business Crime Control«, Hans See, sieht zum Beispiel eine isolierte Betrachtung der Korruption als eher schädlich an – sie lenkt seiner Ansicht nach ab von dem, wozu ein Großteil der Korruption dient, dem Wirtschaftsverbrechen. »Die Fokussierung des öffentlichen Interesses auf die Korruption«, sagte er auf der erwähnten Tagung der Friedrich-Ebert-Stiftung in Berlin, »bietet allerdings die Gelegenheit, auf den funktionalen Zusammenhang zwischen Wirtschaftskriminalität und Korruption hinzuweisen. So läßt sich bewußtmachen, daß die Bekämpfung der Korruption nur geringe Aussicht auf Erfolg haben wird, wenn sie nicht zugleich als Kampf, zumal als präventiver Kampf, gegen Wirtschaftskriminalität organisiert wird. – Bekämpfen wir nur das Symptom, die Korruption, und dies nur auf der staatlichen Seite, wird der Erfolg ausbleiben und das gesellschaftspolitische Interesse günstigenfalls erlöschen.« Dennoch zieht sich auch See – nach einer ausgezeichneten Analyse korrupter Systeme – immer wieder auf den Appell zur Erhaltung von Werten zurück, also wieder auf Güter, die einem bestimmten ethischen System entspringen. Er nennt diese Wertehaltung im Rahmen seiner Vorschläge zur »ideologischen Prävention«: Sie erfordere »eine kritische Grundhaltung gegenüber jeglicher Macht, sie ist – wenn man so will – eine demokratische und sozialstaatliche Weltanschauung. Diese kann freilich nur vermittelt werden, wenn klar ist, daß Kritik an der zur Weltmacht gewordenen Wirtschaft, die Forderung nach mehr demokratischer Kontrolle dieser Macht, zwingend notwendig ist, also nichts mit kommunistischer Ideologie zu tun hat oder haben muß, sondern mit sozialstaatlicher Demokratie, mit Menschenrechten und dem Selbsterhaltungstrieb der Gattung Mensch.«

»Transparency International«, eine NGO (Non Governmental Organization), die keiner Regierung verpflichtet ist und geleitet wird vom ehemaligen Weltbank-Direktor Peter Eigen, versucht der Korruption durch die »Anregung und Stützung von Koalitionen« nichtkorrupter Gruppen und kampfeswilliger Regierungen beizukommen. Damit sollen »Inseln« frei von Korruption geschaffen werden, die sich immer mehr ausbreiten und so den Sumpf auch international allmählich austrocknen. Also Koalitionen und korruptionsfreie Partnerschaft von Wettbewerbern ebenso wie »zwischen Regierung und Zivilgesellschaft«, Partnerschaft zwischen ganzen Staaten, indem sie etwa ihre Gesetze harmonisieren und unbürokratischen Austausch von Erfahrungen betreiben sowie großzügig Ermittlungshilfe zulassen. Doch am Ende kommt auch Eigen nicht um einen Appell ans moralische Gewissen herum: »Die Gelegenheit ist günstig. Aber sie kann nur genutzt werden, wenn die Menschen guten Willens als aktive Bündnispartner zusammenarbeiten. Eine Koalition des guten Willens ist gefordert, um die Korruptionskrise in Deutschland und international zu meistern.«

VIII
Wieviel Korruption braucht eine Demokratie?

Mit Moralappellen, das dämmert mittlerweile auch einigen ernsthaften Antikorruptionskämpfern, ist wohl nicht nur nichts zu erreichen, sondern eher das Gegenteil zu befürchten: Hexenjagden, Zerstörung von notwendigem Vertrauen, und am Ende vielleicht noch kontraproduktivere Verhaltensweisen, als sie die Korruption selbst schafft. Vor allem zwei Wege gehen daher diejenigen, die sich ohne moralischen Zeigefinger gegen die Korruption stemmen: präzisere Vorschriften in sensiblen Bereichen, genauere und häufigere Kontrolle sowohl der Entscheidungsträger als auch bei ihren Partnern, den Anbietern, auf der einen Seite; und ein Appell an die egoistische Vernunft der einzelnen, indem man ihnen vorrechnet, wie sehr sie selbst auf längere Sicht durch die Korruption draufzahlen. Beide Wege haben ihre Vorteile, aber auch ihre Schwächen. Beide können stellenweise Unterschleif und Unkorrektheit verhindern, beide können aber auch zu weiteren Schäden in der Gesellschaft führen.

1. Normative, institutionelle und strafrechtliche Vorschläge

Spezialdezernate für den Kampf gegen die Korruption gibt es in der Bundesrepublik bisher erst zwei, je eines in Hessen und in Bayern. Ihre Arbeit kann sich sehen lassen, mehrere tausend Einzelfälle wurden innerhalb von weniger als einem Jahrzehnt aufgedeckt, über tausend alleine in den letzten drei Jahren. Dazu wirken diese Staatsanwaltschaften auch präventiv: Behörden können bei ihnen abfragen, ob Firmen, die bei ihnen anbieten, in Korruptionsverfahren verwickelt sind.

Vermutlich werden in den nächsten Monaten auch andere Bundesländer Zentralstellen gegen die Korruption einrichten; abzuwarten ist allerdings, ob diese dann einander ähneln oder landes-spezifisch so unterschiedlich sind, daß der – angesichts der oft bundesweit arbeitenden Korruptionsringe dringend notwendige – Austausch der Erkenntnisse wieder behindert wird. Die Erfahrungen mit den Vorgehensweisen gegen die Organisierte Kriminalität haben gezeigt, daß da leider nicht immer die beste Koordination herrscht. Sieht man sich etwa an, wie der »Plutonium-Skandal« abgelaufen ist, kann man kaum umhin, statt des Miteinanders eher ein Gegeneinander verschiedener Dienststellen zu vermuten – etwa mancher Abteilungen des BKA gegen solche der Landes-kriminalämter und umgekehrt, die ohnehin wie üblich unklare Rolle der Geheimdienste einmal ganz beiseite gelassen.

Vorgesehen ist in Sachen Korruption im Rahmen der neuen Entwürfe effizienter Normen meist auch eine spürbare Verstär-kung der Kontrollmöglichkeiten innerhalb der Ämter. Das reicht von der EDV-gestützten Ermittlung der durchschnittlichen Ko-sten für Bauvorhaben in der Ausschreibungsregion bis zum Ein-satz von »Lockspitzeln« oder »Bestechungsködern« sowie zur Einrichtung interner Antikorruptionsstellen bei jeder Groß-behörde oder jeweils einer Anzahl kleinerer Ämter. Dazu sollen auf der »Geber«-Seite administrative Maßnahmen für Klarheit sorgen: Sperre bei Verwicklung in Verfahren wegen Korruption oder Kartellbildung sowie Zentralerfassungsstellen über korrum-pierende Auftragnehmer. Überdies sollen bei der Polizei wie bei vielen Staatsanwaltschaften mehr Stellen für Korruptionsermitt-lungen aufgebaut und dafür bessere Fachleute angeworben oder ausgebildet werden.

Die schwierigste Aufgabe im institutionellen Kampf gegen die Korruption fällt natürlich dem Strafrechtsbereich zu. Hier geht es nicht nur um höhere oder konkretere Strafandrohungen etwa bei den bisher nur als Vergehen oder gar Ordnungswidrgkeiten ein-gestuften Delikten; einige sollen zu Verbrechen erklärt und mit einem Strafrahmen bis zu zehn Jahren versehen werden. Es geht auch um strafprozessuale Reformen und ermittlungstechnische Neueinführungen, die durchaus umstritten sein werden. So etwa Straffreiheit für Bestochene wie für Bestechende, wenn sie sich vor Entdeckung innerhalb einer gewissen Frist freiwillig stellen und rückhaltlos aussagen; oder auch die Ausweitung von Kronzeugenregelungen, die Erlaubnis von Lauschangriffen und der Einsatz verdeckter Ermittler

Der bisher einzige im Parlament eingebrachte umfassende Gesetzentwurf zum Kampf gegen die Korruption, die sogenannte Bundesratsinitiative, geht im wesentlichen auf Vorstellungen zurück, die der seit 1987 einschlägig tätige Oberstaatsanwalt Wolfgang J. Schaupensteiner entwickelt hat und die dann den Empfehlungen der Friedrich-Ebert-Stiftung nach ihrer Tagung vom Januar 1995 zugrunde gelegen haben. Das folgende Gespräch verdeutlicht den Rahmen, in dem diese Vorstellungen entstanden sind:

Gespräch mit Wolfgang J. Schaupensteiner, Oberstaatsanwalt bei dem Landgericht Frankfurt und Leiter des Dezernats für Korruptionsermittlungen

Herr Oberstaatsanwalt Schaupensteiner, wo beginnt Korruption?

SCHAUPENSTEINER: Wir reden jetzt sicher nicht von der situativen Korruption, also der zufälligen Korruption, die nicht auf Wiederholung angelegt ist, sondern von der strukturellen Korruption im Rahmen der Wirtschaftskriminalität.

Korruption in diesem Sinne ist von langer Hand geplant und – mit Blick auf das gemeinsame Ziel rechtswidriger Gewinnmaximierung – unter den Beteiligten bestens organisiert. Hier wird nichts dem Zufall überlassen. Korruption fängt mit den »üblichen« Aufmerksamkeiten im alltäglichen Umgang miteinander an und geht weiter bis hin zu den bekannten Briefumschlägen, in denen neben Grußkarten diverse Geldscheine eingelegt sind. Aber weitaus gefährlicher – weil schwer nachweisbar – sind die verschleierten Zuwendungen. Dies sind Zahlungen für tatsächlich nicht erbrachte Leistungen, etwa statische Berechnungen eines beamteten Bauingenieurs für einen Architekten oder Bauunternehmer, Übersetzungs- und Schreibarbeiten, aber auch

Hilfestellungen bei Anträgen auf Erteilung von Baugenehmigungen oder die Bewilligung öffentlicher Subventionen. Diese Zahlungen erfolgen nicht selten im Rahmen von genehmigten oder auch ungenehmigten Nebentätigkeiten des Amtsträgers; oder auch über inländische Unternehmen, die nur zu dem Zweck der »Schmiergeldwäsche« gegründet wurden, und über ausländische Briefkastenfirmen. Zahlungen werden ferner für angebliche Gutachtertätigkeiten, Beraterverträge oder die Vermittlung von technischem Know-how erbracht.

Was heißt aber denn nun ›ganz unten‹?

SCHAUPENSTEINER: Korruption hat zunächst einmal keine Wertgrenze, weder nach unten noch natürlich nach oben. Grundsätzlich ist jede Zuwendung, die einen vermögenswerten Vorteil darstellt und auf die der Amtsträger keinen Rechtsanspruch hat, strafrechtlich relevant. Korruption beginnt bei der sprichwörtlichen Einladung zum Essen, geht weiter über die Einladung zu Festivitäten, künstlerischen und sportlichen Veranstaltungen, beliebt sind Fußball-, Tennisturniere und nicht zuletzt Boxveranstaltungen, die zur Zeit ja sehr in Mode gekommen sein sollen. Überall dorthin werden gerne Geschäftspartner aus der öffentlichen Verwaltung eingeladen und nicht selten auch mit einem ›Rahmenprogramm‹ bei Laune gehalten. Über diese Aufmerksamkeiten zur allgemeinen Klimapflege hinaus gibt es den organisierten Bereich der Korruption, in dem Korruptionsmethoden gezielt eingesetzt und die Zuwendungen auf die persönlichen Bedürfnisse des Vorteilnehmers abgestimmt werden. Wenn zunächst eine Vertrauensbasis hergestellt ist, wenn man sich also kennt und damit auch über die eigenen Interessen offen miteinander reden kann – der eine will einen Auftrag, der andere einen Nebenverdienst, weil er einen Lebensstil wünscht, den er mit seinem Gehalt nicht finanzieren kann –, dann trifft man eine grundsätzliche Vereinbarung, wonach beispielsweise zukünftig regelmäßig Aufträge an ein Unternehmen bevorzugt vergeben werden, wofür es als Gegenleistung ebenso regelmäßig Geldzahlungen gibt. Zwecks Abrechnung trifft man sich alle Vierteljahre in einem gemütlichen Rahmen und addiert dann das, was bis dahin an Aufträgen gegeben worden ist. Aus diesen Auftragssummen zieht man die als Schmiergeldzahlung vereinbarten vier Prozent. Und die gehen über den Tisch, in bar natürlich. In anderen Fällen liegen die Prozente, auch »Punkte« genannt, etwas niedriger, etwa bei einem bis zu zweieinhalb Prozent, und zwar dann, wenn es sich um größere Auftragsvolumina, etwa ab 1 Million DM, handelt. Denn bei solchen Auftragssummen ergeben auch weniger »Punkte« eine erkleckliche Schmiergeldsumme. Bei kleineren Reparaturaufträgen bis zu 10000 DM oder 20000 DM mit meist hohen Lohnkostenanteilen werden auch schon einmal bis zu 20 Prozent fällig.

Die Manipulationsmuster zur Selbstbereicherung insbesondere im öffentlichen Bauwesen sind überall gleich und weit verbreitet. Da werden zum Beispiel Aufträge vergeben und abgerechnet, aber nicht ausgeführt. Man nennt diese Aufträge »Null-Nummern« oder auch »Luftnummer«. In anderen Fällen werden Aufträge nur zum Teil ausgeführt, aber zu 100 Prozent abgerechnet. Die Gewinne werden in der Regel im Verhältnis ein Drittel für den Beamten und zwei Drittel für den Unternehmer untereinander aufgeteilt. Ferner werden Angebotsunterlagen nachträglich, d.h. nach der öffentlichen Submission, frisiert (sogenannte »Rechenfehler«). Auf diese Weise wird entweder das Angebot eines nachrangigen Bieters so geändert, daß er Mindestfordernder wird und somit den Auftrag erhält; oder der Mindestfordernde erhöht nachträglich sein Angebot, um sich dem Angebot des Zweitbietenden anzunähern (»Draufsatteln«). Auch werden Planungsunterlagen bewußt unvollständig erstellt oder sogar von dem späteren Auftragnehmer selbst gefertigt. Aufmaße werden überhöht erfaßt und durch den Amtsträger als zutreffend bescheinigt. Leistungen werden doppelt abgerechnet und minderwertigere Leistungen als die vertraglich geschuldeten gezahlt. Dies alles mit Zutun der zuständigen Amtsträger, die auf diese Weise ihre Amtssessel »versilbern«, und auch unter Einbindung der im Auftrag der Bauverwaltung tätigen Ingenieurbüros. So verkommt, wie ich an anderer Stelle bereits formuliert habe, das Prinzip der öffentlichen Hand leicht zum Prinzip der offenen Hand.

Nun kennen sich Menschen mitunter natürlich auch schon vor
dienstlichen Beziehungen, verkehren miteinander, geben einan-
der Aufmerksamkeiten. Das könnte nun zweifellos, sobald die
dienstlich miteinander zu tun bekommen, den Verdacht von Kor-
ruption wecken. Sollen die nun jeglichen persönlichen Kontakt
abbrechen, einander nichts mehr schenken – oder können wir da
konkrete Grenzen festsetzen, die auch kontrollierbar sind?

SCHAUPENSTEINER: Doch, das glaube ich schon. Die Grenze zwischen erlaubten und verbotenen »Aufmerksamkeiten« läßt sich
mit Sicherheit ziehen, auch wenn im Zusammenhang mit dem
aktuellen Entwurf eines Korruptionsbekämpfungsgesetzes des
Bundesrates hier und da befürchtet wird, dieses Gesetz würde zur
uferlosen Ausdehnung der Bestechungstatbestände führen. Das
ist sicherlich nicht der Fall. Die Grenze läßt sich mithilfe dogma-
tischer Regeln grundsätzlich leicht bestimmen, wenn auch im
Einzelfall die Abgrenzung aufgrund tatsächlicher Umstände
schwierig sein kann. Aber das liegt in der Natur der Korruptionsdelinquenz. Zunächst ist eines ganz klarzustellen: Selbstverständlich kann und wird das normale, private Verhältnis zwischen
einem Amtsträger und einem Geschäftspartner nicht verboten
werden. Es wird auch von keinem Amtsträger erwartet, daß er
private Beziehungen zu einem Architekten oder Unternehmer
deswegen abbricht, weil der Bekannte oder ein Freund des Amtsträgers zugleich geschäftliche Beziehungen zur Behörde des Beamten unterhält oder beabsichtigt, in solche einzutreten. Die
Frage, die sich in der Vergangenheit gestellt hat und auch in Zukunft beantwortet werden muß, lautet vielmehr, welche Zuwendungen sind noch erlaubt und welche sind auf jeden Fall verboten.
Hier bewegt sich die aktuelle Diskussion zu meinem Erstaunen um
Petitessen wie etwa Blumensträuße, Bücher oder Essenseinladun-
gen. Es wird vielfach übersehen, daß es bei der massiven Form von
Korruption, um deren nachhaltige Bekämpfung es vor allem geht,
keine Abgrenzungsschwierigkeiten gibt. Es geht nicht um das
Weinpräsent zu Weihnachten, sondern um die Bekämpfung der in
ihrer Ausfächerung auf alle Verwaltungsebenen als Kriminali-
tätsphänomen erhebliche Sorgen bereitenden Korruption, die

auch und gerade für den Rechtsstaat eine ernstzunehmende Bedrohung darstellt. Was die Strafverfolgungspraxis benötigt, sind verbesserte rechtsstaatliche Zugriffsmöglichkeiten und die Schließung gesetzlicher Lücken, nicht um Beamte wegen Peanuts hinter Schloß und Riegel zu bringen, sondern um zu verhindern, daß handfeste Barzahlungen, Fernreisen, Autos der Luxusklasse, Zuchttiere, Segelyachten und Flugzeuge zum mitteleuropäischen Standard der Beziehungspflege zu öffentlichen Behörden werden. Bei solchen Zuwendungen stellt sich die Frage grundsätzlich nicht, ob diese etwa ihren Grund in einem privaten, freundschaftlichen Verhältnis zwischen Unternehmer und Amtsträger haben könnten.

Aber auch hinsichtlich der »kleinen Aufmerksamkeiten« gibt es nach der Rechtsprechung eindeutige Abgrenzungskriterien zwischen verbotenen und erlaubten Zuwendungen: Aufmerksamkeiten, deren Annahme dem Gebot der Höflichkeit entspricht, sind unter strafrechtlichen Gesichtspunkten ohne Bedeutung. Dem Gebot der Höflichkeit folgend ist es zum Beispiel der Vorzimmerdame, mit der der Unternehmer aufgrund geschäftlicher Kontakte immer wieder zu tun hat, unbenommen, zu ihrem Geburtstag oder aus Anlaß des Weihnachtsfestes ein nach mitteleuropäischen Vorstellungen angemessenes Geschenk anzunehmen, eine Flasche Wein etwa, ein Blumengebinde oder ähnliches. Die Wertgrenze solcher Sachgeschenke orientiert sich an den steuerrechtlichen Regelungen, wonach zur Zeit im Einzelfall Sachzuwendungen im Wert von bis zu 75 DM als steuerlich abzugsfähig anerkannt werden. Ebenso unbedenklich ist es, wenn ein Beamter im Zuge seiner dienstlichen Tätigkeit einen unbedeutenden geldwerten Vorteil erlangt, etwa die Mitfahrgelegenheit vom Amt zur Baustelle im Fahrzeug des Unternehmers oder das kostenlose Telefonat vom Baubüro zurück in das Amt. Bei allen Zuwendungen von erheblichem Wert und insbesondere bei Bargeldzahlungen stellt sich die Frage nicht, ob deren Annahme erlaubt sein kann. In den Fällen, in denen neben den dienstlichen auch private Beziehungen zwischen Amtsträger und Unternehmer bestehen, etwa daß man gemeinsam Sport treibt oder sonst freundschaftlich verbunden oder vielleicht auch verschwägert ist, da können zwar Geschenke auch über geringfügige Aufmerksamkeiten hinausgehen. Kommt es hier aber zu bedeutenden vermögenswerten Zuwendungen, wie etwa der Finanzierung des Zweitautos oder der kostenlosen Hilfestellung bei einem Bauvorhaben des Amtsträgers, dann muß man schon sehr genau hinsehen, ob das noch im Rahmen einer privaten Beziehung geschehen ist oder ob da nicht etwa ein Zusammenhang mit dem Amt des Begünstigten besteht.

Eine konkrete Amtshandlung als Gegenleistung für eine Vorteilsgewährung muß nach derzeitiger Gesetzeslage in jedem Einzelfall nachgewiesen werden können. Es gibt Fälle aus meiner Strafrechtspraxis, wie zum Beispiel den, daß ein Beamter mit einem Bauunternehmer eine langjährige Bekanntschaft gehabt hat und schon der Vater des Unternehmers mit dem Beamten freundschaftlich verbunden war. Dieser Beamte bekam nun erhebliche Barzuwendungen zu Beginn der Bausaison, aus Anlaß seines Jahresurlaubs und zu Weihnachten. In dem Strafverfahren hat dann der Unternehmer behauptet, die Zuwendungen seien rein aus Freundschaft geschehen. Diese Einlassung hat das Gericht aber, wie ich meine, völlig zu Recht, im Hinblick auf die bevorzugten Auftragsvergaben an gerade diesen befreundeten Unternehmer durch den Beschenkten nicht akzeptiert.

Das Problem der Abgrenzung ist bei ganz, ganz kleinen Dingen wie bei ganz, ganz großen nicht schwierig. Doch in der Grauzone dazwischen könnte sich eine Kultur entwickeln, wo eine Kultur des Verdachts etwa mithilfe der Medien aufgebaut wird, die dann auch Ermittler zum Eingreifen nötigen könnte.

SCHAUPENSTEINER: Also, ich sehe das etwas differenzierter. Die Presse hat erheblich dazu beigetragen, daß man heute Dinge, die noch vor wenigen Jahren gar nicht wahrgenommen wurden, wesentlich kritischer betrachtet. Und ich denke, daß etwa der Dorfbürgermeister, der gerade dasjenige Planungsbüro, das städtische Aufträge bekommen hat, mit der Statikberechnung seines Hauses beauftragt, sich kritische Fragen gefallen lassen muß. Doch das darf nicht dazu führen, daß daraus der Anfangsverdacht einer

Korruptionsstraftat konstruiert wird. Die Voraussetzungen für einen solchen Anfangsverdacht sind nach der Strafprozeßordnung eindeutig, und ohne diese darf der Staatsanwalt nicht einschreiten. Mit dem Risiko, auch und gerade vom politischen Gegner kritisch durchleuchtet zu werden, muß jeder leben, der eine öffentliche Aufgabe wahrnimmt. Die Staatsanwaltschaft ihrerseits wird sich nicht für politische Auseinandersetzungen instrumentalisieren lassen.

Wir hatten in Deutschland ja schon in den fünfziger, sechziger, siebziger und achtziger Jahren ansehnliche Korruptionsskandale. Warum bekommen Ermittler aber erst heute so richtig Rückenwind?

SCHAUPENSTEINER: Korruption hat es schon immer gegeben, und sie kommt in allen Gesellschaftssystemen vor. Diese Feststellung ist im vorliegenden Zusammenhang aber wenig hilfreich. Ich denke aber, daß die größere Aufmerksamkeit für Korruptionszusammenhänge in Deutschland mit der zunehmenden Anzahl entdeckter Fälle wächst. Ob es eine Zunahme korrupter Beamter gibt oder nur eine Zunahme der aufgedeckten Fälle, läßt sich nicht mit Sicherheit beurteilen, da es bis heute keine bundesweite statistische Erfassung von Bestechungsfällen gibt. Nach den Erfahrungen der Frankfurter Staatsanwaltschaft, die nun schon immerhin bis 1987 zurückreichen, glaube ich sagen zu können, daß die Korruption nicht zuletzt auch aufgrund der enorm gestiegenen Kompetenzen des einzelnen Amtsträgers zugenommen hat. In dem Maße, in dem sich die Entscheidungsgewalt in vielen Verwaltungen auf einige wenige qualifizierte Fachleute fokussiert, erhalten diese Amtsträger auch eine gesteigerte Bedeutung für die Unternehmen als Nachfrager, sei es bei der Auftragsvergabe, in Genehmigungsverfahren, bei der Zuteilung von staatlichen Fördermitteln und dergleichen mehr. Damit werden solche Beamte auch in erhöhtem Maße in Versuchung geführt, nicht nur angebotene Zuwendungen anzunehmen, sondern auch ihre gestiegene Amtspotenz zum eigenen Vorteil auszubeuten. Hinzu tritt der Umstand, daß es um immer größer werdende Summen bei den Auftragsvergaben geht. Ein Beamter, der vor zehn, fünfzehn Jahren noch einen Haushalt von einer Million DM zu verwalten hatte, entscheidet heute über zehn, fünfzehn und mehr Millionen im Jahr. Und damit wird beispielsweise der Leiter eines Bauamtes oder auch ein Bürgermeister für einen kleinen Bauunternehmer immer interessanter. Es reicht, wenn der sich einen oder zwei solcher Beamten kauft, um seinen Jahresumsatz sicher in der Tasche zu haben. Es gibt heute Fälle, wo ein einzelner Beamter über Aufträge entscheidet, die bei neunzig oder mehr Millionen Mark liegen. In einem Verfahren war ein Beamter zuständig für eine Großbaumaßnahme im Volumen von über 250 Millionen DM. Und da bewegen wir uns in Größenordnungen, die auch für international tätige Baukonzerne interessant sind. Schließlich darf der menschliche Aspekt nicht übersehen werden: Wer über ein Auftragsvolumen von 90 Millionen und mehr in entscheidungserheblicher Position mitzubestimmen hat und sieht, wie die Angestellten der Auftragnehmer mit großen Karossen auffahren, und er vergleicht damit sein A 13- oder A 14-Gehalt, dann macht der Beamte sich seine Gedanken über den aus seiner Sicht ungerechten Abstand zwischen seiner Kompetenz und seinem Einkommen auf der einen Seite und dem Einkommen und der wirtschaftlichen Abhängigkeit auf der anderen Seite.

In Italien hat es nachweisbar in den achtziger Jahren einen Wechsel der aktiven Seite gegeben: Nicht mehr vorwiegend der Unternehmer wird aktiv und schmiert, sondern der Amtsträger fordert Schmiergelder. Wie weit sind wir da in Deutschland?

SCHAUPENSTEINER: Ich würde sagen, die Anzahl der Fordernden und die der Anbieter hält sich derzeit noch die Waage. Ich will nicht prognostizieren, zu welcher Seite sich die Waage des Gebens und Nehmens künftig neigen wird.

Wie verteidigen sich denn Unternehmer oder Beamte, wenn sie vor Ihnen sitzen?

SCHAUPENSTEINER: Die Unternehmer verteidigen sich damit, daß sie gar nicht anders konnten, weil ja die Beamten gefordert haben, oder sie argumentieren, daß auch die anderen Wettbewerber es tun und ihnen daher nichts anderes übrig blieb, als mitzuhalten, wenn sie nicht von dem Korruptionskarussell herunterfliegen wollten.

Was sagen Sie als Staatsanwalt darauf?

SCHAUPENSTEINER: Wenn der Unternehmer behauptet, der Beamte habe Zuwendungen gefordert, dann muß der Unternehmer schon Einzelheiten nennen, die nachprüfbar sind.

Und Sie würden das dann als mildernden Umstand für den Unternehmer gelten lassen?

SCHAUPENSTEINER: Das kommt auf den Einzelfall an. Wenn jemand sich in einer Situation befindet, in der er glaubt, aus wirtschaftlichen Gründen den Forderungen des Amtsträgers nachkommen zu müssen, dann unterscheidet sich dieser Fall von dem Unternehmer, der aus freien Stücken dem Beamten Geld zuschiebt, um an der Konkurrenz vorbei einen Auftrag zu besten Konditionen bevorzugt zu erhalten. Umgekehrt macht es einen Unterschied, ob ein Amtsträger quasi verführt wurde, oder ob er selbst gefordert hat. In einem mir bekannten Fall soll ein Beamter mit einer Firma einen Vertrag ordnungsgemäß abgeschlossen haben, und am nächsten Tag fand sich in der Garage des Beamten ein nagelneuer Mercedes 190 E mit dem Kfz-Brief im Handschuhfach.

Was hat der mit dem Wagen gemacht? Hat er ihn zurückgegeben?

SCHAUPENSTEINER: Der Beamte hat den Vorfall seinem Vorgesetzten gemeldet, und der Wagen wurde zurückgegeben. Der Unternehmer hat sich in diesem Falle übrigens nach dem deutschen Strafgesetzbuch nicht strafbar gemacht. Es gibt leider Gottes mehrere solcher Strafverfolgungslücken bei der Korruptionsbekämpfung. Ein Unternehmer, der nach einer Auftragserteilung oder einer sonst für ihn günstigen, jedoch nicht pflichtwidrigen Diensthandlung seine Dankbarkeit durch eine Aufmerksamkeit ausdrückt, ist nicht strafbar. Der Gesetzgeber hat sich allerdings nicht vorzustellen vermocht, daß eine solche Aufmerksamkeit auch in einem Auto der Luxusklasse bestehen kann.

Eine andere, von Unternehmern gerne formulierte Rechtfertigung für Zuwendungen an Amtsträger sind die »nützlichen Aufwendungen«. Man muß wissen, daß Aufwendungen, wenn sie betrieblich veranlaßt sind, in der Bundesrepublik steuerlich absetzbar sind. Zu solchen Aufwendungen zählen auch Schmiergeldzahlungen im Geschäftsinteresse. Auf diese Weise erhalten Zuwendungen geradezu die »Aura des Normalen«. Deshalb ist es für den Unternehmer oftmals gar nicht einzusehen, daß er sich strafbar gemacht haben soll, wenn doch nach dem Steuerrecht sein Tun erlaubt und obendrein finanziell begünstigt wird. Der Unternehmer hat Schwierigkeiten, bei dieser Rechtslage ein Unrechtsbewußtsein zu entwickeln.

Der Beamte rechtfertigt seine »Nehmerqualitäten« im übrigen damit, daß er sich – etwa als Bürgermeister – um das Wohl seiner Gemeinde verdient gemacht und sogar Überstunden erbracht habe, für die er sich schließlich vergüten lassen könne. Oder der Beamte, der sich als hoch ausgebildeter Spezialist für die Behörde eingebracht hat und sich unterbezahlt fühlt, der glaubt, sich auf seine Weise ohne allzu schlechtes Gewissen einen finanziellen Ausgleich schaffen zu dürfen.

Der Bundesratsentwurf für das Korruptionsbekämpfungsgesetz trägt weitgehend Ihre Handschrift. Versuchen wir einmal seine Substanz zu ergründen.

SCHAUPENSTEINER: Die Vorschläge aus der Praxis – nicht nur aus Hessen – zur Verbesserung der Korruptionsbekämpfung betreffen insbesondere die Lücken in den Bestechungstatbeständen der §§ 331ff. StGB, wovon ich bereits einige genannt habe. Eine der wesentlichen Gesetzeslücken betrifft das unbeschriebene subjektive Tatbestandsmerkmal der sogenannten Unrechtsvereinbarung. Danach müssen sich Vorteilsnehmer und Vorteilsgeber darüber einig sein, daß für den gewährten oder in Aussicht gestellten Vorteil eine konkrete Diensthandlung als Gegenleistung erbracht wird. Wenn also ein Beamter einen Vorteil erhält, ohne daß er eine konkrete Gegenleistung erbringt, dann ist dies nach derzeitiger Rechtslage straflos. Man kann also zum Beispiel einen Beamten aus Gründen der Klimapflege auf die Gehaltsliste eines Unternehmens setzen, ohne daß sich die Beteiligten strafbar machen. Dieser Zustand ist rechtsstaatlich nicht hinnehmbar. Ein Beamter zeigt sich in jedem Falle als käuflich, ob er nun eine konkrete Diensthandlung als Gegenleistung erbringt oder nicht. Der Strafzweck der Bestechungstatbestände ist der Schutz der Lauterkeit des öffentlichen Dienstes und das Vertrauen der Allgemeinheit in die ausschließlich von sachlichen Erwägungen getragenen Entscheidungen der staatlichen Verwaltung. Dieses Rechtsgut ist in allen Fällen der Vorteilsgewährung, die nicht als sozial adäquat anerkannt sind, verletzt. Im übrigen wird der Beamte durch die ihm – da keine Gegenleistung erwartet wird – leicht gemachte Annahme von Geschenken letztlich erpreßbar und gerät damit in Abhängigkeit zu dem Vorteilsgeber. Meines Erachtens nach ist es daher auch unter dem Gesichtspunkt der Fürsorgepflicht des Dienstherrn gegenüber seinen Beamten geboten, die Beamten vor »Anfütterungsversuchen« frühzeitig zu schützen und nicht abzuwarten, bis die eine Hand die andere wäscht und der Beamte in den Korruptionsbrunnen gefallen ist.

Die Bestechungsebenen werden nach dem Gesetzentwurf des Bundesrates praktisch von bisher zwei auf drei erweitert: Die Annahme von Zuwendungen auch ohne Gegenleistung soll danach bereits dann strafbar sein, wenn die Zuwendung im Zusammenhang mit der dienstlichen Stellung des Amtsträgers steht; weiterhin soll – wie bisher – die Annahme von Zuwendungen als Gegenleistung für eine konkrete Diensthandlung, die nicht pflichtwidrig sein muß, strafbar sein; und schließlich wird die Annahme von Zuwendungen als Gegenleistung für pflichtwidrige Diensthandlungen unter erhöhte Strafandrohung von bis zu zehn Jahren Freiheitsstrafe gestellt. Straflos bleiben geringfügige Aufmerksamkeiten, deren Annahme durch das Gebot der Höflichkeit gerechtfertigt ist. Selbstverständlich sind auch im Rahmen einer freundschaftlichen Beziehung gewährte Geschenke nach wie vor zulässig. Verboten werden sollen aber alle Zuwendungen, die den Beamten und sonstigen Angehörigen des öffentlichen Dienstes als Funktionsträger gelten, also in Bezug auf das Amt erbracht werden. Die Zuwendungen für Wohlverhalten oder zur sogenannten Klimapflege werden damit ausnahmslos unter Strafe gestellt.

Übrigens werden nach dem Gesetzentwurf künftig auch Zuwendungen an Dritte strafrechtlich relevant. Bisher konnte als Gegenleistung für bevorzugte Auftragserteilung folgenlos zum

Beispiel eine Parteispende geboten oder gefordert werden, weil hierdurch der Amtsträger nicht persönlich bereichert wurde. Diese Verknüpfung von Partei-Sponsoring und Staatsaufträgen darf meines Erachtens nach der Rechtsstaat nicht hinnehmen. Daher kommt gerade diesem Teil des Korruptionsbekämpfungsgesetzes eine außerordentliche Bedeutung zu.

Weiterhin soll ein neuer Strafbestand des Ausschreibungsbetruges in das Kernstrafrecht eingerückt werden. Dieser Straftatbestand richtet sich gegen die verbreitete Unsitte von Preisabsprachen und Kartellbildungen. Der Grund dafür, daß dieser neue Straftatbestand im Korruptionsbekämpfungsgesetz enthalten ist, besteht in der – bis vor kurzem unbekannten – Abhängigkeit von Wettbewerbsabsprachen und Korruption. Die öffentlichen Vergabestellen und andere, in die korruptiven Verflechtungen eingebundene Amtsträger sowie nicht selten auch im Auftrag der Bauverwaltung tätige Ingenieursbüros heben den geheimen Wettbewerb durch die Weitergabe von Insiderinformationen auf. Offengelegt wird zum Beispiel, welche Firmen sich am Auftragswettbewerb beteiligen, welche Gebote sie abgegeben haben, und auch interne Kalkulationen des öffentlichen Bauherrn werden nicht selten den Bieterfirmen verraten. Noch gefährlicher wird die Absprachepraxis, wenn der kollusiv handelnde Amtsträger die von den örtlichen Kartellen aufgestellten Bieterlisten akzeptiert. In diesen Bieterlisten sind diejenigen Firmen erfaßt, die von dem öffentlichen Auftraggeber am Wettbewerb beteiligt und zur Abgabe eines Angebotes aufgefordert werden. Selbstverständlich haben die auf dieser Liste stehenden Firmen bereits vorher untereinander ausgedealt, wer zu welchem Preis anbietet und wer sogenannte Schutzangebote, die darüberliegen, abgibt. Kein Wunder also, daß angesichts des Umfangs solcher Praktiken der Fiskus im Schnitt zwischen zehn und dreißig Prozent über den Marktpreisen liegende Kosten aufbringen muß; die jährlichen Schäden gehen in die Milliarden, die letztlich alle steuer- und gebührenzahlenden Bürger zu finanzieren haben. Solche Preisabsprachen sollen also nach dem Korruptionsbekämpfungsgesetz künftig als das strafbar sein, was sie sind, nämlich nicht als bloße Ordnungswidrigkeit, sondern als handfester Betrug.

Wichtig ist auch die in dem Entwurf enthaltene sogenannte kleine Kronzeugenregelung. Wer sich – bevor der Staatsanwalt die Ermittlungen aufnimmt – den Behörden offenbart und seinen eigenen Tatbeitrag offenlegt und insbesondere auch die Tatbeteiligung Dritter, der kann ganz ohne Strafe oder jedenfalls mit erheblich geminderter Strafe davonkommen.

Außerdem soll auch die Telefonüberwachung in den Fällen schwerer Korruption möglich sein. Weiterer Punkt ist die Verbesserung der Gewinnabschöpfung, die liegt bei Korruptionsdelikten noch etwas im argen. Insgesamt soll die Strafandrohung in den schweren Fällen der Amtsbestechung auf zehn Jahre angehoben werden. Bei der sogenannten Angestelltenbestechung in der freien Wirtschaft soll die Höchststrafe von bisher einem Jahr auf ein Höchstmaß von fünf Jahren angehoben werden und die Strafverfolgung, falls das öffentliche Interesse dies gebietet, auch von Amts wegen möglich sein.

Gibt es Einwände gegen diesen Bundesratsentwurf?

SCHAUPENSTEINER: Ja, die Gegner des Korruptionsbekämpfungsgesetzes wenden sich vor allem gegen die Ausweitung der Telefonüberwachung auf die Bestechungstatbestände. Insbesondere der Hessische Datenschutzbeauftragte meldet hierzu seine Bedenken an. Das war zu erwarten. Ich selbst frage mich allerdings, wer denn nun geschützt werden soll: der Bürger oder der Korrupte? Auch werden Einwände gegen die strafbefreiende Wirkung der sogenannten Kronzeugenregelung erhoben.

Was mich allerdings überrascht, ist die juristisch begründete Sorge, der Bundesratsentwurf könnte zu einer uferlosen Ausweitung der Bestechungstatbestände führen. Man fürchtet dem Vernehmen nach zudem, daß nach dem Gesetzentwurf, sollte er vom Bundestag verabschiedet werden, künftig die Parteienfinanzierung kriminalisiert werden könnte. Schließlich wird sogar der Sorge Ausdruck gegeben, wie in der Tagespresse nachzulesen war, den Beamten könnte durch den Entwurf unmöglich gemacht werden, sich auch künftig von Unternehmern zu kostenlosen Mittagessen einladen zu lassen.

Unabhängig davon, daß der kostenlose Mittagstisch von Beamten nicht die erste Sorge des Dienstherrn sein sollte, halte ich die gegen den Entwurf erhobenen Bedenken für unbegründet. Auch künftig werden keine Lebenssachverhalte kriminalisiert, die nicht bereits jetzt strafwürdig erscheinen.

Was kann denn außerhalb der reinen Strafverfolgung getan werden?

SCHAUPENSTEINER: Da wäre vor allem die Prävention zu nennen. Das Strafrecht und die Strafverfolgungsbehörden sind nicht in der Lage, Korruption erfolgreich zu bekämpfen und ihre weitere Ausbreitung zu verhindern. Vielmehr sind effizientere Kontrollen gefordert, um zum einen die Bedingungen, die Korruption ermöglichen oder erleichtern, auszuschalten und zum anderen durch verbesserte Kontrollstrukturen Korruption schneller erkennen zu können. Und da wundert mich des öfteren das Verhalten der Verwaltung, die sich nach meinem Eindruck höchst ambivalent darstellt. Zwar gibt es hervorragende Beispiele für den Aufbau neuer, wirksamer Kontrollapparate. Aber auch Beispiele dafür, daß Verwaltungen die Notwendigkeit einer Intensivierung von Kontrolle und von Fortbildungsmaßnahmen nicht einsehen oder sogar vorhandene Kontrolleinrichtungen wieder abbauen. Etwa in Frankfurt am Main. Da war nach den Korruptionsaffären in den Jahren 1987 und 1988 ein Anti-Korruptions-Referat eingerichtet worden, das sehr erfolgreich tätig war und mit dem die Staatsanwaltschaft auch gut zusammengearbeitet hat. Mittlerweile ist das Referat aufgelöst. Es gibt nur noch einen einzigen Beamten, der sich überwiegend mit Korruptionsdelinquenz befaßt. Bislang sind die Kontrollen in der öffentlichen Verwaltung wie auch in der freien Wirtschaft noch recht punktuell. Offenbar denkt niemand ernsthaft daran, die Länder und Gemeinden zu verpflichten, wirksame Kontrollstrukturen ggf. auch im Verbund aufzubauen, die gezielt auf die Verhinderung und Entdeckung von Korruption und Betrug zum Nachteil der öffentlichen Kassen angelegt sind. Auch fehlen immer noch Zentrale Erfassungsstellen, sogenannte Korruptionskataster, die auf Länderebene Informationen über Korruptionsstrukturen und über beteiligte Unternehmen erfassen, auswerten und an Strafverfolgungsbehörden wie auch die öffentliche Verwaltung weitergeben. Erste Schritte in dieser Richtung werden zur Zeit im Bundesland Berlin unternommen. Es steht abzuwarten, ob sich diesem Beispiel andere anschließen werden.

2. Das Kind mit dem Bade ausschütten?

Der Kampf auf dem Gebiet strafrechtlicher und administrativer Normen ist natürlich absolut zentral für die Eindämmung der Korruption. Dennoch gibt es gerade hier die massivsten Gefahren. Ganz allgemein lassen sich die Gefahren durch eine Reihe der bisher vorgeschlagenen neuen administrativen wie strafrechtlichen Normen im wesentlichen in vier Kategorien einteilen:

– sie können, durch Überziehen der Vorschriften, mehr Schaden anrichten als Nutzen, indem sie die Entscheidungsfreude von Beamten weitgehend blockieren;

– sie können durch quantitative Überladung sowohl das Interesse der Öffentlichkeit rapide sinken lassen oder

– sogar großen Unmut auslösen, wenn es dabei auch Unschuldige erwischt oder relativ »leichte« Fälle große negative Konsequenzen für ganze Belegschaften haben;

– und sie können auch zur Zerstörung von Vertrauensbeziehungen führen, die bei vielen administrativen Entscheidungen eine wichtige Voraussetzung sind.

Meist bildet sich eine Gemengelage aus all diesen Gefahren. So kann etwa die Ausschaltung von Firmen, deren Manager oder Eigner in Korruptionsermittlungen verwickelt sind, durchaus dazu führen, daß gerade die leistungsfähigsten Unternehmen ausfallen und so Aufträge auch an Firmen gehen, die wenig Erfahrung auf dem Gebiet haben. In einer Hamburger Klinik zum Beispiel wurde einem Unternehmer, der bestochen hatte, der Auftrag weggenommen und eine andere Firma mit der Reinigung der Filter- und Umwälzanlagen beauftragt, mit dem Ergebnis, daß es dort zu geradezu lebensgefährlichen Zuständen kam, weil dieses Unternehmen keinerlei Praxiserfahrung mitbrachte: Der ursprüngliche

Auftragnehmer war zu einem einsamen Experten auf diesem Gebiet geworden. Italien bietet landauf, landab ähnliche Beispiele: Zwar gingen die Angebotspreise für öffentliche Arbeiten seit Beginn der Antikorruptionsprozesse zwischen 30 und 50 Prozent zurück, doch die mitunter fälligen Nachbesserungen, das zeigt sich heute, fressen diese Einsparungen ab und zu wieder auf – und keineswegs nur deshalb, weil es sich erneut um abgekartete Manipulationen handelt, sondern weil die neuen Firmen noch zu wenig Erfahrung haben. Die bereits früher erlassenen Antimafia-Gesetze, nach denen keine Firma öffentliche Aufträge erhalten kann, wenn sie in irgendwelche einschlägigen Verfahren verwickelt ist, haben zu ungeheuer langwierigen Genehmigungsverfahren geführt, weil zuerst Dutzende von Informationen eingeholt werden müssen, und das hat wiederum im ganzen Land eine völlige Bauflaute ausgelöst, mit Tausenden von Konkursen. Wenn wir bedenken, daß nach Angaben führender Antikorruptionsermittler auch in Deutschland der Bausektor zu achtzig Prozent mit Bestechung arbeitet, käme es hier wohl zu einer ähnlichen Entwicklung.

Natürlich kann man hier einwenden, daß man die Korruption, hat sie sich erst einmal so festgesetzt, wie auch der Großteil der Bevölkerung vermutet, nur unter gesellschaftlichen Opfern beseitigen kann und daß nur daraus dann die erwarteten Vorteile einer korruptionsfreieren Gesellschaft entstehen können. Dem ist schwer etwas entgegenzuhalten – außer dem Hinweis, daß sich solche reinen Lehren noch nie in die Tat haben umsetzen lassen. Und daß am Ende wohl der Rückhalt, der für die Durchsetzung von Normen unabdingbar ist, auch in der Bevölkerung rasch schwinden könnte. Dem Bürger ist das Hemd im Zweifelsfalle immer noch näher als die Jacke, und wenn er seinen Arbeitsplatz verliert, ist ihm ein korrupter Chef immer noch lieber als die Rückstufung auf die Hälfte seines Gehaltes beim Arbeitslosengeld. Auf Sizilien ist es, trotz der horrenden Mordwellen von manchmal mehr als tausend Opfern im Jahr und des unterschiedslosen Gemetzels auch unter völlig Unbeteiligten, immer wieder zu Demonstrationen zugunsten der Mafia gekommen: »Sie gibt uns

Arbeit, der Staat nicht«, hieß es auf den Transparenten. Staatsanwaltschaftliche Ermittlungen, die solche Demonstrationen als von der Mafia selbst organisiert einstufen wollten, stießen auf die höchst erstaunliche Tatsache, daß da auch viele mitmachten, die mit der Mafia nichts zu tun hatten.

Auch das quantitative Überziehen von Korruptionsverfahren und selbst nur von Kontrollen kann sehr leicht kontraproduktiv werden. Sicher wird der freundliche Oberstaatsanwalt Schaupensteiner mit seiner großen Routine und seiner vernünftigen Einstellung nicht überziehen. Doch das gilt möglicherweise nicht für alle, ja vielleicht nicht einmal für viele Kollegen. Auch Italiens erste Antikorruptionsstaatsanwaltschaft in Mailand behielt immer Augenmaß; doch dann explodierte überall die Profilierungssucht kleiner Ermittlungsrichter, die immer häufiger Fehlgriffe produzierten und sich selbst übernahmen.

Drei Erfahrungen sollte man jedenfalls nicht außer acht lassen: Erstens schleift sich mit der Zahl der Verfahren auch das öffentliche Interesse ab, das aber für die Durchsetzung einer neuen Einstellung zu den amtlichen Pflichten grundlegend ist. Zweitens sollten wir nicht vergessen, daß ein Gutteil der Korruptionsanfälligkeit auch durch den Wust an Vorschriften, Regelungen und Instanzen entsteht, so daß auch viele Insider gar nicht mehr überblicken, wo sie was falsch machen können. Werden sie dauernd kontrolliert, wächst die Neigung, einfach nichts mehr zu entscheiden, alles auf die lange Bank zu schieben, sich notfalls gar versetzen zu lassen, wenn die vor sich hergeschobenen Fälle zu zahlreich oder zu kompliziert werden. Oder aber sie sichern sich unentwegt ab, indem sie für jede auch noch so lächerliche Entscheidung ein Gutachten anfordern, was wiederum der Staat zu bezahlen hat. Bund, Länder und Kommunen bezahlen bereits heute mehr als hundert Millionen DM jährlich an Gutachter- und Expertisekosten. Der dritte Grund für die Kontraproduktivität allzu vieler Korruptionsverfahren liegt in der absehbaren völligen Überlastung der Justiz. Bereits seit Anfang der neunziger Jahre beklagen unsere Rechtsprechungsorgane einen ständig anwachsenden Berg von Prozessen, sehen Presseorgane wie der *Spiegel* gar eine Art »Kollaps der Justiz« in Deutschland voraus. Wieder einmal könnte es zu einer Annäherung an italienische Verhältnisse kommen, wo einzelne Staatsanwaltschaften, wie etwa die von Neapel, einen Berg von mehr als einer Million Verfahren vor sich herschieben. Eine Amnestie wäre dann unabdingbar – offen oder durch die Hintertür; letzteres etwa, indem die meisten Fälle verjähren würden, bevor sie zur Verhandlung kämen.

Auch andere Teile der neu vorgeschlagenen Instrumentarien haben es in sich. So erscheint eine EDV-gestützte Ermittlung durchschnittlicher Kosten für einen öffentlichen Auftrag in der betreffenden Region zwar auf den ersten Blick als eine plausible Lösung. Doch sie funktioniert nur, wenn man sich ganz sicher sein kann, daß die Basis, auf welcher der Durchschnitt errechnet wird, nicht schon ihrerseits etwa durch Kartellbildungen entsprechend erhöht ist. Außerdem müßte sichergestellt sein, daß bei der Eingabe in die EDV nicht Posten eingerechnet werden, die für den Auftrag gar nicht vonnöten sind, die Summe aber entsprechend erhöhen, so daß die dann mit dem Auftrag Bedachten wiederum überdurchschnittlich kassieren können. Auch hier gibt es kaum adäquate Sicherheiten. Ich kann das an einem Fall deutlich machen, der mir vertraulich im Rahmen meiner Recherchen berichtet wurde. Da hatte ein Regierungspräsident angeordnet, daß vor jeder Ausschreibung intern genau berechnet wird, was bestimmte beabsichtigte Aufträge durchschnittlich kosten dürfen, und eine Reihe von Vorhaben benannt. Die Beamten taten brav, wie ihnen geheißen, ohne allerdings zu bemerken, daß es sich um Aufträge handelte, die im Bezirk bereits ausgeführt worden waren. Das erstaunliche Ergebnis: Die von den Beamten errechneten Preise lagen überwiegend weit über denen, die in Wirklichkeit entstanden waren. Ich kann diesen Fall nicht nachprüfen, weil er vertraulich ist, aber eine gewisse Plausibilität scheint er mir schon zu haben.

Das ist übrigens eine Art von Verfahren, das in den USA zu dem Trick der »Scheinaufträge« geführt hat: Beamte werden bei der Auftragsvergabe von Undercover-Agenten überprüft, ob sie sich etwas zuschieben lassen. Aber auch Auftragnehmer erhalten von Beamten fingierte Signale für deren Bereitschaft zur Bestechlichkeit. Reagieren sie nicht mit einer Anzeige, kommen sie auf eine Schwarze Liste. Auch hier ergeben sich aber höchste Bedenken: Erste Voraussetzung ist natürlich, daß die Kontrollbeamten absolut dichthalten, also nicht ihrerseits bestechlich oder erpreßbar sind oder gerne plaudern. Die Sicherstellung dieser Verschwiegenheit würde, genau genommen, eine weitere Instanz erfordern – eine Kette ohne Ende. Außerdem kostet eine solche »Blindüberprüfung« enorm viel Geld, weil oft extra reale Firmen aufgebaut werden müssen, die zur Deckung der Scheinbestecher dienen.

Soviel also im Hinblick auf die administrativen Maßnahmen. Noch komplizierter wird es bei denen strafrechtlicher Natur, wie sie nun zum Gesetz werden sollen. Hier ergeben sich, abgesehen von der möglichen Überlastung durch Prozeßlawinen, auch noch Gefahren auf anderer Ebene.

3. Überzeugungsarbeit per Eigennutz

Sinnvoll scheint es daher in jedem Fall, zusätzlich und streckenweise auch anstatt überzogener Hardliner-Attacken mit unabsehbaren Folgen Überzeugungsarbeit bei jener Schicht zu leisten, ohne die Korruption auf keinen Fall läuft – bei denjenigen also, die das Geld dafür herausrücken oder zumindest zuerst anbieten müssen (auch wenn sie es sich danach wieder zurückholen zu können glauben, indem sie es dem Auftraggeber in Rechnung stellen). Ansätze dazu bieten sowohl »Business Crime Control« wie auch »Transparency International«, auch wenn bei beiden noch der moralische Aspekt überwiegt, der mich nicht sonderlich überzeugt.

Es lassen sich tatsächlich ohne weiteres auch für den einzelnen bestechenden Unternehmer oder Manager Rechnungen aufstellen, die Korruption ab einem bestimmten Maß und in bestimmten Zusammenhängen nicht nur als gesellschaftsschädlich darstellen – was bekanntlich nicht allzu viele Menschen kümmert, wenn sie dafür ein Schnäppchen machen können –, sondern die belegen, wie sie auch die individuellen Profitchancen schwächt.

So rechnet etwa »Transparency International« vor, welche Kosten Korruption für die Wirtschaft eines Landes darstellt. Die Zusatzkosten »direkter Korruption«, also der Bestechung einzelner Amtsträger für öffentliche Aufträge, betragen demnach, je nach Land, zwischen drei und zehn Prozent und die Zusatzkosten durch die infolge von Korruption möglichen Preismanipulationen 15 bis 20 Prozent. Die Steuerminderung von Unternehmen, die Finanzbeamte oder ganze Ämter bestechen, erreicht bis zu 50 Prozent der Auftragssumme, und die Anschaffung überflüssiger Güter, die Beamte von schmiergeldzahlenden Unternehmen ordern, kommt in manchen Ländern auf 20 bis 50 Prozent des Haushaltsansatzes einzelner Institutionen.

Das alleine wäre noch kein Anreiz für die Unternehmen, von Korruption abzusehen, auch wenn ein Land ohne Korruption nach der vorstehenden Berechnung des gesamtwirtschaftlichen Schadens seine Steuern um Quoten zwischen zwei und sechs Prozent senken könnte. Italienische Finanzexperten haben zum Beispiel ausgerechnet, daß die Rückzahlung aller Schmiergelder der letzten zehn Jahre an Parteien, Politiker und hohe Beamte die Bürger Oberitaliens – wo die meisten Korruptionsfälle aufgeflogen sind – drei Jahre von der Einkommensteuer befreien würde.

Für den einzelnen Unternehmer zählt, was ihm selbst im Falle des Verzichts auf Korruption bliebe. Aber auch da fangen manche Firmen bereits mit neuen Überlegungen an. Zwar gilt die Beförderung von Auftragsakquisitionen per Schmiergeld noch immer als attraktiv. Doch vielen scheinen inzwischen der Aufwand und das oft notwendige Vorstrecken hoher Bestechungssummen sowie das immer häufigere Scheitern solcher Manöver so geschäftsgefährdend, daß sie stark nach Alternativen Ausschau halten – und wenn diese einfach auf Ehrlichsein hinauslaufen. In Italien, Frankreich, Griechenland, Spanien und vor allem in den Vereinigten Staaten gehen Manager und Unternehmer immer häufiger freiwillig zum Staatsanwalt und suchen gemeinsam mit diesem einen Ausweg aus dem Korruptionsdschungel. Oder sie beginnen jedenfalls sofort eine Zusammenarbeit mit den Behörden, sobald diese an ihre Türe klopfen wie wir es schon bei Carlo De Benedetti, Chef von Olivetti, gesehen haben.

Auch im Bereich der Korruption zwischen Privatfirmen lassen sich günstige Rechnungen für ein Ablassen von der bisherigen Praxis aufstellen: Wenn die Additionen stimmen, die Strafermittler und Kontrolleure von Opel über die erhöhten Forderungen von Zulieferern angestellt haben, so steuert der Kunde über den von ihm gekauften Wagen durchaus einen, nach anderen Rechnungen gar mehrere Hunderter zum Bestechungsgeld bei. Wären alle Aufträge korrekt abgewickelt worden, stünde Opel preislich entsprechend konkurrenzfähiger dar.

Derlei Überlegungen kann man natürlich vor allem für Großbetriebe und Hersteller von Massenartikeln oder Vertreiber von Großdienstleistungen anstellen; der kleine Handwerksmeister, der auf dem Dorf oder in der Kleinstadt mal einen Tausender hinüberschiebt oder Gegenleistungen für einen städtischen Auftrag an einen Beamten oder Bürgermeister macht, wird sich so kaum beeindrucken lassen. Wahrscheinlich steckt aber auch hier nicht die große Gefahr für die Demokratie.

Voraussetzung für einen Wandel in der Einstellung ist natürlich, und hier schließt sich der Kreis, daß die Polizei und die Justiz bei Schmiergeldprozessen auch energisch und effizient vorgehen; also schnell reagieren, wenn ein Verdacht aufkommt oder Anzeigen einlaufen, schnell zum Urteil kommen – und verhindern, daß danach Racheakte gegen denunzierende Unternehmer geschehen können. Olivetti-Mitarbeiter zum Beispiel vermuten, daß die jüngste Krise des Unternehmens auch dadurch ausgelöst wurde, daß staatliche Stellen seit der Selbstanzeige de Benedettis dessen Firmen erneut boykottieren. Der Mann bürgt nicht mehr für Korpsgeist.

4. Korruption als Kompensation demokratischer Defizite

Vor mehr als zehn Jahren hat der Münchner Politologe Paul Noack ein Buch mit dem Titel *Korruption – Kehrseite der Demokratie* veröffentlicht. Unter „Kehrseite„ versteht er dabei jene Mächte, die unter dem Schutz der demokratischen Gesetze und Gepflogenheiten wachsen und gedeihen können, aber gleichzeitig auf Aushöhlung und am Ende gar Zerstörung der Demokratie selbst hinwirken. Auf der schon mehrmals zitierten Fachtagung »Korruption in Deutschland« der Friedrich-Ebert-Stiftung in Berlin brachte Noack seine Vorstellungen noch einmal auf den Punkt: Er möchte »das ökonomische Tauschgeschäft Korruption als eine politische Größe begreifbar machen, die sich direkt auf die Leistungskraft und Stabilität eines Staates bezieht. Denn die Korruption im Staat führt ohne Umwege zur Korruption des Staates. Die Aufmerksamkeit, die Korruption als ›abweichendes Verhalten‹ auf sich zieht, wird nur dann plausibel, wenn man dieses abweichende Verhalten als Abweichen von den Normen und Werten versteht, die der demokratische Rechtsstaat zu seinem Funktionieren benötigt. Das scheint selbstverständlich, ist es aber zunehmend nicht mehr.«

Das klingt zunächst einmal plausibel. Tatsächlich ist es dies aber nur in der Optik der derzeitigen Korruptionsdiskussion, deren Paradigmenwechsel wir oben festgehalten haben: Korruption wird nun unterschiedslos als gefährlich, bedrohlich und unmoralisch empfunden und läßt sich daher auch leicht als demokratie- und staatsgefährdend hinstellen. Daß dies bis vor kurzem bei der übergroßen Mehrheit sowohl der Bürger als auch der Wissenschaftler und Publizisten noch nicht der Fall war, zeigt das Schicksal von Noacks Buch selbst – das Buch hatte kaum Erfolg, es gab keine große Diskussion darüber, und es wurde auch nicht mehr neu aufgelegt. Mehr als ein halbes Jahrzehnt gab es keine weiteren Buchveröffentlichungen zu diesem Thema, Fachkongresse fanden erst ab 1992, für ein breites Publikum geöffnete Veranstaltungen ab 1994 statt. Öffentlichkeitswirksam wurde dann die Tagung der Friedrich-Ebert-Stiftung Anfang 1995.

Daß Korruption staatsgefährdende Dimensionen erreichen kann, steht außer Zweifel. Das heißt aber noch nicht, daß jede Art von Korruption, und noch mehr die meist pauschal in sie integrierte Vorteilsannahme, bereits an der Demokratie nagt oder »ohne Umwege«, wie Noack das bezeichnet, zur Korruption des Staates führt.

Auch hier ist die Trennung von Spreu und Weizen grundnotwendig. Als Ansatz dazu scheint mir gerade das geeignet, was Noack bei der Berliner Tagung 1995 als »nicht hinnehmbare Position« anderer Korruptionsforscher bezeichnet hat – jener, die Korruption als »stinknormal« in einer Demokratie bezeichnen und die Noack in der »funktionalistischen Schule« der Politologie ortet:

»Man kann es nicht auf dieser ›Stinknormalität‹ beruhen lassen, deren Argumentation sich in fünf Punkten so zusammenfassen läßt:

– jedermann tut es;

– es ist notwendig, Bestechung zu üben, damit die Gesellschaft prosperiert;

– die Qualität des Gebens und Nehmens ist formal nicht unterscheidbar;

– Bestechungsvorwürfe werden ungleich verfolgt und sind daher unmoralisch;

– die politische Wirkung der Korruption ist entweder geringfügig oder kann nicht bewiesen werden.«

Ich bin kein Anhänger der funktionalistischen Schule, vorwiegend deshalb, weil diese meist sehr schnell in Schematismus ausartet und mitunter auch puren Blödsinn unter dem Aspekt »Alles, was ist, hat Sinn« zu subsumieren trachtet. Dennoch scheinen mir die von Noack etwas zugespitzten, von ihm abgelehnten Positionen so absurd doch auch wieder nicht zu sein: Das »jedermann tut es« trifft zwar sicher nicht zu – es nähme ja dem Großteil der Bestechungen genau das weg, warum bestochen wird, den Vorteil gegenüber anderen. Es ist seitens der funktionalistischen Schule aber wohl eher so gemeint, daß viele, wenn sie nicht anders weiterkommen, auch an Bestechung denken, ohne diese als ehrenrührig zu empfinden (und das war zumindest bis vor kurzem de facto so). Das Argument der »gesellschaftlichen Prosperität« wird bis heute etwa bei der steuerlichen Abzugsfähigkeit von »Werbungskosten« im Ausland und bei der Sicherung von Arbeitsplätzen für den jeweiligen Betrieb in Stellung gebracht. Es ist so lange auch nicht zu widerlegen, als wir es allesamt ohne Kampf zulassen, daß unser Wohlstand tatsächlich zu einem Gutteil auf dem Rücken armer, zurückgebliebener Drittweltstaaten aufgebaut wird. Wer die steuerliche Abzugsfähigkeit im Ausland gezahlter Bestechungsgelder als unmoralisch ablehnt und dabei auch das Arbeitsplatzargument nicht gelten läßt, müßte gleichzeitig einen Großteil jener Geschäfte bekämpfen, die wir auch ohne Bestechung mit Drittweltländern tätigen, denn auch dabei wird der Preis von uns diktiert. Und solange wir Politiker, die ungeniert den Rüstungsexport auch in diktatorische oder gar terroristische Länder fördern, nicht mit der gleichen Elle wie unternehmerische Korrupteure messen, sollten wir auch bei der Auslandsbestechung nicht mit dem moralischen Zeigefinger kommen.

Daß die »Qualität des Gebens und Nehmens« bei der Korruption »formal nicht unterscheidbar ist«, stimmt, solange sich Korruption in »normalen« Bahnen bewegt. Die Demokratiegefährdung, die Noack befürchtet, tritt aber genau erst dann ein, wenn sich das System pervertiert, wie wir es oben geschildert haben; wenn sich die eine der beiden Seiten – gebende oder nehmende – zur Herrschaft aufschwingt oder wenn aus Bestechung landesweite Kartellbildung wird oder umgekehrt aus Bestechlichkeit Erpressung. Daß jede Korruption diese Gefährdung in sich birgt, ist unbestreitbar, aber hier verhält es sich wohl eher so wie im Organismus: Eine bestimmte Anzahl von Parasiten braucht jeder Organismus, sonst kann er nicht verdauen, doch vermehren sich diese oder verändern ihre Qualität allzusehr, entsteht Krankheit.

Das Argument »Bestechungsvorwürfe werden ungleich verfolgt« ist eine Binsenweisheit; allerdings gilt dies auch für viele andere Straftaten, insbesondere im Wirtschaftsbereich. Es ist also kein Argument, das man isoliert angreifen kann.

Der letzte Noacksche Spiegelstrich – über die Nichtnachweisbarkeit politischer Wirkung – scheint mir dagegen weitgehend frei erfunden: Gerade die Funktionalisten können einer solchen These, sofern sie wie hier generalisiert ist, nicht anhängen, denn gerade wenn sie alle Vorgänge unter dem Aspekt der Funktionalität ansehen, müssen Regelverstöße, und zumal massenhafte, zwangsweise Auswirkungen auch auf das System haben.

Damit ist nicht gesagt, daß die funktionalistische Schule gegen Noack recht hat. Die kurzen hier angeführten Kritikpunkte zeigen aber, daß wir ohne Differenzierung nicht auskommen. Während sich offenbar die Funktionalisten auf die »Normalkorruption« in einem überwiegend funktionierenden Staat beziehen, geht Noack von der Transformation des Korruptionssystems hin zu einem Geflecht institutionen- und gar staatsgefährdender gegenseitiger Abhängigkeit aus und erklärt von der Warte dieser Gefährdung aus auch die von den Funktionalisten dargestellte »Normalsituation« als Teil dieser Demokratiezerstörung.

Die Frage ist aber nach alledem, was wir diskutiert haben, ob ein Kampf gegen die Korruption im »Normalbereich« nicht jene oben aufgelisteten kontraproduktiven Seiten hat und damit am Ende jenen gegen die Entartung dadurch erschwert, daß der Rückhalt in der Bevölkerung und bei den Gerichten allmählich schwindet. Mit anderen Worten: Ist es nicht sinnvoller herauszubringen, an welchen Stellen mehr oder weniger die »Normalkorruption« die Schwelle zur Gefährlichkeit überschreitet, um dann genau an diesem Punkt einen Riegel vorzuschieben?

Dafür spricht auch ein eher pragmatisches Argument: Da auch die optimistischsten Korruptionsbekämpfer sich nicht einbilden, Korruption mit Stumpf und Stiel ausrotten zu können, und wenn sie es versuchen sollten, vor einem nicht zu bewältigenden Riesenberg von Verfahren stünden, stellt sich am Ende nur das Problem, wo man den Damm oder den Filter einrichtet, über oder durch den die zersetzenden Elemente der Korruption nicht hinausdürfen.

Das bedeutet Arbeit, schwierige und in manchen Lagen sicher kaum bewältigbare. Dennoch müssen wir sie angehen. Es gibt durchaus vergleichbare Fälle in unserer gesellschaftlichen Moral und auch in der Justiz, wo ebenfalls überaus schwierig Grenzen zu ziehen waren, weil wir uns erst einmal darüber klar werden mußten, daß gewisse Erscheinungen trotz moralischer Bedenken offenbar nicht auszurotten sind. So daß eine kontrollierte Legalisierung oder eine Zulassung in abgeschwächter Form den sozialen Frieden mehr fördert als polizeistaatliche, aber schließlich doch im Ganzen fruchtlose Versuche zur Unterdrückung. Die Abtreibungsfrage ist hier ebenso anzuführen wie das Drogenproblem und, im weiteren Sinne, auch Delikte im Zusammenhang mit dem Straßenverkehr.

Wie erinnerlich, hat sich die Frage der Abtreibung zwar auch an moralischen und emanzipatorischen Aspekten entzündet, wurde aber dann auf pragmatische Weise gelöst: Da Erhebungen zeigten, wie unmöglich es ist, Frauen in körperlicher, seelischer oder finanzieller Not von der Abtreibung abzuhalten, und da die Gefahr der Schädigung durch »Engelmacher« riesengroß ist, wurde ein Kompromiß eingeführt, der eine Schwangerschaftsunterbrechung erlaubt – allerdings nur unter bestimmten, im Einzelfall zu überprüfenden Bedingungen.

Ähnlich ist die Situation auf dem Drogensektor. Auch hier haben einige Länder nach dem Anschwellen von Verfahrensbergen bereits den Gebrauch leichter Rauschgifte zugelassen – auch wenn der Schädigungsaspekt einzelner Drogen ganz offensichtlich ist.

Im Zusammenhang mit der Korruption möchte ich zur Verdeutlichung noch einmal zusammenstellen, welche Funktionen Korruption in einer Demokratie übernimmt – positive wie negative.

a) Korruption als Existenzsicherung

Korruption – in ihrer »weichen« Form als Vorteilsannahme / Vorteilsgewährung wie in ihrer »harten« als Bestechlichkeit / Bestechung – übernimmt für den Bestechenden zunächst einmal zwei Grundfunktionen: Sie versorgt ihn mit Informationen, die er für sich oder sein Geschäft als wichtig erachtet und die er sonst nicht oder zu spät bekommen würde; und/oder sie verschafft ihm Zugänge oder Aufträge, die für ihn persönlich oder sein Geschäft von Nutzen sind. Ein Teil dieser Vorteile, die Korruption gewährt, rührt von Defiziten her, an denen unsere Verwaltung und unsere Entscheidungspraxis gemeinhin leiden: undurchschaubare Strukturen, kaum zu bewältigende Gesetze und Vorschriften, überlange und verschlungene bürokratische und justizielle Wege – und oft auch noch eine teils gesetzlich sanktionierte, teils durch die Verwaltungspraxis entstandene Geheimhalterei selbst der lächerlichsten Dinge. Beamte bauen, wie viele andere Menschen auch, zudem nicht selten Herrschaftswissen auf. Dem Normalverbraucher ist jedenfalls höchst unklar, wie er hier durchkommen kann, selbst wenn er im Recht ist. Das bürokratische Verwirrspiel steigert sich bei Korruptionsbereitschaft natürlich noch, denn so steigt der Preis noch weiter. Mehr als 20 Prozent der Befragten, die mir gegenüber einräumten, bereits über Korruptionserfahrungen zu verfügen, berichteten auch davon, daß ihnen Beamte zur Einschüchterung regelrecht selbsterfundene Gesetze, Ausführungsbestimmungen oder höchstrichterliche Entscheidungen aufgetischt hatten.

Nun ist die Komplexität unserer Administration aber kaum zu beseitigen. Die Massengesellschaft stützt sich zwar auf Gesetze, die für alle gelten sollen, doch die unzähligen individuellen Sonderfälle verlangen unentwegt nach neuen Ausnahmen und Zusatzregelungen, so daß das Gestrüpp der Paragraphen immer weiter wuchert und damit auch die Macht der Bürokraten. Versuche zur Entrümpelung sind bisher allesamt weitgehend gescheitert. Die Demokratie muß sich wohl mit dieser Situation abfinden – aber dann auch damit, daß die von dieser Komplexität Betroffenen nach Schleichwegen suchen, die ihnen zumindest eine vage Sicherheit für ihre unternehmerischen oder persönlichen Entscheidungen und für ihr normales Fortkommen gewähren.

Das ist kein Freibrief für hemmungslose Bestechung, im Gegenteil: Es sollte der Ansatz für eine grundlegende Diskussion dessen sein, was Menschen, die geschäftlich, betrieblich oder bürokratisch miteinander zu tun haben, außerdienstlich miteinander tun dürfen. Und auch darüber, wie man jenen, die aus Angst vor vielleicht sogar existenzgefährdenden Benachteiligungen die »Klimapflege« eindeutig übertreiben, wieder in den Rahmen der Legalität zurückhilft, ohne sie nun, nach Entdeckung, noch weiter zu zerstören.

b) Korruption und »Entscheidungshilfe«

Man kann es drehen und wenden, wie man will: Bei vielen Entscheidungen, die ein Beamter oder auch ein Abteilungsleiter in der freien Wirtschaft zu treffen hat, sind diese schlichtweg überfordert. Mitunter entstehen gerade bei dem Versuch der Überwindung solcher Überforderungen aber Verbindungen, die sich hernach zum Filz ausweiten. 20 Prozent jener Umfrageteilnehmer, die engere als nur geschäftliche Verbindungen zu Amtsträgern eingeräumt haben, antworteten auf die Frage, wie sie denn zu dieser Verbindung gekommen seien, mit »alte Freundschaft«, 25 Prozent »durch Empfehlungen« – 43 Prozent aber kreuzten »durch Hilfen bei Entscheidungen« an. In der freien Rubrik, welche Art von Hilfen das waren, stand dann zum Beispiel: »Einführung in die Computertechnik«, »Herstellung von Kontakten zu Bankfachleuten«, »Gebrauch neuer statischer Berechnungsmethoden« und ähnliches.

Auch in der großen Politik spielt sich derlei ab. Über Hearings oder Tagungen, die für beide Seiten wichtig und fruchtbar sind, entstehen Bekanntschaften, und oft weiß der Beamte im Ministerium, der vor einer neuen Situation steht, gar keinen anderen Ansprechpartner als eben einen Menschen aus der Wirtschaft. Derlei öffnet sicherlich auch der Infiltration unsauberer Zeitgenossen das Tor. Aber nicht jeder Kontakt, der auf diese Weise erfolgt, ist schon verdächtig oder gar automatisch der Beginn einer Vorteilsannahme. Wenn ich wieder einmal auf persönliche Erfahrungen zurückgreifen darf: Als sich die bundesdeutsche Gesellschaft endlich bequemte, der Gefahr der Organisierten Kriminalität in die Augen zu sehen, standen auch viele Ermittler vor einer weitgehenden Erkenntnisleere. In ihrer Not haben sie sich dabei auch an

Personen gewandt, die nicht aus ihrem Umfeld kamen, Journalisten, Publizisten, ja sogar auch kriminelle Insider. Ohne ständige informelle Kontakte zu solchen Personen wären viele Ermittlungserfolge und Verurteilungen bis heute nicht möglich. Dabei haben sich in vielen Fällen enge, ja freundschaftliche Beziehungen entwickelt, die durchaus auch einmal die Grenzen des derzeit Erlaubten überschreiten mögen. Derlei auszugrenzen würde aber auch die amtliche Arbeit bald erheblich erschweren.

c) Korruption als Garantie der Kontinuität

Vom ehemaligen SPD-Fraktionsvorsitzenden Herbert Wehner stammt der Satz, man dürfe bei einem Machtwechsel auf keinen Fall allzuviele entscheidungsberechtigte Beamte feuern, denn »Politiker kommen und gehen, Beamte aber halten den Betrieb aufrecht«. Konsequenterweise behielt er selbst, als er innerdeutscher Minister wurde, nahezu den gesamten Apparat, den er von seinen konservativen Vorgängern geerbt hatte, und er sorgte auch dafür, daß in anderen Ministerien wichtige »Ansprechpartner fürs Publikum« auf ihren Stellen blieben.

Ein langanhaltender Verbleib von entscheidungsbefugten Beamten bewirkt nun aber, daß Korrupteure sich auf Dauer mit den von ihnen Korrumpierten einrichten können und sich so eine jener »Nebenentscheidungsstellen« entwickelt. Wird da nicht gerade jenes fundamentale Demokratiegebot ausgehebelt, das durch den Wechsel der Machtinhaber eine saubere, sich immer wieder erneuernde Administration der »causa publica« garantieren soll?

Genau das. Nur: Auch andersherum wird kein Schuh daraus. Würden bei jedem Amtswechsel auch die Beamten geschaßt, käme es zum größten denkbaren Durcheinander. Gerade dafür ist Italien das Musterbeispiel. Dort hat 1994 die Rechtsregierung des Medienunternehmers Silvio Berlusconi, mit knapper Mehrheit vorne, sofort die ganze Macht an sich zu reißen gesucht. Sie feuerte nahezu alle hohen Beamten in den Ministerien und auch in nachgeordneten Behörden und ersetzte sie durch zwar managerial ausgewiesene, im Staatsbürokratismus jedoch völlig unerfahrene

Leute der eigenen Couleur – sieben Monate danach war die Regierung vor allem deshalb am Ende, weil sie nicht ein einziges Gesetz mit Hand und Fuß zu verabschieden vermocht hatte.

Im übrigen zeigt Italien auch unabhängig von Berlusconis versuchter Machtergreifung einige negative Aspekte jenes Prinzips, das doch gerne als Basis der Demokratie angesehen wird – die immer wieder vorgenommene Auswechslung von Beamten und Entscheidungsträgern. 53 Regierungen erlebte das Land in den bisher 47 Nachkriegsjahren, und bei jeder rotierte in der Regel auch ein ansehnlicher Teil des Beamtenapparates. Mit dem Erfolg, daß diese sich aus Angst vor dem Verlust ihrer Pfründen und Arbeitsplätze in mehr oder weniger geheimen Zirkeln zusammentaten und gegenseitig immer wieder auf lukrative Stellen hievten. Manche dieser Vereinigungen gerieten dabei auch auf höchst illegale, einige gar auf putschistische Abwege, so etwa die Geheimloge »Propaganda 2«, in der sich mehr als tausend wichtige Männer zusammengetan hatten. Sie kamen zu achtzig Prozent aus dem unsicheren hohen Beamtentum – die gesamte Spitze des Militärs, der Geheimdienste, der Polizeiformationen, einiger Ministerien, auch des Staatspräsidentenamts; sie kungelten in der Loge mit Parteivorsitzenden und Ministern, Staatssekretären und einigen von bestimmten Politikern besonders geförderten Unternehmern und Großbankiers. So kam jeder der »Propaganda 2«-Leute auch beim Wechsel der Regierung immer wieder auf einen feinen Posten.

Der häufige Wechsel in den Ämtern – mit nachfolgender Rotation oft auch der Untergebenen – bewirkte auf der Seite der Beamten, daß viele von ihnen kaum mehr Entscheidungen trafen, weil sie mit baldiger Wiederversetzung rechneten – es sei denn, man bezahlte sie für ihre Entscheidungen. Beim Bürger setzte sich die Erkenntnis durch, daß man nur gegen Zusatzbezahlung erhielt, wozu man das Recht hatte; vor allem da der normale Amtsweg oft Jahre dauerte und inzwischen ganze Entscheidungsstränge oder für Genehmigungen erforderliche Vorgaben geändert wurden – alles auf durchaus demokratische, legitime Weise, aber für den Betroffenen dennoch höchst fatal. Also besser bestechen, um innerhalb weniger Wochen die Genehmigung oder den Zuschlag zu erhalten, als auf dem korrekten Wege irgendwo hängenzubleiben. In anderen Fällen händigte man die Bestechungssumme einfach gewissen »Vermittlern« – im Süden oft Mafiosi – aus, die dann die betreffenden Ämter zur schnellen Zustimmung »anhielten«.

Bestechung wurde so zu einer Art Linderungsmittel sowohl des allzu rapiden demokratischen Wechsels als auch der allzu großen bürokratischen Langsamkeit. Ein Großteil der unbezweifelbaren Leistungen der italienischen Wirtschaft wurde nicht mit Hilfe, sondern gegen die geltenden Gesetze realisiert, und zwar mit blanker Bestechung. Sie hat in der Verwaltung für eine gewisse Kontinuität der Entscheidungen gesorgt, auch wenn es ständig personelle Wechsel gab, und hat das Vorankommen von Anträgen trotz sich ständig ändernder Vorschriften überhaupt erst ermöglicht.

Ich sehe schon das Entsetzen in den Gesichtern der Leser: Bestechung als Element demokratischen Überlebens, das fehlte gerade noch. Aber wir sollten uns nicht erhaben dünken über solche »Perversität« und sie nicht als italienische Exotik abtun. Auch deutsche Unternehmer reden vor Staatsanwälten längst von der Kontinuität der Geschäfte, die sie angesichts des ständigen Flusses von Entscheidungen und zunehmend häufiger Ämterwechsel sonst nicht aufrechterhalten könnten. Und dabei muß es sich keineswegs um anrüchige Geschäfte handeln.

d) Zwang zur Effizienz als Korruptionsregulator?

Überzeugte Anhänger der freien Marktwirtschaft, die sich nur vom kapitalistischen Warenaustausch eine menschengerechte Gesellschaft erwarten – und das ist derzeit, außer einigen versprengten marxistischen Nostalgikern oder fernen Inseln, offenbar die gesamte Menschheit –, sollten eigentlich auch in Sachen Korruption auf die Grundprinzipien des Marktes setzen: Daß erstens Angebot und Nachfrage einander regulieren und daß sich zweitens Qualität im freien Spiel der Kräfte früher oder später immer durchsetzt. Für Beamte bedeutet es, daß ihr Wert nur so lange sehr hoch liegt, wie sie ihren Antragstellern weismachen können, sie könnten entscheiden, wie sie wollen. Andererseits könnten sich im Laufe der Zeit die heute noch gängigen Parameter für den Begriff »Qualität« verändern; etwa indem der Faktor »nichtkorrupt« zum Markenzeichen erhoben wird. Opel hat zum Beispiel mit der Selbstreinigung im eigenen Haus schon begonnen. Noch ist das ein Einzelbeispiel, doch es könnte Schule machen. »Transparency International« hofft mit ihren Vorschlägen zur Schaffung »korruptionsfreier Inseln« innerhalb der Staaten wie im internationalen Geschäftsverkehr auf den Aufbau dieses Markenzeichens. Dem ehemaligen Chef von Mobil Oil, Dingharting, wird der Satz zugeschrieben, den Paul Noack erschreckt und abweisend zitiert: »Moral hat nur dann eine Chance, wenn sie Gesetz ist oder sich rechnet.«

Das bedeutet zuallererst, daß dem Beamten wie auch dem betrieblichen Entscheidungsträger seine Grenzen gezeigt werden müssen, mehr aber noch, daß auch der Antragsteller und der Anbieter um diese Grenzen wissen.

Grenzen aufzeigen heißt einerseits, dem Beamten die Grenzen seiner Macht klarzumachen, diese auf konkrete Gebiete einengen; die Strafe für das Überschreiten wäre dann der Verlust dieser Macht. Grenzen aufzeigen heißt aber auch eine klare Bestimmung dessen, was der Entscheidungsträger darf – und das umfaßt in manchen Fällen auch sein Privatleben. Und es bedeutet gleichzeitig eine rigide Kontrolle aller Bereiche, in denen er möglicherweise über dieses Erlaubte hinausgeht. Ich schreibe bewußt »Kontrolle« und nicht nur Kontrollmöglichkeiten. Das ist ein gewaltiger Unterschied. Unsere Geheimdienste stehen zum Beispiel auch unter Kontrollvorbehalt – ein eigener ständiger Parlamentarischer Ausschuß wacht darüber –, und doch findet diese Kontrolle kaum statt. Der Beamte und Angestellte muß wissen, daß er *kontrolliert wird*.

Grenzziehung heißt allerdings, dem Entscheidungsträger und auch seinem Ansprechpartner, dem Antragsteller oder Bieter, das ungeschmälert zu ermöglichen, was er darf. Solange es Grauzonen gibt, wird auch das Erlaubte leicht anrüchig zu machen sein – der Fall Groß-Bieberau zeigt es deutlich. Mit der genaueren Trennung von erlaubt und unerlaubt müßte also sinnvollerweise auch ein verstärkter Schutz für jene einhergehen, die zu Unrecht verdächtigt und dadurch geschädigt werden. Bislang beschränkt sich dies im allgemeinen auf die berühmten »Gegendarstellungen«, sofern die Anschwärzung über Medien geschieht. Die können jedoch erstens von den Anschwärzern meist genierlich und daher unwirksam irgendwo im Blatt versteckt werden. Und zweitens sind sie faktisch nur gegen periodische Medien einzusetzen – nicht jedoch bei Büchern. Allenfalls wenn da eine zweite Auflage erscheint, können falsche Anschuldigungen korrigiert werden, ansonsten bleibt nur der höchst umständliche und oft auch aussichtslose Weg einer Einstweiligen Anordnung mit Auslieferungssperre oder Schwärzungsanordnung durch das Gericht. Viele Richter stimmen dem unter Hinweis auf die Verhältnismäßigkeit der Mittel nicht zu; zudem kann diese Lösung sehr teuer werden, wenn die Hauptverhandlung auch nur teilweise verloren geht – etwa weil man zu spät geklagt hat oder sich nicht hinreichend klar ausgedrückt hatte. Funk und Fernsehen ziehen sich bei Falschmeldungen meist durch eine besonders hinterhältige Falle aus der Klemme: Statt den eigenen Bericht zu dementieren, laden sie den Geschädigten zu einem Interview ein, in dem er angeblich »alles klären« kann. Doch der Zuschauer nimmt dies meist nicht als objektive Korrektur, sondern als allenfalls verschleiernde Verteidigung wahr, und ist der Angeschwärzte kein großer, routinierter Selbstdarsteller, gerät ihm die Vorstellung am Ende zum noch größeren Desaster. Nur einmal in der Geschichte des deutschen Fernsehen geriet eine solche Richtigstellung tatsächlich zum Tribunal für den anschwärzenden Journalisten – als der rechtslastige ZDF-Moderator Gerhard Löwenthal den *Stern*-Herausgeber Henri Nannen der Beteiligung an nationalsozialistischen Verbrechen verdächtigt hatte und Nannen, der dafür freilich seinen gesamten Apparat mobilisieren mußte, in einer direkten Konfrontation Löwenthal als primitiven Denunzianten entlarvte, der nicht die geringste journalistische Sorgfalt hatte walten lassen. Doch wie soll sich ein Dorfbürgermeister wehren? Als der Groß-Bieberauer Bürgermeister Werner Seubert sich beim ZDF-Intendanten wegen der unflätigen Berichterstattung Roths beklagte, schrieb der zurück, Roth sei ein anerkannter und allseits geschätzter Dokumentarfilmer, und damit hatte es sich.

e) Der Faktor »Vertrauen«

Ein weiteres Element, das im Zuge der Korruptionsdiskussion meist zu kurz kommt, ist das Vertrauen, das im Umgang auch von Beamten mit Auftragnehmern oder Antragstellern und umgekehrt oft zumindest nützlich, wenn nicht gar grundwichtig ist. Vertrauen aber stellt sich nicht über computergesteuerte Auslesemechanismen her, sondern über längerdauerndes Einanderkennen, Prüfen, Sicherheitgeben.

Nur selten kann ein Auftrag einfach nach dem Prinzip des Niedrigstgebotes entschieden werden. Einen Bauunternehmer, der zwar billiger ist als die anderen, dafür aber zwei Monate mehr Zeit braucht, kann sich die Gemeinde möglicherweise nicht leisten, da sie zwei Monate länger die bisher genutzten Gebäude bezahlen muß. Und ebenso kann einer, der zwar alle unterbietet, dafür aber allzu schnell arbeiten muß, um schon den nächsten Auftrag anzugehen, wegen mangelnder Zuverlässigkeit ausgeschieden werden.

Einige Administrationen, etwa in den USA, aber auch in Italien und Frankreich, entscheiden denn auch nicht nach der Maßregel des Billigstgebotes, sondern kalkulieren zuerst selbst, was der Auftrag im Schnitt kosten dürfte, halten diesen Preis aber geheim und schreiben dann aus. Das Gebot, das der geheimgehaltenen Zahl am nächsten kommt, erhält den Auftrag. Das hat den Vorteil, daß die Gefahr von Pfusch aufgrund einer zu niedrigen Kalkulation des Bewerbers vermieden wird, aber den Nachteil, daß falsche oder irrige Preisvorgaben der Dienststelle den gesamten Auftrag verfälschen können – und daß die Schlüsselsumme leicht verraten werden kann, so daß sich auch Firmen, die eigentlich billiger arbeiten könnten, nach der falschen Vorgabe orientieren werden, um den Auftrag zu erhalten.

Sinnvoller scheint es da allemal, vom preiswertesten Angebot auszugehen – und es danach abzuklopfen, ob der Bieter hier nicht etwas vorflunkert, notwendigerweise billigere Materialien als die geforderten verwenden wird oder während der Ausführung der Arbeit Nachschlag fordern muß oder gar pleitegeht.

Das allerdings ist ein aufwendiges Verfahren, das sich nicht jede Dienststelle leisten kann. Und so kommt zwangsläufig die Frage des Vertrauensbonus ins Spiel. Der ist allerdings im Ausschreibungs- und Auftragswesen des Staates überhaupt nicht vorgesehen, im Gegensatz zu Privatfirmen, weil sich dort etwa die Chefs oder Manager kennen können, ohne daß daraus sofort ein Bestechungsverdacht wird. Er wäre aber nützlich, indem etwa die Zahl zuverlässig und ohne Reklamationen und Abmahnungen durchgeführter Arbeiten oder Dienstleistungen automatisch zu Positivpunkten auf einer Bevorzugungsskala führen würde, so daß diese Firma bei gleichem Gebot einer punktemäßig niedriger liegenden Konkurrenz vorgezogen würde oder damit gar einen etwas höheren Preis kompensieren könnte, wenn über die anderen Anbieter allzuwenig bekannt ist.

Doch auch dieses System läßt sich zuverlässig nur bei großen Aufträgen sinnvoll aufbauen; auf lokaler Ebene und bei vielen kleineren, alltäglichen, die Staatskasse insgesamt aber nicht weniger belastenden Aufträgen wird man sich notwendigerweise anders verhalten.

Für die Reinigung des Kleinstadtrathauses oder der dörflichen Friedhofsanlagen fallen allenfalls Beträge an, bei denen die Kosten von Überprüfungsverfahren den möglichen Einspareffekt weit übersteigen würden. Hier kann ohne allen Zweifel nur ein informelles Vertrauen Sinn machen – der Auftraggeber, Dienststellenleiter oder Bürgermeister oder wer auch immer, hört sich um, wie gut die Firma anderwärts arbeitet; macht sie ihre ersten Aufträge für die Gemeinde dann gut, wird man auch bei künftigen analogen Aufträgen an sie denken. Dadurch entsteht freilich wieder ein Geflecht von Bekanntschaften, und der Griff zur »beschränkten Ausschreibung«, bei der nur eine kleine Anzahl von Firmen direkt zur Bewerbung eingeladen wird, liegt nahe.

Diese »beschränkte Ausschreibung« ist normalerweise das rote

Tuch für alle rigiden Korruptionsbekämpfer, weil damit auch tatsächlich viel Schindluder getrieben wurde. Viele Kartellbildungen nahmen von dort ihren Anfang, Neueinsteiger oder Außenseiter wurden von vornherein abgedrängt. Dennoch sollte man auch hier die Kirche im Dorf lassen. Es sollte nicht schon ein Indiz für Korruption sein, wenn eine im Ort bekannte Firma einen Auftrag erhält, obwohl auch eine auswärtige ein Angebot in etwa derselben Höhe gemacht hat. Mehr als die Hälfte der von mir befragten Beamten und entscheidungsbefugten Firmenangestellten haben auf die Frage, ob sie mehr Pfusch bei neuen Kontakten oder bei alteingefahrenen erlebt haben, ihr Kreuz bei den Neueinsteigern gemacht, nur 20 Prozent bei den altbewährten. Das Ergebnis könnte insofern ein wenig gefärbt sein, als mancher wohl Enttäuschungen in alten Beziehungen nur ungerne zugibt. Doch bei der Kontrollfrage, welche Aufmerksamkeit bei ihnen neue Bieter auslösen, antworteten fast 70 Prozent mit »groß« oder »sehr groß«, so daß man eine vorurteilsbeladene Einstellung zu neuen Bietern wohl weitgehend ausschließen kann. Die Frage, welche Rolle Vertrauen bei der Bewerbung um und der Vergabe von Aufträgen spielt, beantworteten 72 Prozent der Beamten und 64 Prozent der unternehmerischen Entscheidungsträger mit »groß« oder »sehr groß«, nur 18 Prozent der Beamten und 25 Prozent der Unternehmer meinten, es spiele »keine« oder eine »geringe« Rolle; der Rest entschied sich für ein salomonisches »Kommt darauf an« oder machte keinerlei Angaben.

5. Ohne Korruption keine Demokratie?

Eigentlich erwartet man die umgekehrte Formulierung: Es gibt keine Demokratie ohne Korruption. Denn Demokratie läßt eben auch abweichendes Verhalten zu, wozu Korruption zählt – aber dieses Zulassen ist der Preis der Demokratie. Wie es auch ein Preis des demokratischen Rechtsstaates ist, daß man Straftaten erst dann ahndet, wenn sie begangen wurden, und nicht Personen aus dem Verkehr zieht, weil man denkt, diese könnten irgendwann einmal Straftaten begehen. Lieber tausend Schuldige frei als ein Unschuldiger im Gefängnis, riefen französische Liberale, und der Ruf tönt bis heute weiter. Mitunter auch aus dem Munde jener, die großen Gangsterorganisationen in die Hand arbeiten.

Dennoch möchte ich hier zum Abschluß den umgekehrten Satz diskutieren: Wäre Demokratie ohne Korruption überhaupt möglich? Kann man sich angesichts unserer Massengesellschaft und bei unserem hochkomplizierten Wirtschaftssystem ein System vorstellen, dessen Entscheidungsträger theoretisch jede Minute wechseln können und damit auch viele Vorschriften oder jedenfalls deren Anwendung – privat, öffentlich, geschäftlich, juristisch –, und das nicht zu Mitteln wie dem der Korruption greift?

Korruption versucht, meist über Informationsvorsprünge, aber auch über ein Anhalten zu regelwidrigem Verhalten, Privatinteressen durchzusetzen. Insofern steht sie gegen die Allgemeininteressen und damit auch gegen die Demokratie, die durch Wahlen zumindest die Interessen der Mehrheit durchsetzen will. Doch meist sind auch Privatinteressen keineswegs nur isolierte Interessen. Natürlich steht der eine Unternehmer gegen den anderen, wenn der im selben Wettbewerbsbereich auftritt oder gar bei derselben Ausschreibung. Besticht er, vertritt er ausschließlich seine persönlichen Interessen oder die seiner Firma. Doch daß sich eine Art Unterschleifkultur bildet, in der systematisch eine konkrete Anzahl strafrechtlicher Normen gebrochen wird, ist eine Kollektiverscheinung. Sie kann nicht ausschließlich auf Habgier einzelner zurückgeführt werden – ich habe oben auch schon gezeigt, daß dies selbst bei den bestochenen Beamten nicht durchwegs der Fall sein muß –, sondern hat ihre konkreten Gründe in der Unmöglichkeit für viele, ihr persönliches Fortkommen oder das ihrer Betriebe soweit abzusichern, daß ein politischer oder administrativer Wechsel sie nicht in ihrer Existenz gefährdet. Diese Unterschleifkultur kann man auch nicht dadurch beseitigen, daß man die Entscheidungen weitestmöglich vom Willen des einzelnen Beamten oder Angestellten abkoppelt. Erstens ist eine völlige Formalisierung administrativer oder gar politischer Entscheidungen schon rein technisch, in vielen Fällen auch inhaltlich nicht zu bewerkstelligen. Und insofern wird eben die Entscheidungsmacht des Beamten, des Politikers, des Einkäufers und Beschaffers auch weiterhin jenen Spielraum haben, der Vorteilsgewährung und Bestechung nicht nur ermöglicht, sondern in manchen Fällen auch erzwingt. Darüber hinaus sind viele Formen außerdienstlicher Entscheidungsstrukturen aufgrund der normalen Einbindung des Entscheidungsträgers in sein gesellschaftliches Umfeld kaum zu vermeiden, da er sich sonst aus dem sozialen Umfeld und seinem Lebensbereich ausklinken und ins Eremitenleben zurückziehen müßte.

Wir sollten uns angewöhnen, die gerne als »Schattenseiten« der Demokratie bezeichneten und somit aussschließlich negativ gesehenen Elemente unserer Gesellschaftsform auch einmal mit einer anderen Elle zu messen. Außerdienstliche Entscheidungsstrukturen, auch jene, die juristisch oft schon unter Vorteilsannahme fallen und stets in der Gefahr der oben herausgehobenen Pervertierung schweben, garantieren im Fluß wechselnder Machtkonstellationen jene Kontinuität, ohne die weder die Wirtschaft noch die Sozialeinrichtungen auf Dauer vorankommen, ja in vielen Fällen gar nicht überleben könnten. Der Gefahr, daß sich diese nichtlegitimierten Entscheidungsstrukturen zu Parallel- oder Schattenmächten entwickeln, welche die legalen Mächte aushebeln, dürfen wir nicht dadurch begegnen, daß wir diese Strukturen unterschiedslos kriminalisieren und zu eliminieren suchen. Vielmehr müssen wir nach jenen Grenzen suchen und sie dann setzen, ab denen sie gefährlich für die Demokratie selbst werden. Hier ist gesetzgeberische Initiative gefragt; in ihr muß festgelegt werden, bis zu welcher Grenze Geschenke oder der Austausch freundschaftlicher Leistungen, außerdienstliche Beziehungen und ähnliches gehen dürfen. Wobei zu hoffen ist, daß sich hier nicht wieder die deutsch-kleinkarierte Formel »Angenommen werden darf nur, was nicht ohne Beleidigung des Gebers zurückgewiesen werden kann« durchsetzt, was sich dann allenfalls auf das Täßchen Kaffee und den Kugelschreiber mit Firmenaufdruck bezieht und nicht einmal mehr das in der betreffenden Schicht übliche Weihnachts-, Freundschafts- oder Geburtstagsgeschenk zuläßt.

Um so mehr Verschärfungsbedarf ist dort anzumelden, wo der Unterschleif zur Gefahr wird. Vor allem angebracht wäre da über die heutige Regelung hinaus die *unbeschränkte* Wiedereinführung des Straftatbestandes der Abgeordnetenbestechung und der Bestechlichkeit von Volksvertretern – mit einer akribischen Definition derselben, um nicht jede Mitfahrt im Auto eines Unternehmers schon als Bestechung zu werten –, des schweren Geheimnisverrates – bei gleichzeitig drastischer Reduzierung dieser Geheimnisse – sowie die Anhebung der Sanktionen bei den als gefährlich erachteten Straftaten in den Rang von Verbrechen, das heißt mit Strafandrohung von mehr als fünf Jahren und Ausschluß der Bewährung.

Zur Realisierung dieser Grenzsetzung gehören allem voran Transparenz und Kontrolle. Im einzelnen bedeutet das: Pflicht zur rückhaltlosen Offenbarung der persönlichen Verhältnisse von Beamten gegenüber dafür einzurichtenden Stellen in Ämtern und Betrieben, die regulär zur Vertraulichkeit verpflichtet sind, jedoch bei Verdacht auf Unkorrektheit oder überproportinal anwachsenden Reichtum Ermittlungsfunktionen übernehmen können; Offenbarungspflicht – mit der Genehmigung zur Überprüfung – auch von Anbietern und Ausschreibungsteilnehmern über ihre bisherigen Tätigkeiten und ihre finanzielle Lage, zumindest ab bestimmten Auftragssummen; Mitteilungspflicht an Vorgesetzte oder Kontrollstellen seitens der Beamten über alle Kontakte mit Personen, Firmen und Einrichtungen, mit denen der oder die einzelne dienstlich zu tun haben – hier wären auch die privaten Beziehungen zu nennen, auch wenn sie auf früherer Bekanntschaft beruhen; periodische und spontane Kontrollen sowohl der Korrektheit von Beamten und Angestellten wie von Anbietern und Antragstellern, etwa mit Hilfe von Scheinaufträgen und Scheinanträgen sowie durch externe Wirtschaftsprüfer; all das wären gute Anfänge für die Überpüfung der einmal gezogenen Grenzen. Verstöße gegen derlei Grundregeln – worunter etwa auch mangelhafte Kontrolle fällt – sollten zunächst zur sofortigen Suspendierung vom Dienst und je nach Fall zur Versetzung oder der Entfernung aus dem Dienst führen.

Das alles sind keine Allheilmittel, und schon gar keine zur »Ausrottung« aller Formen von Korruption. Doch sehe ich auch gar keinen Bedarf für die Suche nach einem solchen universalen Wirkstoff – er würde, neben den bösen, auch die nützlichen Bakterien ausrotten und möglicherweise mehr Schaden anrichten als die eher weiche Linie der Grenzziehung und der Zulassung moderater »Deviationen« von der reinen Lehre der Demokratie, die in Massengesellschaften ohnehin nie realisierbar ist. Demokratie ist um so stärker, je konkreter sie sich auch auf ihre notwendigen und nicht beseitigbaren Defizite einstellt. Korruption gehört zu einem Gutteil dazu, ja präsentiert sich mitunter gar als stabilisierender Faktor der Demokratie, indem sie zum Beispiel auch bei allzu schlimmen Schlingerkursen wechselnder Regierungen eine gewisse wirtschaftliche Kontinuität garantiert, ohne die sich die Stimmung in einem Land schnell von der Demokratie wegzubewegen pflegt.

Auch wenn es wiederum unerhört klingt: Die Korruption in Italien hat sich am Ende selbst liquidiert, da sie immer unersättlicher wurde. Andererseits aber hat sie durch ihre – zweifellos nichtlegitime und teilweise kriminelle – Alternativdistribution öffentlicher Gelder unter die Politiker die Nachkriegsdemokratie gegen diverse Putschversuche aufrechterhalten. Das Volk wußte, daß das System korrupt war, aber es sah die Wirtschaft laufen und verdiente immerhin so viel Geld, daß es sich die notwendigen Dienstleistungen besorgen konnte; also war es gegen die Aushebelung der Demokratie. Die wahre Gefahr einer Zerstörung der Demokratie kam gerade durch die selbsternannten »Generalreiniger«, die im Zuge der Liquidierung der alten, korrupten Nomenklatura ihren Zugriff auf den Staat versuchten. Das soll keine Verteidigung des sicherlich verfaulten Systems der »Ersten Republik« sein, sondern lediglich noch einmal den Sinn dafür schärfen, daß nicht jede »Kehrseite« der Demokratie, wie Noack und viele andere Analytiker meinen, diese Demokratie auch schon in ihren Grundfesten gefährdet. Nicht selten ist sie mehr gefährdet durch jene, welche die Demokratie von Elementen zu reinigen versprechen, die von ihr nicht wegzudenken sind.

Von daher ist es also notwendig, der Entartung der »grund-ständigen« Korruption zum System von nicht mehr kontrollier-baren Nebenmächten und zur Erpressung zu wehren. Das kann nur gelingen, wenn wir unsere Gerichte nicht mit den unend-lichen Peanuts winziger Filzverdächtigungen überlasten, sondern ihnen vor allem die genau zu definierenden gefährlichen Fälle übertragen. Gelingt dies nicht, überschreiten wir bald jenen Punkt, der die Korruption in Diktaturen von jener in Demokra-tien unterscheidet.

Vom selben Autor:

> Addio, bella Italia <

Wandel im Land unserer Träume

ISBN 3-926901-53-5

»Werner Raith blickt nicht mit Wehmut auf ein Italien zurück, das schon lange nur noch in den Köpfen italophiler nordländischer Zeitgenossen existiert. Der Titel ist ein nüchterner Abschiedsgruß an ein Italien, das sich an einem Wendepunkt befindet.«

Thomas Schmid

taz